U0452966

本书受国家社会科学基金教育学青年项目"在线协作学习投入分析与评价"(项目编号：CCA180257)资助

Multidimensional Portray of Social Cognitive Interaction
Theoretical Construction and Practical Exploration of Collaborative Learning Engagement

社会认知互动的多维刻画

协作学习投入理论建构与实践探索

马志强　著

中国社会科学出版社

图书在版编目（CIP）数据

社会认知互动的多维刻画：协作学习投入理论建构与实践探索/马志强著.—北京：中国社会科学出版社，2021.10
ISBN 978-7-5203-9512-0

Ⅰ.①社… Ⅱ.①马… Ⅲ.①群体社会学—研究 Ⅳ.①C912.22

中国版本图书馆 CIP 数据核字（2021）第 272120 号

出 版 人	赵剑英
责任编辑	刘晓红
责任校对	周晓东
责任印制	戴　宽

出　　版	中国社会科学出版社
社　　址	北京鼓楼西大街甲 158 号
邮　　编	100720
网　　址	http：//www.csspw.cn
发 行 部	010-84083685
门 市 部	010-84029450
经　　销	新华书店及其他书店
印　　刷	北京君升印刷有限公司
装　　订	廊坊市广阳区广增装订厂
版　　次	2021 年 10 月第 1 版
印　　次	2021 年 10 月第 1 次印刷
开　　本	710×1000　1/16
印　　张	20.25
插　　页	2
字　　数	323 千字
定　　价	108.00 元

凡购买中国社会科学出版社图书，如有质量问题请与本社营销中心联系调换
电话：010-84083683
版权所有　侵权必究

序

学习是人类生存发展最基本的实践活动，学习投入是影响学习效果的关键要素。当前，以互联网、大数据、人工智能为代表的信息技术不仅从衣食住行改变着人类的生活，也改变了人的思维习惯和学习方式。在智能学习环境中人际交互的高效便捷，泛在学习场景的复杂多变，使学习从个人的苦思冥想走向协作探究、智慧分享。在这个过程中，哪些认知与社会过程可以产生有效学习？如何利用技术设计学习环境以促进协作学习投入？这些问题受到了越来越多的学者关注。作为学习科学领域重要的研究议题，计算机支持的协作学（CSCL）关注复杂社会文化场景中利用网络、智能代理工具作为中介，支持学习者之间实现同步或异步交流，进而实现知识建构、问题解决等高阶能力的发展。

在计算机支持的协作学习中，如何理解参与者对协作学习"生产性"互动过程的认知、情感以及行为参与，进而深入剖析参与者的互动过程是国内外关注的焦点问题。这本专著汲取了学习投入对多维学习参与状态关注的基本内涵，将其分析对象由个体学习过程转向协作学习的群体互动的协作学习过程，重点关注小组成员对于协作学习的投入度，关注小组知识共建、社会交往与任务调节中体现的内隐心理和外显行为状态。具体来讲，知识共建涉及参与者对观点的认知加工以及对观点加工过程的元认知调控活动；社会交往涉及参与者之间为了形成相互依赖关系所进行的人际互动；任务调节则是指参与者为实现小组协作目标而进行的持续调控。作者针对协作学习投入的四个维度，综合引入了多模态交互分析、观点挖掘与情感分析、经验取样分析等多学科的方法，建立了交叉融合的分析方法体系。以关键研究问题为核心，既关注协作学习投入过程分析，又关注投入状态的可视化表征，从而全面深入地探讨了协作学习投入分析问题。

马志强教授撰写的这本学术专著特色主要有两点：首先是研究的视角新颖，作者以协作学习投入的理论视角切入，对协作学习投入的理论基础、内涵特征、影响因素和评测方法进行了阐释论述，对协作学习的意义共享与协商的互动过程进行了深入分析；第二是研究的方法有新意，利用协作互动分析理论工具，观察和分析本土的协作学习现象，融合多学科方法，在理论预测与经验资料对话互动、归纳分析与演绎分析交互验证中认识、把握协作学习投入的本质规律。该论著的出版不仅丰富了学习理论的内容体系，具有较高的学术意义，而且具有较强的实践借鉴价值。

作者马志强教授是一位有教育追求、有学术梦想、有执着坚守的青年学者。他在计算机支持的协作学习、学习分析与评价等领域耕耘多年，有诸多研究成果面世产生了良好反响。这本专著是他多年研究的结晶，该书立足于国际协作学习研究的前沿问题，结合我国本土实践，形成了丰富的理论成果及实践案例，可供教育领域的研究者参考，同时也值得学科教师和相关行业内人士阅读浏览。

陈明选
2021 年 8 月于江南大学

前 言

长久以来,教育学家、心理学家对"人是如何学习的"这个经典问题的不断追问催生了学习科学领域。作为一个跨学科领域,学习科学研究目的在于更好地理解学习的认知与社会性互动过程以及这些过程与有效学习之间的关联,并利用这些知识来设计课堂或虚拟学习环境,以促进人们更加有效且深入地进行学习。目前,学习科学领域已经吸引了教育科学、认知科学、教育心理学、信息科学以及社会学、人类学等诸多领域的研究者开展研究工作。

计算机支持的协作学习(CSCL)作为学习科学领域的重要研究议题,探讨如何采用技术来促进小组、班级等群体成员通过有效的社会性认知互动来开展学习。当前 CSCL 面临一系列重要的发展问题与挑战,从理论基础的角度讲,研究者从关注个体认知的主观性理论逐渐转向关注小组认知与会话的主体间性理论;从协作学习实践应用来看,关注社会性懈怠的消极影响,并通过投入度评测等方式增强组内的相互依赖关系;从协作的互动过程分析来看,逐渐从单维度的认知或社会性互动分析转向多维度的融合分析;从协作学习的脚本支持技术来看,逐渐从静态的脚本转向动态的适应性脚本支持。

为了回应 CSCL 理论与实践层面的多重挑战,笔者自 2016 年开始提出了协作学习投入的研究视角,旨在关注协作学习的社会性认知互动过程(组内意义共享与协商)中,小组成员在行为表现、知识建构、关系维系、任务调节等方面的综合状态。协作学习投入依照主体间性理论的指导,将协作学习的研究视角转向小组内部意义协商的互动过程,从理论层面探讨小组成员是如何参与到组内意义共享与协商的互动中;

从实践层面以投入状态的分析与评测为依托，充分保障组内的相互依赖与个体责任，以解决社会性懈怠带来的消极影响。协作学习投入研究针对原有单维度互动分析的局限性，以认知、情感以及行为的多维互动融合视角来获得对社会性认知互动过程的全方位理解，进而实现对互动过程的适应性支持，对于发展协作学习互动研究的基本理论框架，探索协作学习设计方法具有重要价值。

这本专著的基本框架共分为四个部分、16个章节。第一部分：协作学习投入的研究基础。这部分旨在分析协作学习投入研究的意义与价值、相关理论基础、分析框架与指标体系以及分析路径与方法。第二部分：协作学习投入的动态分析。这部分以经验取样法、多模态交互分析法、观点挖掘等方法为核心，探讨如何对协作学习投入做出动态分析与评测。第三部分：协作学习投入的表征研究。这部分采用行为参与模式与社会认知网络分析法，对协作学习投入进行可视化分析与表征。第四部分：协作学习投入前沿应用。这部分旨在结合具体的课堂及网络协作学习实践，分别针对协作学习投入影响因素探究、协作学习投入智能分析与评测以及协作学习投入评价等实践应用问题进行探讨。

本书是作者在国家社科基金青年项目"在线协作学习投入分析与评价研究"资助下完成系列研究成果的总结，也是这些年来从事计算机支持协作学习的经验总结。这本书针对协作学习投入分析的理论基础、分析方法、实践应用等关键问题展开深入讨论，力求将协作学习投入理论研究与实践操作方法完整而清晰地呈现在读者面前。本书的内容不仅适合学习科学、教育技术学、在线教育等领域的学术研究人员，同样适合希望掌握协作学习设计与评价的教学设计人员。相信不同层次的读者都能从本书中找到自己希望了解的部分。阅读本书的读者需要对计算机支持的协作学习领域的概念与方法有初步的了解。如果读者具备了研究基础，对阅读、理解本书将大有裨益。

目 录

第一部分 协作学习投入的研究基础

第一章 协作学习投入研究基础 ····················· 3
第一节 协作学习投入问题提出 ················· 3
第二节 协作学习投入研究的理论基础 ············ 10
第三节 协作学习投入的基本内涵 ··············· 18
本章小结 ································ 20

第二章 协作学习投入分析框架 ····················· 22
第一节 协作学习投入分析框架建立的原则 ········ 22
第二节 协作学习投入分析框架的基本维度 ········ 26
第三节 协作学习投入维度的观测指标 ············ 29
本章小结 ································ 35

第三章 协作学习投入研究方法 ····················· 37
第一节 协作学习投入研究方法的挑战 ············ 37
第二节 协作学习投入研究方法的价值诉求 ········ 41
第三节 协作学习投入研究方法概述 ············· 42
本章小结 ································ 47

第二部分　协作学习投入的动态分析

第四章　问卷经验取样法 ……………………………………… 51
　　第一节　学习投入动态取样的诉求 …………………………… 51
　　第二节　基于经验取样的投入分析 …………………………… 55
　　本章小结 ………………………………………………………… 60

第五章　基于经验取样的投入分析 ……………………………… 62
　　第一节　研究背景与思路 ……………………………………… 62
　　第二节　研究基本过程 ………………………………………… 67
　　第三节　数据分析与讨论 ……………………………………… 70
　　本章小结 ………………………………………………………… 75

第六章　多模态交互分析法 ……………………………………… 76
　　第一节　多模态交互分析的诉求 ……………………………… 76
　　第二节　多模态交互分析的内涵与框架 ……………………… 84
　　第三节　面向协作学习投入的多模态交互分析方法 ………… 89
　　本章小结 ………………………………………………………… 94

第七章　基于多模态交互信息的协作学习投入分析 …………… 96
　　第一节　多模态信息融合分析的方法 ………………………… 96
　　第二节　协作学习投入分析的研究设计 ……………………… 102
　　第三节　基于多模态交互信息的协作知识建构投入分析 …… 105
　　第四节　总结与后续研究展望 ………………………………… 114
　　本章小结 ………………………………………………………… 117

第八章　面向协作知识建构会话的观点挖掘 …………………… 119
　　第一节　面向协作知识建构的会话分析与观点挖掘 ………… 119
　　第二节　协作知识建构会话观点挖掘的理论基础 …………… 126

第三节　协作知识建构会话观点挖掘的基本框架……………130
　　本章小结………………………………………………………138

第九章　基于观点挖掘的协作知识建构认知投入分析……………139
　　第一节　协作知识建构观点挖掘的案例概述…………………139
　　第二节　协作知识建构观点挖掘的数据分析…………………141
　　第三节　研究结论与展望………………………………………156
　　本章小结………………………………………………………159

第三部分　协作学习投入的表征研究

第十章　行为参与模式分析的理论框架……………………………163
　　第一节　行为参与分析的含义与价值…………………………163
　　第二节　行为参与模式分析框架………………………………166
　　第三节　行为参与模式分析方法………………………………170
　　本章小结………………………………………………………174

第十一章　行为参与模式分析应用研究……………………………175
　　第一节　协作编辑行为模式研究设计…………………………175
　　第二节　协作编辑的行为参与模式描述………………………179
　　第三节　协作编辑行为参与模式差异分析……………………185
　　第四节　总结与后续研究展望…………………………………190
　　本章小结………………………………………………………192

第十二章　社会认知网络分析的理论框架…………………………194
　　第一节　社会认知网络分析的内涵与价值……………………194
　　第二节　社会认知网络分析的基本框架………………………197
　　第三节　社会认知网络分析的基本思路………………………201
　　本章小结………………………………………………………205

第十三章　基于社会认知网络的协同观点论证分析 ⋯⋯⋯⋯ 206

　　第一节　基于社会认知网络的协同论证分析 ⋯⋯⋯⋯⋯⋯ 206

　　第二节　协同观点论证分析结果 ⋯⋯⋯⋯⋯⋯⋯⋯⋯⋯⋯ 218

　　本章小结 ⋯⋯⋯⋯⋯⋯⋯⋯⋯⋯⋯⋯⋯⋯⋯⋯⋯⋯⋯⋯ 230

第四部分　协作学习投入前沿应用

第十四章　协作学习投入影响因素建模 ⋯⋯⋯⋯⋯⋯⋯⋯⋯ 235

　　第一节　学习投入影响因素分析的价值 ⋯⋯⋯⋯⋯⋯⋯⋯ 235

　　第二节　个体与社会性投入影响因素分析流程 ⋯⋯⋯⋯⋯ 237

　　第三节　个体与社会性投入影响因素分析案例 ⋯⋯⋯⋯⋯ 242

　　本章小结 ⋯⋯⋯⋯⋯⋯⋯⋯⋯⋯⋯⋯⋯⋯⋯⋯⋯⋯⋯⋯ 253

第十五章　协作学习投入的智能分析 ⋯⋯⋯⋯⋯⋯⋯⋯⋯⋯ 255

　　第一节　协作学习投入智能分析内涵与价值 ⋯⋯⋯⋯⋯⋯ 255

　　第二节　协作学习投入智能分析流程 ⋯⋯⋯⋯⋯⋯⋯⋯⋯ 257

　　第三节　协作学习投入智能分析案例 ⋯⋯⋯⋯⋯⋯⋯⋯⋯ 265

　　本章小结 ⋯⋯⋯⋯⋯⋯⋯⋯⋯⋯⋯⋯⋯⋯⋯⋯⋯⋯⋯⋯ 271

第十六章　协作学习投入度评价 ⋯⋯⋯⋯⋯⋯⋯⋯⋯⋯⋯⋯ 272

　　第一节　协作学习投入度评价的意义 ⋯⋯⋯⋯⋯⋯⋯⋯⋯ 272

　　第二节　协作学习投入度评价方法 ⋯⋯⋯⋯⋯⋯⋯⋯⋯⋯ 276

　　第三节　协作学习投入度评价的研究案例 ⋯⋯⋯⋯⋯⋯⋯ 279

　　本章小结 ⋯⋯⋯⋯⋯⋯⋯⋯⋯⋯⋯⋯⋯⋯⋯⋯⋯⋯⋯⋯ 288

参考文献 ⋯⋯⋯⋯⋯⋯⋯⋯⋯⋯⋯⋯⋯⋯⋯⋯⋯⋯⋯⋯⋯⋯ 289

第一部分

协作学习投入的研究基础

第一章

协作学习投入研究基础

引言

本章首先从基础理论演化、实践应用挑战以及研究方法嬗变等角度分析了计算机支持协作学习领域研究理论与实践面临的挑战，并据此提出协作学习投入研究的意义与价值。在此基础上，从观点共享与协商、行为参与以及多重调节等方面论述了指导学习投入研究的理论基础。协作学习投入汲取了学习投入对多维学习参与状态关注的基本内涵，将其分析对象由个体学习过程转向群体互动的协作学习过程，重点关注小组成员对于小组"生产性"互动过程（意义共享与协商过程）的参与度，综合考察知识共建、社会交往与任务调节中体现的内隐心理和外显行为状态。

第一节　协作学习投入问题提出

协作是人类相互作用的基本形式之一，也是人类社会赖以存在与发展的基本条件。在教育领域，20世纪60年代开始，约翰逊兄弟开启了系统的合作学习/协作学习研究实践，为协作学习研究奠定了理论框架和设计策略基础[①]。20世纪80年代开始，计算机支持的协作学习（CSCL）以计算机通信技术为依托，探讨如何采用技术来增强小组成员

[①] David W. Johnson, Roger T. Johnson, *Learning Together and Alone: Cooperative, Competitive, and Individualistic Learning* (5th Edition), Boston: Allyn & Bacon, 1999, p.5.

之间同步或异步的互动，进而促进小组成员知识与技能的发展[①]。历经数十年的发展，进入21世纪以来，CSCL已经成为学习科学、在线与远程教育、教育技术学等领域共同关注的研究主题，其核心研究议题在于探讨如何通过工具、学习系统等技术中介来支持小组内部有意义的共享与协商。[②]

通过国际研究与实践者持续几十年的共同努力，CSCL逐渐成为一个由理论、技术与实践等多重创新要素共同驱动的领域。国际CSCL研究领域的知名学者斯特尔曾经建立了一个包含理论、技术、方法与实践的四维度框架，用于理解CSCL的基本组成要素并分析其作用关系，如图1-1所示。在这个框架中，CSCL理论指的是一个多学科交叉的理论域，由不同领域的学者引入CSCL研究中，用于解释协作学习中的群体互动如何促进意义共享与协商。技术是指计算机网络通信、大数据分析、人工智能等引入CSCL领域的创新技术手段，用以创建群体协作的支撑环境、表征群体的协作成果、分析并干预协作过程。方法主要是指对CSCL过程与结果进行量化与质性分析的手段与方法。实践则是指在面授课堂、线上等不同教育场景以及在不同的学段中，应用协作学习设计来改善教与学效果。四维分析框架提供了理解CSCL的基础框架，接

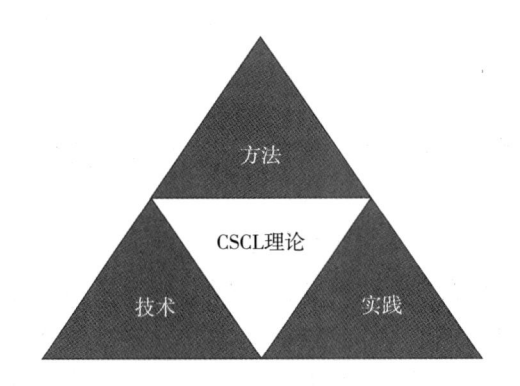

图1-1 CSCL的四维度分析框架

[①] Lipponen, L., "Exploring Foundations for Computer-supported Collaborative Learning", Conference on Computer Support for Collaborative Learning: Foundations for A Cscl Community, 2002, pp. 72-81.

[②] Gerry Stahl, Kai Hakkarainen, "Theories of CSCL", 2011.

下来我们将依据框架,从理论基础演变、互动分析方法嬗变、技术支撑环境发展以及实践挑战几个维度来分析一下 CSCL 发展面临的关键问题与挑战。

一 从主观性到主体间性——协作学习理论基础的演变

CSCL 研究起始于理论视角的选择,即我们选择什么样的理论视角来理解协作学习的互动过程。从支持协作学习的理论基础来看,我们将其归纳为主观性理论、目标间性理论和主体间性三种理论视角。[1] 在 CSCL 研究初始,以行为主义学习理论、认知主义学习理论为代表的主观性理论一直是指导协作学习的基础理论。主观性理论聚焦于个体行为与认知的发展,将参与协作学习的其他群体成员与社会环境视作影响个体发展的基本条件。如班杜拉的社会性学习理论指出人的发展可以采用行为、人的因素和环境因素相互联结的三元交互作用来解释。[2] 协作学习能够产生人与人的互动作用关系并以此促进个体认知与行为的发展。主观性理论虽然解释了协作学习中的互动关系以及环境对个人发展的影响,但这个影响机制似乎是个"黑箱",无法解释互动关系是通过什么方式对学习者施加作用的,也没有能够解释什么是有价值的互动关系。目标间性理论将视角从个人转向社会、社区与文化层面,强调社会性互动活动与网络对于协作学习参与者的价值。从这个角度讲,小组内部的协作学习互动过程可以理解为一个活动结构,每个活动参与者是主体,通过技术中介与客体(知识、其他学习者)产生相互作用关系,这种互动会受到共同体、角色分工规则的影响。活动同时是更大、更广阔的社区网络的组成部分。网络通过参与者之间的互动节点关联来实现知识与知识、人与知识以及人与人之间的联结。相较主观性理论的个体视角,目标间性理论将视角转向群体的互动结构与关系,解释了互动的基本结构,也解释了有效互动发生的基本条件。

尽管目标间性理论已经开始关注协作的互动结构与关系,但仍未能解释协作互动促进知识建构、问题解决等高阶认知目标达成的机制是什

---

[1] Hmelosilver, C., et al., "The International Handbook of Collaborative Learning", 2013, https://doi.org/10.4324/9780203837290.
[2] 阿尔伯特·班杜拉:《社会学习理论》,陈欣银、李伯黍译,中国人民大学出版社 2015 年版,第 11—12 页。

么？群体认知是如何在协作中进一步发展的。鉴于此，研究者逐渐开始关注主体间性理论，以小组认知和会话作为分析的对象，探讨小组内部意义协商与共享生成与发展的机制是什么，群体认知发展的阶段与过程是什么。在主体间性理论视角下，协作小组的会话内容可以作为研究对象或资源，我们可以对不同话语或意义系统进行甄别，分析其内容、结构、相互关系，进而获取对话语背后的意义的理解。[①]

结合上述分析，我们可以从主观性理论到主体间性理论的不断发展中梳理出支持 CSCL 发展的理论基础脉络。CSCL 的研究视角主要出现了三次转换，逐渐从个体学习者、群体互动活动与网络转向小组内部的互动会话，着重探讨小组内部意义生成与发展的基本过程。

二　从社会懈怠到相互依赖——协作学习实践的挑战

法国农业工程师迈克西米连·林格尔曼曾经做过一项著名的拔河实验，他发现当拔河人数从 1 个人逐渐增加到一群人时，集体的力量并不等于个体力量的总和，当增加到 3 个人时，力量仅仅相当于两个半人的总和。这就意味着个体的力量在集体工作的过程中会流失，而且是人数越多流失越大，并没有形成"众人拾柴火焰高"和"人多力量大"的效果。林格尔曼由此得出结论：当人们参加社会集体活动时，他们的个体贡献会因人数的增加而逐渐减少，林格尔曼将其称为"社会懈怠"或"社会惰性"。[②] 当我们把视角由社会生活转向协作学习实践时，我们依然会发现"社会懈怠"也是影响协作学习效果的重要因素。学习者会常常抱怨组内存在"搭便车""划水"的组员，导致小组任务无法有效完成。教师也会发现小组成员仅仅将任务进行分解后就各自独立完成，小组成员缺乏足够的沟通与交流。这是因为每位参与者会追求投入与回报的匹配，当参与者感受到其他成员逐渐减少投入，或"偷懒"，他也会采用相应的策略来追求投入回报比的"公平"。这样一来，个别成员的懈怠会蔓延到整个小组，协作学习效率就会不断降低。

那么从协作学习实践的角度看，社会性懈怠形成的内在原因是什

[①] 胡艺龄等：《以话语分析挖掘社会性学习价值——访国际知名教育心理学专家凡妮莎·登嫩教授》，《开放教育研究》2017 年第 2 期。

[②] 百度百科：林格尔曼效应，https://baike.baidu.com/item/林格尔曼效应/6702405？。

么?我们如何改善"社会懈怠"对协作学习的影响?协作学习是一种复杂的群体互动学习形式,需要参与者组建小组,积极承担小组分配的任务,形成相互依赖、互相影响的协作关系,进而完成个人难以独立达成的认知成果。① 成功的协作学习需要具备两个基本条件:一是小组成员之间需要具备积极的相互依赖关系,这是协作学习与竞争性学习和独立学习的根本区别所在②,小组内部建立积极依赖的社会关系,大家相互依赖、互相促进,每个成员的成功必须以他人的成功作为依据。积极依赖对协作学习的影响体现在两个方面:一方面,积极依赖是小组协作的动力来源。同伴之间的相互鼓励会产生"张力"来维系协作过程。另一方面,积极的相互依赖能够促使小组成员不断增强投入,进而影响协作绩效。二是小组成员均充分承担个体责任,确保"责任到人、人人尽责",每个成员均需要对小组的绩效做出自身的贡献。小组责任既需要小组成员具备积极参与的主观态度和努力承担任务的意识,也需要体现出主动参与的行为表现。从实践来看,对于协作学习过程中参与者投入程度的分析与评测是充分保障小组内部的相互依赖和个体责任的有效举措。协作学习投入的分析与评测能够加强其对协作参与成员对小组协作关系的感知,促使其加强投入,避免"搭便车""划水"等行为,进而减轻社会懈怠对协作学习的消极影响。然而在实践操作中,教师如何监控多个小组同时进行协作学习活动,获取小组成员的投入信息是一个难以完成的任务,是协作学习实践面临的重要挑战。

三 从单维剖析到多维融合——协作互动分析的嬗变

在协作学习研究中,对于协作小组内部的互动过程剖析一直是研究者关注的焦点。小组内部的互动对于教师而言往往如同一个"黑箱",教师难以直接观察到有效互动是如何发生的,影响互动效果的因素是什么。③④ 因

---

① 马志强:《从相互依赖到协同认知——信息化环境下的协作学习研究》,中国社会科学出版社2019年版。
② David W. Johnson, Roger T. Johnson, *Learning Together and Alone: Cooperative, Competitive, and Individualistic Learning* (5th Edition), Boston: Allyn & Bacon, 1999, p. 5.
③ 胡艺龄等:《以话语分析挖掘社会性学习价值——访国际知名教育心理学专家凡妮莎·登嫩教授》,《开放教育研究》2017年第2期。
④ Kim, M. K., Ketenci, T., "Learner Participation Profiles in an Asynchronous Online Collaboration Context", *The Internet and Higher Education*, Vol. 41, April 2019, pp. 62–76.

此，CSCL 众多方法使用的核心目的是对协作互动过程进行分析与理解。传统协作互动分析主要采用两条路径：一是使用内容分析、社会网络分析等方法来对小组互动内容、关系做量化分析。如研究者会采用内容分析法，依据各类互动分析框架，对互动内容中体现的知识建构、知识创造、协同论证、协同问题解决等行为进行分类统计和量化分析，以得到对互动内容以及互动过程的基本理解；另有研究者采用社会网络分析法，重点考察小组内部互动关系建立与发展的过程，以及参与者在互动过程中的角色与位置。二是采用话语分析等质性研究方法，着重从话语行为、话语结构等角度，以具体的语言单位如语句、话义转换等维度为分析对象，理解说话人要表达什么，听话人对于话语含义的理解及反应是什么。[①] 如协作意义建构的话语分析研究从情境、结构、功能、意义与中介工具等要素来理解协作讨论会话含义与过程。[②]

值得注意的是，尽管分析方法存在量化与质性的差异，但分析的目标主要侧重于对协作互动过程中的知识建构、批判性思维、问题解决等认知互动行为；或对社会关系网络、互动会话关系等社会性互动过程进行剖析。我们知道协作学习的互动是包含认知、社会性多个理解维度，研究者与实践者需要建立一个多维分析框架来全面理解协作学习的互动过程。

四　从静态支持到动态适应——脚本中介技术的发展

在众多 CSCL 支持技术中，研究者非常关注脚本中介技术的应用。这是因为协作脚本描述了互动的目标、任务以及角色等要素，能够对协作学习认知与社会性互动的结构与要素做出规定，对于改善协作学习互动的质量与效率有重要的价值。协作学习的脚本中介技术通过计算机支持的结构化文本、图示工具、会话文本、问题提示等方式，将协作脚本包含的小组形成策略、任务分配与分解、角色分配与转换等组件进行呈现。如有研究者在分布式配对编程系统中将协作脚本作为一个开源插件嵌入其中，以实现为小组任务执行的关键节点分配角色，并监督角色切

---

① 郑兰琴：《协作学习交互分析方法研究综述》，《远程教育杂志》2010 年第 6 期。
② 柴少明、李克东：《CSCL 中基于对话的协作意义建构研究》，《远程教育杂志》2010 年第 4 期。

换过程，并通过创建问题提示、案例集合等方式来实现对协作问题解决过程的指导。①

原有的脚本技术主要采用预先设定的脚本内容，在协作学习过程中向参与者提供脚本支持。目前，协作学习的脚本中介技术逐渐融合了文本挖掘、人工智能技术的支持，通过智能分析协作互动的进程，为参与者提供适应性的响应与反馈，为学习者在执行协作任务的关键节点来提供支持。然而上述适应性反馈与响应的过程需要充分获得协作参与者的各方面状态信息，并根据参与者的状态来给予特定功能的脚本反馈支持。如何对参与者的状态信息进行智能感知，并据此提供动态适应的支持仍是研究者面临的主要挑战。

五 协作学习投入研究的问题与路向

结合上述 CSCL 领域面临的重要问题与挑战来看，从理论基础的角度讲，研究者关注的理论问题由哪些因素影响协作学习中的个体学习者，支持个体学习者认知发展的外部条件是什么，逐渐转向群体认知是怎么形成与发展的，因此理论基础由关注个体认知的主观性理论逐渐转向关注小组认知与会话的主体间性理论；从协作学习实践应用来看，关注社会性懈怠的消极影响，并通过投入度评测等方式来减少其影响；从协作的互动过程分析来看，逐渐从单维度的认知或社会性互动分析转向多维度的融合分析；从脚本支持技术来看，逐渐从静态的固定脚本转向动态的适应性脚本支持。

鉴于此，为了回应 CSCL 理论与实践层面的多重挑战，我们提出了协作学习投入的研究视角，旨在关注小组协作学习的"生产性"互动过程（组内意义共享与协商）中，小组成员在互动参与、认知加工等方面的综合状态。协作学习投入研究视角依照主体间性理论的指导，将研究视角转向小组内部意义协商的互动过程，从理论层面探讨小组成员是如何参与到组内意义共享与协商的互动中的。从实践层面以小组成员投入状态的分析与评测为依托，充分保障组内的相互依赖与个体责任，

---

① Tsompanoudi, D., et al., "Distributed Pair Programming Using Collaboration Scripts: An Educational System and Initial Results", *Informatics in Education*, Vol. 14, No. 2, 2015, pp. 291–314.

以解决社会性懈怠带来的消极影响。从分析方法维度来看，协作学习投入研究针对原有单维度互动分析的局限性，以认知、情感以及行为的多维互动融合分析来获得对协作学习互动过程的全方位考察与分析，并进而实现对协作过程的适应性支持响应。

第二节 协作学习投入研究的理论基础

协作学习投入需要关注小组协作学习的"生产性"互动过程（组内意义共享与协商）中，小组成员在行为表现、知识建构、关系维系、任务调节等方面的综合状态。为了从多个维度理解协作学习小组内部意义共享与协商的互动过程，我们可以从社会知识建构、社会性学习、社会性依赖以及调节理论四个理论维度来汲取养分，对协作学习的社会性认知互动过程加以分析与阐释。

一 面向协同知识建构的认知参与

协作学习的认知参与过程可以从社会知识建构理论的知识观与学习观两个角度加以理解与解释。从知识观的角度讲，社会知识建构理论强调知识的建构性、社会性、情境性等特征，是协作学习对认知发展的基础性理解。社会知识建构理论深受维果茨基"心理发展内化说的影响"。该学说提出了两条人的心理发展规律。一是人所特有的被中介的心理机能不是从内部自发产生的，而是产生于人们与外部世界的互动之中；二是人所特有的心理结构最初必须在外部活动中形成，随后才能转移至内部。[1][2] 在此基础上，社会建构理论形成了其特有的知识观，即知识是一种社会产品，这种社会产品是在一定的社会环境下，个体同他人协作，通过完成任务、解决问题所协同建构的；知识的生成不是单纯个体内部加工的过程，而是建立与他人的交互作用之中，协同建构之上。人的高级认知机能首先是由外部激发的，然后随之语言与外部任务

---

[1] 列·谢·维果茨基：《维果茨基全集（第2卷）：高级心理机能的社会起源理论》，安徽教育出版社2016年版，第178—179页。

[2] 高文、裴新宁：《试论知识的社会建构性——心理学与社会学的视角》，《全球教育展望》2002年第11期。

的交互作用而逐渐作用于内部。① 综上所述，社会知识建构的知识观是从社会文化环境中个体与环境的交互作用角度来阐释认知的形成与发展的。

从学习观的角度讲，社会知识建构理论强调学习共同体、知识建构等互动活动在知识形成与发展中的重要价值。知识建构不单是个人内在建构的过程，还需要参与到一定的共同体中，建立人际关系并形成自我认识，通过参与共同体实践来形成并发展知识。社会建构理论学习观对协作学习的重要启示在于：小组并非简单的任务协作组织，而是一个包含人际关系与自我认同的共同体。每个参与者需要经历从边缘到中心的参与过程，来建立共同体知识与价值认同，从而真正成为协作小组的成员。此外，社会知识建构的学习观还强调知识建构对话对于形成发展知识的重要价值。知识建构对话是一种文化实践活动，是朝着建构知识的目标，利用反问、协商、追问等方式提出问题、假设理论、协商并完善观点，目标是促进观点的深化。会话不仅能够分享知识，更能够提炼并完善知识。② 综合上述分析，协作学习核心的知识建构认知参与过程可以理解为参与者逐渐形成组内学习共同体，进行观点协商，并持续改进观点的过程。

二 协作学习中的行为参与

在协作学习中，学习者的行为参与是主要的投入分析维度。在行为投入分析中，个体与环境因素对行为的多元影响是研究者不得不面对的问题。行为主义学习理论及社会性学习理论为分析行为影响因素奠定了坚实的理论基础。如早期的行为主义心理学家认为：行为是由人类所处的环境决定的，环境的刺激会使机体产生反应，进而产生行为。③ 行为主义倡导环境决定论，将环境带来的刺激与反应连接看作是行为产生的重要原因。以华生为代表的早期行为主义心理学家忽视了人的主观能动性、思维等内在因素对学习行为的作用，采用极端的、机械的解释来探

---

① 钟启泉：《知识建构与教学创新——社会建构主义知识论及其启示》，《全球教育展望》2006年第8期。

② 张义兵：《知识建构：新教育公平视野下教与学的变革》，南京师范大学出版社2018年版，第83页。

③ 张爱卿：《20世纪学习心理研究的回顾与展望》，《教育研究》2000年第2期。

讨行为的发生，其解释理论饱受争议。后续"新行为主义"研究者将中介变量引入S—R的过程中，采用变量O来解释刺激与反应的中介。①如"新行为主义"代表人物托夫曼认为中介变量O代表个体的认知因素，如动机、需求、知觉等。②这样一来，刺激与反应之间会受到中介变量的调控与影响。著名心理学家斯金纳则另辟一条解释的途径，将学习行为分为"反应行为"与"操作行为"。反应行为主要指通过外部刺激而发生的行为，而操作行为则代表无明显外部刺激，由个体主动发起的行为。斯金纳提出的"操作行为"同样没有完全考虑个体内在的认知因素对行为的影响。综上所述，行为主义对学习行为的解释实质上考察了外在环境与个体因素两个维度，只是行为主义研究者更加强调外在环境带来的刺激与反应，而没有深入讨论内在的认知过程对行为的影响机制。

在行为主义之后，班杜拉提出的社会学习理论再次对行为的发生与影响进行系统解释。他认为有机体的行为受到先行因素、后继结果因素以及认知因素的控制与影响，这三种因素是相互联系、共同发挥作用的。③先行因素的范围比较广泛，包含情境、符号以及社会因素。当这些因素同反应结果建立关联时，会预示结果的发生。因此，这些具备预测功能的因素会控制、影响人的行为。值得注意的是，建立先行因素与行为结果之间的关联既可以是直接通过行为来获得的个人的具体经验；也可以通过观察、示范等途径建立行为与结果之间的关联。

后继结果是指行为自身结果的影响。人在实施行为之前，会预先对产生的结果进行预判。预期得到有力的奖赏或回报，行为就会增强；反之，行为会减弱或受到抑制。这个过程可以理解为行为结果对行为本身起到的强化作用。强化作用可以分为外部强化、替代强化和自我强化。外部强化是指由个体外部产生的对行为结果的影响，如学习结果得到表扬或物质奖励、消极行为得到批评或惩罚等。替代强化是指人可以从观察他人行为的成败，进而对学习行为结果产生影响。自我强化则是人自

---

① 叶浩生：《行为主义的演变与新的新行为主义》，《心理学动态》1992年第2期。
② 彭文辉：《网络学习行为分析及建模》，博士学位论文，华中师范大学，2012年。
③ 赖昌贵：《A.班杜拉的社会学习理论述评》，《福建师范大学学报》（哲学社会科学版）1993年第4期。

己运用自我调节能力，通过对行为进行自我奖赏和自我示范来对自己的行为做出反应，从而调节自身的行为。值得注意的是，外部对行为的影响因素是通过将认知过程作为中介来起作用的。认知因素会影响人的注意、观察、理解等认知过程，对行为的操作、保持等起到重要影响。综合上述观点来看，我们可以认为学习心理学理论对学习行为的解释从简单的环境刺激引发行为的"环境决定论"逐渐走向注重内在因素在环境引发行为中的调节作用即"内在因素调节论"，再逐步走向"个人与环境交互影响"即强调个体内在认知与外在环境的交互作用对学习行为的影响。这就为我们理解协作学习行为投入的影响因素，建立投入分析维度提供了基础。我们需要在个体与外在环境的交互作用中把握行为投入的本质。

三　社会依赖与社会性参与

社会依赖理论揭示了协作学习行动目标、互动方式与学习结果之间的关联，是建立协作学习社会性投入维度的重要理论。[①] 协作学习参与者是否能够建立并维系社会依赖关系是衡量其投入效果的重要维度。因此，我们需要从社会依赖理论的角度来理解学习者建立并维系社会依赖关系的社会性参与投入。

早在 20 世纪初，格式塔心理学派奠基人考夫卡指出小组是一个动态的整体，成员之间的相互依赖关系是可以改变的。勒温进一步发展了考夫卡的观点，认为小组的本质是成员之间的相互依赖（由共同目标所产生的），它使小组成为动态的整体，即任何一个小组成员状态的变化均会影响其他小组成员。小组内部的张力的状态会驱使成员朝向共同目标去努力。勒温的观点实质上描述了小组协作运转的核心机制，即小组成员围绕共同目标产生相互依赖的关系，相互依赖这种动态变化关系引导小组成员朝向共同目标去努力。勒温的学生道奇进一步将相互依赖关系分为两种：积极与消极的相互依赖关系。积极关系是指个体目标的达成有助于促进其他个体目标的达成，而消极关系则是指个体目标的达成阻碍了其他个体目标的达成。这两种关系实质上是群体之间协作和

[①] 郑淑贞、盛群力：《社会互赖理论对合作学习设计的启示》，《教育学报》2010 年第 6 期。

竞争关系的两个极端。约翰逊兄弟在积极与消极相互依赖关系之外，提出了无依赖关系，具体是指个体之间没有相互依赖关系存在，个体之间独立完成学习，个体目标的达成与他人之间没有关系。

社会依赖理论的核心在于定义了积极依赖、消极依赖与无依赖三种互动状态，并解释了三种状态下个体互动目标、互动状态与结果的互动机制。关于社会互赖的三种关系，郑淑贞提出的理论模型分析提供了很好的解释。通过个体间共同目标的关系可以将互赖关系分为三种类型：积极互赖（有共同目标）和消极互赖（没有共同目标）、无互赖关系。积极互赖是在合作情境下，个体间在达成目标上积极相关，个体如果需要实现目标必须要与其他个体积极合作。积极互赖关系促进个体之间相互鼓励和彼此促进。它包含一系列互动方式，如相互帮助和支持、交换资源、有效的沟通、相互影响和信任以及冲突管理等。消极互赖是在竞争的社会情境下，个体间在达成目标中消极相关的状态。在这种状态下，个体只有与其他个体竞争并获胜才能达成个人目标。消极互赖通常在达成共同目标上，个体之间相互妨碍彼此取得成绩的努力。它包含一系列互动方式如阻碍他人达标、抑制性策略、在消极的对抗冲突中取胜等，即阻碍性互动。无互赖是个体在目标达成上与其他成员没有关系，个体处于单干的状态，个体之间没有互动。

四 协作学习中的多重调节

在协作学习中，群体的社会性交互需要成员彼此协商并调节关系，以促进相互依赖关系的达成；群体认知加工过程也需要成员不断追踪群体的认知结果，并对自身的认知过程加以调节。鉴于此，我们可以从调节性学习的理论视角入手来理解学习者对于社会性关系和认知过程的调节。

在协作学习的调节过程中，学习者需要有意识地监控任务目标，策略性地运用工具与方法，监控小组学习进程，优化任务绩效，并不断调整和修正学习过程，具体调节对象分为学习目标调节、社会交互关系调节以及任务调节。[①] 首先，学习目标是调节性的出发点和落脚点，为学习者提供了调节的方向，学习者需要对小组目标实施进行层级分解、策

---

① Järvelä, S., Hurme, A. F., "New Frontiers: Regulating Learning in CSCL", *Educational Psychologist*, Vol. 48, No. 1, 2013, pp. 25 – 39.

略选择、过程监控和实施结果评估。① 其次，协作学习的社会交互需要彼此进行协商与协调，以促进信息交流与分享并维系社会性关系。最后，协作参与者还需要对整个协作任务实施的过程进行充分调节，以监控任务实现目标以及任务执行策略等，并能根据小组当前绩效及时调整以达到预期目标。

对于具体的调节过程，我们可以依据齐默曼的调节学习过程加以理解。齐默曼将调节学习视作动态的、循环的一系列行为事件②，并把其过程分为三个相互关联的阶段：事先计划、执行、自我反思，如图1-2所示。③

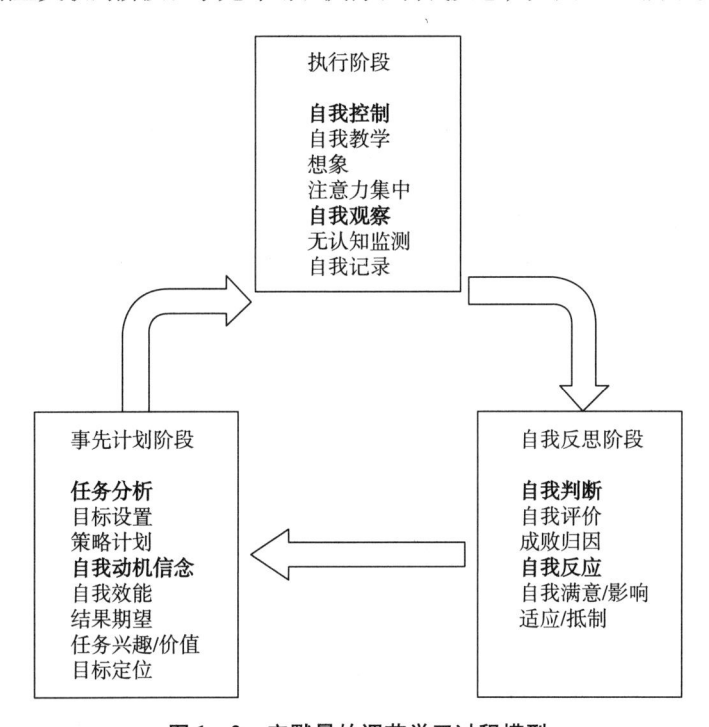

执行阶段
自我控制
自我教学
想象
注意力集中
自我观察
无认知监测
自我记录

事先计划阶段
任务分析
目标设置
策略计划
自我动机信念
自我效能
结果期望
任务兴趣/价值
目标定位

自我反思阶段
自我判断
自我评价
成败归因
自我反应
自我满意/影响
适应/抵制

图1-2 齐默曼的调节学习过程模型

---

① Zimmerman, B. J., "Investigating Self-Regulation and Motivation: Historical Background, Methodological Developments, and Future Prospects", *American Educational Research Journal*, Vol. 45, No. 1, 2008, pp. 166-183.

② 戴妍：《远程教育中自我调节学习的困境与出路——基于远程教育信息交互模式的思考》，《现代远距离教育》2013年第2期。

③ Barry J. Zimmerman, "Investigating Self-Regulation and Motivation: Historical Background, Methodological Developments, and Future Prospects", *American Educational Research Journal*, Vol. 45, No. 1, 2008.

1. 事先计划阶段

事先计划阶段是指学习者在学习之前所进行的一系列计划与准备。在该阶段，学习者需要制订学习目标和策略计划，并调整自我效能、结果期望与目标定位。该阶段主要包括两个子过程：任务分析和建立自我动机信念。这两个子过程在调节学习的过程中至关重要，皆因目标制定、任务策略和学习计划是学习成功的驱动力。

任务分析过程包括目标设定和策略计划。在目标设定中，学习者会在开始进行学习活动或学习任务之前，为自己建立学习目标，并且在必要时进行调整。[①] 学习者建立的目标可能会包含具体目标和一般目标。具体目标会列出具体的行为动词与操作对象，比如"会写这节课学习的单词和短语"。一般目标则缺乏明确的指向而导致难以评价，如"尽我最大的努力去学习"。

自我动机信念包括自我效能感、结果期望、任务价值和目标定位。自我效能感是指个体对自己达到特定表现水平的信念，即对自己是否有能力学会某个知识或技能，或者是否能够达到某个特定学习目标的主观推测或判断。结果期望是指个体对自己的某一学习行为会导致的学习结果的推测。如果个体预测到某一特定的学习行为将会带来较为理想的学习结果，那么他就可能会采取这一学习行为。任务价值是指学习者对所学内容或者面临的学习任务的重要性、有用性的判断。目标定位则关注的是个体为什么想要达到那个目标或者标准，他们是如何处理这项任务的，以及他们用以评估自己的表现的标准。[②]

2. 执行阶段

学习者会选择合适的学习策略来完成学习任务，并且运用元认知策略来监控学习过程，并及时对学习策略进行调整。这一阶段包含自我控制和自我观察。自我控制是学习者为自我调节学习过程所进行的努力，包括自我说服、想象和注意力集中。自我观察则是对自我调节学习过程进行针对性的关注，包括元认知监测和自我记录。学习者利用自我观察

[①] Dale H. Schunk, "Goal Setting and Self-Efficacy during Self-Regulated Learning", *Educational Psychologist*, Vol. 25, No. 1, 1990.

[②] Paul R. Pintrich and Dale H. Schunk, "Motivation in Education: Theory, Research, and Applications", *IEEE Journal of Quantum Electronics*, Vol. 15, No. 9, 2008.

可以将现有的学习状态与预定的学习目标进行对比，从而获知对学习目标的进展，并能激励自己后续的学习表现。

3. 自我反思阶段

在这一阶段，学生会评估自己的学习表现并进行归因。这个阶段对于最终目标和策略的执行，以及产生学习者所期望的成就非常重要。

自我判断是指学习者将目前的表现与预期目标进行比较，从而进行自我评价和成败归因。自我评价是综合的行为，包括对现有表现的判断以及对这些判断的自我反应。也就是说，对自己的能力发展或学习进展进行自我评价将积极地影响个体的动机、自我效能、目标取向。在缺乏明确自我评价的情况下，学习者可能难以确定自己的学习进度与学习结果。因此，将学习目标与明确的自我评价相结合是自我调节学习中非常重要的过程。[①] 成败归因是指学习者对自己在学习任务中取得的学习成果的原因进行判断。[②] 成败归因的重要性在于指导学习者维持后续的学习动机。高水平的学习者倾向于把他们在任务中的失败归因于个人可控因素，比如他们对特定学习技术的使用；而低水平的学习者倾向于把失败归因于不可控的因素，比如个人的学习能力或者学习任务的难度。

自我反应包括自我满意/影响和适应/抵制。对目标进展的自我反应包括对自己所取得进步的信念，以及为后续的学习活动积累经验。自我满意是学习者对自己的表现是否有进步、是否实现了预期目标的一种评估，达到了自我满意可以提高自我效能并维持学习动机。适应/抵制是学习者对自己所得成果进行反思，对自己的学习有促进作用的学习策略等进行巩固，形成稳定的认知结构。学习者会对造成自己学习失败的学习策略和学习情境进行甄别，避免下次相同的情境再次使用错误的学习策略。除此之外，学习者也会采用具体的行为方式对所感知到的进步做出反应，比如奖励自己的学习进步等。综上所述，事先计划，执行阶段自我反思等调节是贯穿于整个协作学习过程，对于社会关系建立，认知

[①] Dale H. Schunk and Peggy A. Ertmer, "Self-Evaluation and Self-Regulated Computer Learning", Paper Delivered to American Psychological Association Annual Meeting, Sponsored by The American Psychological Association (APA), August, 1998.

[②] Bernard Weiner, "An Attributional Theory of Achievement Motivation and Emotion", Psychological Review, Vol. 92, No. 4, 1985.

过程调节具有重要价值。

第三节　协作学习投入的基本内涵

协作学习投入概念汲取了学习投入指向多维学习参与状态的基本内涵，结合协作学习对于协同知识建构、任务调节的关注，将分析视角转向协作学习的互动过程，重点关注学习者对于组内意义共享与协商互动的参与水平。这部分将通过梳理学习投入概念内涵的演化过程，结合协作学习互动参与方面的研究成果来凝练协作学习投入的基本内涵。

一　学习投入的概念演化

学习投入（learning engagement）的概念最初来源于20世纪80年代的心理学领域。其核心价值在于从多个维度外化表征学习者投入学习活动中积极、持久的状态。如库赫认为学习投入是指学生在教育活动中付出的时间和精力，以及在支配有效教育实践中所付出的努力，他提出校园环境支持、学术性挑战、主动合作学习、师生互动以及丰富的教育经历五个维度是学习投入关注的重点。[1] 弗莱德里克斯等研究者将学习投入的概念加以聚焦，提出了广为引用的学习投入定义，用于指学生参与学习活动的行为强度、情感质量以及认知策略。[2]

对于学习投入的内涵，心理学与社会学领域的研究者有着不同的解释。心理学领域研究者采用学习投入的概念来描述学习者对于学习活动内在认知、情感的投入状态，具体内涵为学习者能够接受和适应学习环境，从而保持积极、活跃、专注的认知与情感状态，包括活力、奉献和专注三个维度。[3] 进一步说，学习投入是学生把时间和精力全身心地投入到学习活动中，具有持久性和弥散性特点。[4] 从学习投入的构成方面

---

[1] Kuh, G. D., "Assessing What Really Matters to Student Learning: Inside the National Survey of Student Engagement", *Change*, June, 2001.

[2] Fredricks, J. A., Paris B. A. H., "School Engagement: Potential of the Concept, State of the Evidence", *Review of Educational Research*, Vol. 74, No. 1, 2004, pp. 59–109.

[3] Wilmar, B. S., et al., "Burnout and Engagement in University Students: A Cross-National Study", *Journal of Cross-Cultural Psychology*, September, 2002.

[4] 何旭明、陈向明：《学生的学习投入对学习兴趣的影响研究》，《全球教育展望》2008年第3期。

来看，主要包含行为投入、认知投入和情感投入维度。认知投入包括学习者的动机、认知策略以及元认知策略的使用。①②③ 情感投入是指学习者在整个学习过程中对教师、学习活动的情绪反应，具体包括感兴趣、快乐、无聊、消极、焦虑等④。情感投入可以分为三个维度：兴趣、专注度和愉悦。进一步可以扩展为六种情绪，分别为兴趣和厌烦、振奋和疲乏、愉快和苦恼⑤。行为投入是指学习者在学习过程中所体现的、外在可见的行为表现，具体可以包含参与、专注、交互等维度。

社会学领域学习投入研究关注的焦点由学习者转向"学习群体"或"学习共同体"，侧重于采用学习投入来刻画学习者在群体互动过程中的参与状态。如埃里克森认为，学生投入是一种主动的课程经验，可分为社会联系和教材联系两方面。其中，前者包括学生和教师、学生和学生等社会联系，而后者主要是学生和教材内容的联系。⑥ 威尔逊分析学习投入的影响因素包含个人特质、人际关系和环境因素三方面。⑦ 可见，社会学视角下的学习投入主要是关注各种具有黏性的人际交互投入，包括师生交互、生生交互。⑧ 综上所述，心理学与社会学领域的研究者均将学习投入视为一个多维度的概念体系，并使用它对学习过程中所涉及的独立因素进行整合，用来综合描述学习者参与到学习活动中所体现的认知、情感和行为等状态，从而提供了一个分析学习参与状态及其影响因素的整体框架。

---

① Fredricks, J. A., et al., "School Engagement: Potential of the Concept, State of the Evidence", *Review of Educational Research*, March, 2004.
② 尹睿、徐欢云：《国外在线学习投入的研究进展与前瞻》，《开放教育研究》2016年第3期。
③ 孙睿、杨宏：《学习投入国内外研究述评》，《科教导刊（中旬刊）》2014年第2期。
④ Akyol, Z., Garrison, D. R., "Assessing Metacognition in an Online Community of Inquiry", *Internet & Higher Education*, July, 2011.
⑤ 王万森、龚文：《E-Learning中情绪认知个性化学生模型的研究》，《计算机应用研究》2011年第11期。
⑥ 孔企平：《"学生投入"的概念内涵与结构》，《外国教育资料》2000年第2期。
⑦ Wislon, T. D., "On User Studies and Information Needs", *Journal of Documentation*, November, 2006.
⑧ 尹睿、徐欢云：《国外在线学习投入的研究进展与前瞻》，《开放教育研究》2016年第3期。

二 协作学习投入的内涵

基于学习投入对认知、情感与行为多维学习参与状态关注的基本内涵，我们将学习投入分析的对象由个体学习过程转向群体互动的协作学习过程，关注小组成员如何持续、积极地参与"生产性"互动（意义共享与协商）。具体来讲，学习者在建立与发展生产性互动关系过程中会产生知识共建、社会交往与任务调节等学习活动。知识共建涉及参与者对观点的认知加工，以及对观点加工过程的元认知调控活动；社会交往涉及参与者之间为了形成相互依赖关系所进行的人际互动；任务调节则是指参与者为实现小组协作目标及任务的持续调控。基于此，协作学习投入在传统认知投入包含认知策略和元认知策略的基础上，扩展为协作学习参与者对知识共建的认知投入以及元认知调节投入。对知识共建的认知投入可以理解为参与者在群体协作知识建构中使用策略来分享观点、协商讨论、达成共识。元认知调节表现为参与者有意识地监控任务目标、策略性地运用工具与方法，监控知识建构过程和进展，即元认知调节的体现。[①] 行为投入维度可以扩展为协作学习参与者对共同任务的持续关注与专注努力，主要考察参与者完成协作任务过程中投入的时间、精力和努力程度；行为投入可以从专注、坚持、同步等方面来分析。在协作学习投入中，情感投入可以理解为小组成员在建立维系社会互动中体现出的情感投入，具体表现为协作学习参与者感知个体角色与群体关系、维系小组氛围与社会关系的努力。

综合上述分析，协作学习投入汲取了学习投入对多维学习参与状态关注的基本内涵，将其分析对象由个体学习过程转向协作学习的群体互动的协作学习过程，重点关注小组成员对于"生产性"互动活动（意义共享与协商）的参与度，关注知识共建、社会交往与任务调节中体现的内隐心理和外显行为状态。

本章小结

本章首先从协作学习投入的问题切入，分析计算机支持协作学习领

[①] Jrvel, S., Hadwin, A. F., "New Frontiers: Regulating Learning in CSCL", *Educational Psychologist*, Vol. 48, No. 1, 2013, pp. 25–39.

域研究理论与实践面临的多重挑战，并提出协作学习投入的研究议题。其次阐述了协作学习投入研究的理论基础，分别从协作知识建构的认知参与、协作学习中的行为参与、社会依赖与社会性参与、协作学习中的多重调节四个部分构建了理论框架，并为协作学习投入概念建构提供了理论依据。

最后，梳理了学习投入概念演化的基本过程，并提取其多维学习参与状态的基本内涵、在此基础上给出了协作学习投入的内涵界定。

第二章

协作学习投入分析框架

引言

本章从协作学习投入分析框架建立的基本原则入手,从投入分析的目标性、投入维度建构的多维性及投入表征的整体性入手来建立分析框架。最终,协作学习投入分析基本框架包含行为参与、社会关系、观点建构和共享调节四个维度,并包含细化的维度内涵及观测指标描述,为后续投入分析与刻画奠定了基础条件。

第一节 协作学习投入分析框架建立的原则

协作学习投入分析框架构建首先考虑学习投入研究的目标与价值取向,确立框架构建的目标性原则,考虑投入概念的历史演化与基本内涵,从认知、情感与行为等多维度来考察其基本内涵;考虑投入表征的整体性原则,采用任务关注、关系维护、观点加工和过程调控四个维度的整体概念体系来表征协作学习投入。这一节将对分析框架建立的原则进行详细的阐述。

一 目标性原则

在协作学习投入分析框架建立之前,我们首先需要考虑学习者的哪些投入活动对小组内部的"生产性"互动是有价值的。小组内部"生产性"互动的核心目标是实现学习共同体内部的协同知识建构。如维果茨基认为:知识是依靠共同体内部的社会性对话与协商来建构的。合作/协作学习的代表人物约翰逊同时指出有效的协作学习需要个体承担责任，更需要成员之间具备积极的相互依赖。① 可见，每位小组成员需要以群体知识建构为目标，承担起促进知识分享、建构、创新的集体责任，并建立和维系相互依赖的关系，最终实现学习共同体内部的协同知识建构。② 进一步说，协作学习投入是一个认知与社会性双重互动的过程，学习者需要通过社会性参与来确立自己的身份和位置，通过对话交流促使知识生成与转化，并发展共同体的公共知识。③④⑤ 上述"生产性"互动过程包含问题触发、公开陈述、质疑论辩、意义协商、生成制品、评价反思等基本环节⑥，如图2-1所示。

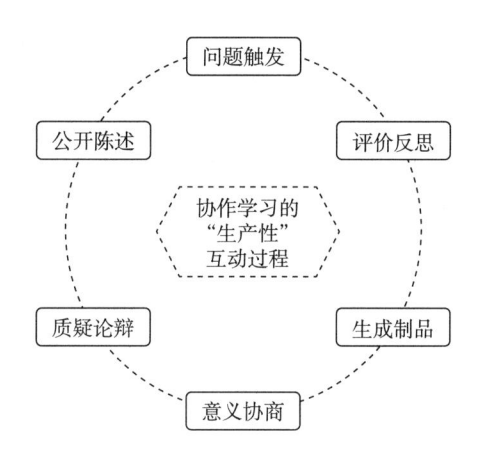

图2-1 协作学习的"生产性"互动过程

第一阶段提出共同探究的任务，触发共同体的探究意识，明确协作

---

① ［美］约翰逊兄弟：《合作性学习的原理与技巧》，机械工业出版社2001年版。
② 斯琴图亚：《在线协作学习中的集体责任与个体生成角色》，《现代教育技术》2020年第3期。
③ 毛刚等：《基于活动理论的小组协作学习分析模型与应用》，《现代远程教育研究》2016年第3期。
④ Lave J., "Chapter 4: Situating Learning in Communities of Practice", *Perspectives on Socially Shared Cognition*, 1991, pp. 63-82.
⑤ Wenger & Etienne, "Communities of Practice and Social Learning Systems", *Organization*, 2000, pp. 225-246.
⑥ 彭绍东：《混合式协作学习中知识建构的三循环模型研究》，《中国电化教育》2015年第9期。

任务的目标，引起思考；第二阶段学习者之间进行交流，分享自己的或转述他人观点，提供相关的事实和线索，以相互了解观点并进行讨论；第三阶段学习者之间进一步分析观点、论证与完善观点；第四阶段理解他人的观点，对不一致的观点相互协商，个体之间逐渐形成共同理解；第五阶段综合已有观点，形成认知制品；并对协作知识建构的过程与结果进行反思，发现问题并及时纠正。具体来说，协作知识建构过程通常始于一个共同探讨的主题或问题，学习者探索主题的信息，并详细阐述论点、观点。学习者需要对同伴的想法进行批判和整合，同时也关联、扩展更多的想法，推动小组知识共建的过程，从而实现共同目标的达成。[①] 此外，小组成员彼此之间进行沟通、交流，共同完成一定的学习任务，因而在成员之间形成了相互影响、相互促进的社会人际关系。综上所述，学习者参与协作学习互动过程的目标在于建立并维系共同体，通过观点共享与协商来实现小组内部的知识建构。

二 多维性原则

协作学习投入是一个多维的概念体系，应当从认知、情感与行为等多维度进行分析与考察。其中，认知投入可以理解为学习者在学习过程中对于深层认知策略以及自我监控与调节的元认知策略的应用。情感投入是指学习者在整个学习过程中对教师、社区、活动等的认同感，涉及归属感和价值感的情绪反应，包含兴趣、厌倦、快乐、悲伤和焦虑等。具体来讲，情感投入反映了学习者体验到学习的价值以及对学习形成的兴趣，它能产生依赖感，并且影响学生学习的意愿。行为投入可以理解为学习者的专注努力与坚持不懈，通常指学习者在完成学习任务中的参与和沉浸程度，包括他们的努力、坚持和专心程度，以及出席率和作业完成情况等外显行为指标。如弗雷德里克森等将行为投入界定为以下三个方面：一是积极的课堂参与行为，如遵守学校规章和课堂规范，没有逃课和各种影响班级纪律的行为；二是对学习任务的卷入程度，包括努力、坚持性、专心、注意、提问和积极参与课堂讨论等；三是参与学校

---

① Damsa, C. I., "The Multi-layered Nature of Small-group Learning: Productive Interactions in Object-oriented Collaboration", *International Journal of Computer-Supported Collaborative Learning*, Vol. 9, No. 3, 2014, pp. 247–281.

的相关活动。① 综上所述，协作学习投入分析框架的建立需要考虑学习投入是一个多维度的概念体系，能够同时反映学习者在认知、情感与行为等多维度的积极参与状态，是综合表征学习活动中学习者内隐认知与情感以及外显行为状态的综合概念体系。

三 整体性原则

整体性原则的基本内涵是指协作学习投入需要从学习者的认知参与、外显行为以及社会交往三个方面来整体表征协作学习的互动参与状态。其中，认知参与是指学习者对观点的认知加工以及对加工过程的调控；外显行为则是指对协作任务或目标的持续关注与努力；社会交往涉及共同体参与者之间的互动结构体现出来的成员身份、关系或权力。

鉴于上述理解，传统行为投入可以扩展为小组协作学习参与者对共同任务的专注努力和坚持不懈，强调了参与者致力于共同任务的行为参与的表现，体现了参与者对小组共同体规则的认同程度。参与者在共同体中需要努力去感知任务的进程，从而调动自身对知识建构过程的参与和监控，是基础的投入状态。传统情感投入表现为共同体参与者的身份以及存在感等社会关系的体现，强调了成员之间通过互动形成的社会关系网络会影响到交互氛围以及协作绩效。② 社会关系是协作学习过程的重要中介，对于保障协作学习过程具有重要价值。传统认知投入在原有认知策略和元认知策略的基础上，扩展为共同体参与者对观点的加工以及对观点加工过程的监督与控制程度。具体来讲，观点加工表现为参与者在群体交互中分享观点、协商讨论、达成共识的能力与策略，是一种知识建构的过程体现。观点加工过程的监督与控制表现为参与者有意识地监控任务目标、策略性地运用工具与方法，监控知识建构过程和进展，即共享调节的体现。③ 协作学习中的共享调节以目标为导向，建立在参与者对任务的理解之上，根据对协作任务的条件、情境和目标结果

---

① Fredricks, J. A., et al., "School Engagement: Potential of the Concept, State of the Evidence", *Review of Educational Research*, Vol. 74, No. 1, 2004, pp. 59-109.

② Aviv, R., et al., "Network Analysis of Knowledge Construction in Asynchronous Learning Networks", *Journal of Asynchronous Learning Network*, Vol. 7, No. 3, 2003.

③ Jrvel, S. & Hadwin, A. F., "New Frontiers: Regulating learning in CSCL", *Educational Psychologist*, Vol. 48, No. 1, 2013, pp. 25-39.

等方面的共享理解来共同制订协作学习的计划、策略与方法。① 综上所述，整体原则为协作学习的概念演化提供了基础支撑，为后续概念框架的建立奠定了基础。

第二节　协作学习投入分析框架的基本维度

基于上述原则，我们可以将协作学习投入概念聚焦小组学习者在参与知识共建和社会交往过程中的任务关注、关系维护、观点加工以及过程调控四个方面，形成协作学习投入分析框架（BSOR），包含四个基本维度：行为参与（B）、社会关系（S）、观点建构（O）和共享调节（R），如图2-2所示。

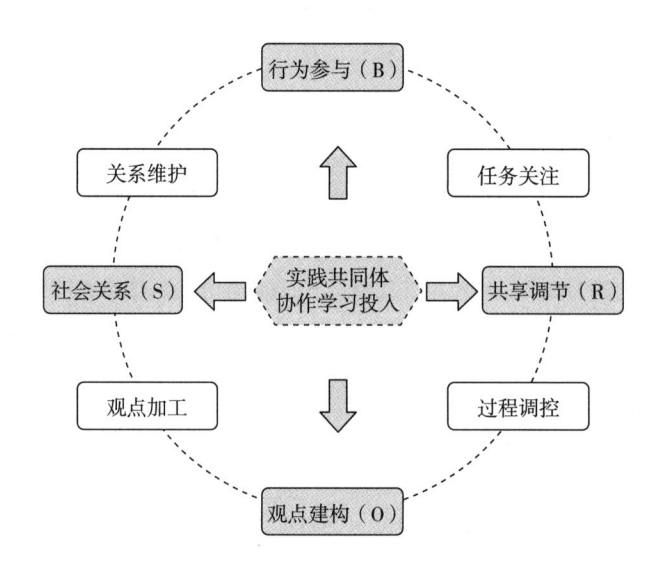

图2-2　协作学习投入分析框架（BSOR）

一　行为参与投入

行为参与投入主要表征协作学习参与者对任务的关注，重点考察参与者对协作任务的注意力集中度、沉浸度以及与同伴的协调度。注意力

---

① 罗淳：《协作学习中共享任务理解的研究》，博士学位论文，华东师范大学，2019年。

集中程度表明参与者对协作任务的专注水平,当个体专注于某项活动时会表现出高度集中的精神状态。如果说集中程度更多反映了学习者的瞬时状态,那么沉浸度则反映了学习者持续关注任务的程度。与同伴的协调度反映了参与者关注到同伴行为并随之协调配合的程度,体现出参与者之间行为的同步性。相互依赖、互相配合的参与者之间可能会表现出高水平的同步行为,这是衡量高质量协作互动的重要指标。[1][2] 综上所述,行为参与投入反映了协作学习参与者在完成小组任务中体现出集中、沉浸于小组任务,并相互配合的行为。

二 社会关系投入

社会关系投入主要表征协作学习参与者对小组关系的维护,重点考察参与者对维系与发展组内社会关系的投入水平。这种社会关系是通过参与者之间的互动形成的,能够反映参与者在共同体中的身份、地位或权力,如对领导者的支持、吸引其他成员以及帮助他人保持良好的关系。[3][4] 中介度、受欢迎度和影响度是考察社会关系投入的重要指标。中介度表示参与者保持小组凝聚力的程度,关注参与者对组内紧张关系的调节与处理的程度,中介度高的参与者是在社交网络中处于中心位置的人,能够对组内成员起到凝合的作用。受欢迎度表示参与者在小组内部获得其他同伴认可的程度。影响度表示参与者主动发出的交互请求的程度。综合上述来看,社会关系投入反映了协作学习参与者对于构建有凝聚力的小组、维系组内相互依赖关系、影响他人的投入水平。

三 观点建构投入

观点建构投入主要表征参与者在小组认知加工过程中对观点的分享与加工,同时考察参与者贡献观点的质量。协作学习中的认知投入主要通过分析参与者在知识加工过程中对观点分享、观点协商以及观点共建

---

[1] Vacharkulksemsuk, T. & Fredrickson, B. L., "Strangers in Sync: Achieving Embodied Rapport through Shared Movements", *Journal of Experimental Social Psychology*, Vol. 48, No. 1, 2012, pp. 399-402.

[2] Cukurova, M., "The NISPI Framework: Analysing Collaborative Problem-solving from Students' Physical Interactions", *Computers & Education*, 2017.

[3] Scott, J., "Social Network Analysis", *SAGE*, 2012.

[4] Macgowan, M. J., "A Measure of Engagement for Social Group Work", *Journal of Social Service Research*, 1997, pp. 17-37.

来判断成员是否积极参与知识共建。个体要通过交流来分享自己的观点，通过质疑他人的观点、澄清或协商观点，以推动共同体知识的发展。观点分享能够反映参与者是否积极引用相关知识或经验来分享自己的观点。观点协商反映参与者在面临复杂问题时，不断解释、描述或争论问题的解决方案的辩驳程度。观点共建反映共同体参与者在多大程度上引用和深化同伴的观点来促成新知识的产生。综上所述，协作学习的观点建构投入的核心内涵是对小组认知过程和成果的投入，考察参与者对观点的分享、协商、共建等关键环节，借此来表征整个观点建构过程的认知策略。

四 共享调节投入

共享调节投入主要关注学习者对小组任务执行过程、认知加工以及社会交往过程中的调节。任务调节反映了参与者在协作活动中对任务进程的跟踪与调整策略。[1] 参与者需要集体协商对任务的理解，共同设置学习目标与计划，监控任务执行进度并优化任务执行策略。此外，共享调节还有一层含义是对小组认知与社交过程的调节。小组协作过程中的知识建构过程需要参与者不断监控群体的认知状态，调节目标与结果之间的关系。同时，社会交往过程也需要成员之间彼此监控、调节社会关系，以促进相互依赖关系的达成。因此，如果共享调节的过程与行为参与、观点建构以及社会关系的投入密切相关，就可能对上述投入起到调节作用。

综合来说，四类投入维度彼此关联，行为参与投入反映了参与者对共同任务的专注度、沉浸度与协调度；社会关系投入考察小组成员维护并发展社会关系的投入；观点建构投入反映了参与者认知加工过程对观点的加工；共享调节则侧重于考察参与者对小组任务执行、认知加工以及社会交往过程的调节。

---

[1] De Backer, L., et al., "Socially Shared Metacognitive Regulation during Reciprocal Peer Tutoring: Identifying its Relationship with Students' Content Processing and Transactive Discussions", *Instructional Science*, Vol. 43, No. 3, 2015, pp. 323-344.

第三节　协作学习投入维度的观测指标

本节将基于行为参与、社会关系、观点建构和共享调节四个分析维度构成的协作学习投入分析框架，借鉴已有研究中的观测指标，建立 11 项一级观测指标，进一步对一级观测指标的各要素进行分析与解释，并从中提炼 31 项二级观测指标。采用德尔菲法对分析模型的指标体系进行多轮次修改，在通过层次分析法确定分析模型中各观测指标的权重，最终构建出协作学习投入分析模型，如表 2-1 所示。

表 2-1　　协作学习投入分析维度及观测指标

基本维度	一级观测指标	二级观测指标
A 行为参与投入	A1 专注度：小组成员参与任务时的注意力集中程度	A1-1 对任务的注意水平
		A1-2 对任务注意的持续性
	A2 同步度：小组成员与同伴行为的协调配合程度	A2-1 发表言论
		A2-2 聆听同伴发言
		A2-3 记录同伴发言内容
B 社会关系投入	B1 协调度：小组成员影响同伴交互的程度	B1-1 与同伴进行直接交互
		B1-2 连接同伴之间的交互
	B2 引领度：小组成员与同伴交互的主动性	B2-1 对同伴发起提问或质疑
		B2-2 对同伴的问题进行回答
		B2-3 对同伴进行评论或建议
	B3 响应度：小组成员发出的信息受到同伴的关注度	B3-1 收到同伴的回答
		B3-2 收到同伴的提问或质疑
		B3-3 收到同伴的评论或建议
C 观点建构投入	C1 观点共享度：小组成员分享个人观点的质量	C1-1 提供与任务相关的知识或经验来佐证观点
		C1-2 提出新问题或凝练新观点
		C1-3 提出的观点体现在任务成果中
	C2 观点协商度：小组成员对问题或冲突的辩驳程度	C2-1 质疑或反驳同伴观点
		C2-2 提供论据进一步维护个人观点
		C2-3 提出替代性观点

续表

基本维度	一级观测指标	二级观测指标
C 观点建构投入	C3 观点共建度：小组成员对同伴观点的引用与深化程度	C3-1 对同伴观点表示赞同
		C3-2 在同伴观点的基础上修改个人观点
		C3-3 寻求同伴认同个人观点并修正同伴观点
D 共享调节投入	D1 任务计划度：小组成员制订计划来执行协作任务的程度	D1-1 明确学习目标
		D1-2 明确组内分工
		D1-3 明确时间安排
		D1-4 围绕计划执行任务
	D2 任务监控度：小组成员对任务执行过程的感知与优化程度	D2-1 感知任务进程
		D2-2 选择优化策略
	D3 任务反思度：小组成员对任务执行过程反思的程度	D3-1 反思任务成果
		D3-2 反思认知过程
		D3-3 反思成员关系

一 行为参与投入指标

行为参与投入主要观测参与者完成协作任务过程中投入显性的时间、精力及努力。已有研究主要从专注、坚持、同步等维度来分析参与者对协作任务的专注度、沉浸度以及小组成员协调一致的程度。其中，专注度可以理解为学习者将注意力集中在学习内容或任务上的程度。[①] 也可以反映参与者在面对难题或挑战情境时依然努力寻求答案，集中精力以探求对问题的深入理解。而沉浸度则指学习者面临困难、问题和压力时为实现学习目标而表现的持续性努力，表现在学习者坚持完成学习任务、保持高水平参与的程度。持续性是行为投入产生的关键，也反映了参与者调节的结果，强调了学习任务、规划以及完成过程中的连续程度。[②] 小组成员协调一致的程度主要考察小组成员行为协调一致的程度。[③]

[①] 李爽等：《在线学习行为投入分析框架与测量指标研究——基于 LMS 数据的学习分析》，《开放教育研究》2016 年第 2 期。

[②] 张琪、武法提：《学习行为投入评测框架构建与实证研究》，《中国电化教育》2018 年第 9 期。

[③] Cukurova, M., "The NISPI Framework: Analysing Collaborative Problem-solving from Students' Physical Interactions", *Computers & Education*, 2017.

综上,行为参与投入反映了共同体参与者在协作任务执行过程中的专注、沉浸以及协调一致的程度,其一级观测指标可以分为:A1 专注度、A2 同步度。专注度是指共同体参与者参与任务时的注意力集中程度,主要表现为参与者对协作任务的注意水平,以及在遇到困难或冲突时,是否对任务继续保持关注。专注度可分为二级观测指标:A1-1 对任务的注意水平、A1-2 对任务注意的持续性。同步度是指参与者在参与任务时与同伴行为的协调配合程度,反映了参与者由于需要相互配合、共同努力完成协作任务而受到同伴行为的影响,具体表现为当同伴发言时,参与者聆听同伴发言、记录同伴发言的内容,或者与同伴共同检索与查阅资料等相对一致性的行为动作。同步度可分为二级观测指标:A2-1 发表言论、A2-2 聆听同伴发言、A2-3 记录同伴发言内容。

二 社会关系投入指标

社会关系投入主要观测参与者建立和维系社会性互赖关系的程度。目前,研究者通常采用社会网络的特征值来表征个体在网络中的位置以及个体建立关系网络的贡献程度。常见表征网络结构特征的指标有中心度、出入度和亲密度。中心度利用参与者之间直接交互的频次来反映参与者对交互关系的控制程度。出入度利用远离和指向参与者的信息数量来反映参与者主动参与度以及对其他同伴的影响度。亲密度利用参与者与同伴之间接受和传播信息的效率来反映参与者与其他人之间的平均亲密度。如在范等人的研究中,根据共同体社会网络结构特征中的出入度、中介性以及亲密度来表征参与者的参与水平、影响度和中介度。[1] 金姆等利用流入中心性代表学习者的受欢迎度,即小组成员从他人处收到的反馈信息数量;利用出度代表影响力,即小组成员向其他同伴发送的消息数量;利用中介中心性可以表征在社会网络中个体与他人发生联系的程度,也可以表征个体在群体中的作用。[2] 此外,出度、入度与中间中心度也可以表征网络位置。出度可以表征参与者发起交互的次数,

---

[1] Ouyang, F. & Chang, Y., "The Relationships between Social Participatory Roles and Cognitive Engagement Levels in Online Discussions", *British Journal of Educational Technology*, 2019.

[2] Kim, M. K. & Ketenci, T., "Learner Participation Profiles in an Asynchronous Online Collaboration Context", *Internet & Higher Education*, Vol. 41, No. APR., 2019, pp. 62–76.

表现为参与者评价他人的观点内容、回答问题、咨询或寻求帮助；入度来表征参与者接收的交互行为，表现为提出的问题得到回答、咨询或帮助得到回应、收到他人的评价或他人与其讨论等；中间中心度用来分析参与者控制和引领其他参与者交互的程度，表现为通过回复、质疑或提问引起其他参与者的关注或积极建构知识，推动小组内部的积极交互讨论。[①]

社会关系投入反映了参与者对维持共同体内部相互依赖、均衡发展关系的努力程度，其一级观测指标可以分为：B1 协调度、B2 引领度、B3 响应度。协调度是指参与者控制同伴交互的程度，反映了参与者与其他人发展交互关系的努力，如参与者与很多同伴进行直接交互，将会处于共同体的中心地位，会表现出对共同体内部交互关系较高的控制度。协调度可分为二级观测指标：B1-1 与同伴进行直接交互、B1-2 连接同伴之间的交互。引领度是指参与者与同伴交互的积极性和主动性，通过参与者发出的信息量来衡量，具体表现为主动向同伴发起交互，通过回复别人引导其他参与者积极建构知识，通过质疑、提问引起其他参与者关注，从而引导知识建构过程的深入推进。引领度可分为二级观测指标：B2-1 对同伴发起提问或质疑、B2-2 对同伴的问题进行回答、B2-3 对同伴进行评论或建议。响应度是指参与者受到同伴关注与回应的程度，通过参与者收到的信息量来衡量，具体表现为参与者发起的帮助、质疑或咨询得到同伴回复，或者收到同伴认可或反对的建议。响应度可分为二级观测指标：B3-1 收到同伴的回答、B3-2 收到同伴的提问或质疑、B3-3 收到同伴的评论或建议。

三 观点建构投入指标

观点建构投入主要观测参与者之间观点加工的策略与质量。已有研究中协作学习的认知加工主要针对共享与协商的认知过程进行分析。如范等研究者从知识探究和知识创造两个阶段对协作过程的认知参与进行分析，知识探究描述的是参与者在探究知识时是否明确阐释自己的观点，并提供有效的资料或个人经验来佐证自己的观点，知识创造描述参

---

① 徐刘杰、陈世灯：《学习者知识建构的社会认知网络》，《开放教育研究》2017年第5期。

与者在处理同伴观点时是否扩展、深化了其他参与者提出的观点。① 而刘黄玲子等采用争辩度和建构度来分析协作知识建构的水平，争辩度是指参与者的言论是反对、检验或者向他人言论提出挑战；建构度是指参与者的言论是新增的、性质不同的观点，或者是解释观点的或总结、迁移观点。该研究进一步对共享言论的质量评估指标进行了分类，包括相关性、重要性、新颖性、引入与问题相关的知识或经验、明确性、实用性以及理解的广度，对于分析参与者共享观点的质量水平具有重要参考价值。② 国际知名学者魏因贝里耶等将协作知识建构的认知加工过程分为四个维度：参与维度、认知维度、协商维度和共建维度。其中，认知维度反映了参与者在构建问题空间和概念空间方面的认识参与深度；协商维度反映了参与者面临复杂问题时不断争论直到达成共识的过程；共建维度反映了参与者对同伴观点的处理模式，分为外化、启发、快速建立共识、以整合为导向和以冲突为导向达成共识。③ 值得注意的是，以冲突为导向构建共识被认为是最有效的模式，因为参与者既需要充分理解同伴的观点，又要论证自己的观点，进而从冲突的视角重组或修正同伴的观点，在观点辩驳的过程中，参与者自然地建构了知识。

观点建构投入反映了参与者在共同体知识发展过程中所贡献的知识或建立的加工策略，其观测指标可以分为：C1 观点共享度、C2 观点协商度、C3 观点共建度。观点共享度是指参与者在分享个人观点时的观点质量、观点内容广度以及观点实用性等方面的水平，反映了参与者对协作任务的理解水平，体现在参与者分享观点时提供了有力的理论或实践依据，从较全面、独特的视角去思考协作任务主题，以及提出的观点被同伴采纳并整合到任务成果中。观点共享度可分为二级观测指标：C1-1 提供与任务相关的知识或经验来佐证观点、C1-2 提出新问题或凝练新观点、C1-3 提出的观点体现在任务成果中。观点协商度是指参

---

① Ouyang, F. & Chang, Y., "The Relationships between Social Participatory Roles and Cognitive Engagement Levels in Online Discussions", *British Journal of Educational Technology*, 2019.

② 刘黄玲子等：《基于交互分析的协同知识建构的研究》，《开放教育研究》2005 年第 2 期。

③ Weinberger, A. & Fischer, F., "A Framework to Analyze Argumentative Knowledge Construction in Computer-Supported Collaborative Learning", *Computers & Education*, Vol. 46, No. 1, 2006, pp. 71-95.

与者面临复杂问题时，对问题的解释、描述或辩驳的程度，体现在参与者提供进一步的解释维护自己的观点、质疑或反驳同伴观点、提出替代性观点。观点协商度可分为二级观测指标：C2-1 质疑或反驳同伴观点、C2-2 提供论据进一步维护个人观点、C2-3 提出替代性观点。观点共建度是指参与者引用与深化同伴观点的程度，反映了参与者对待同伴观点的态度和处理策略，体现在对同伴的观点简单地表示赞同、在同伴观点基础上重构自己的观点或者说服同伴认同自己的观点并修正同伴的观点。观点共建度可分为二级观测指标：C3-1 对同伴观点表示赞同、C3-2 在同伴观点的基础上修改个人观点、C3-3 寻求同伴认同个人观点并修正同伴观点。

四 共享调节投入指标

共享调节投入主要观测参与者对任务执行、认知加工以及社会关系维护过程中起到的调节作用。在已有研究中，研究者主要从计划、监控、反思等过程来分析参与者对任务执行过程的感知、诊断与调节过程。如约尔韦莱等从计划、执行和反思三个阶段分析协作学习参与者的自我调节的过程。[1] 在计划阶段，参与者激活自身信念为学习做好准备，对任务进行分析从而设定目标和战略规划。在执行阶段，参与者通过自我控制和自我观察，帮助自身集中精力完成任务并使用有效的策略来实现共同体的目标。在反思阶段，参与者通过监控感知到的信息根据计划阶段设定的目标对自己进行评估，并对结果进行归因。巴克尔等提出群体的共享调节的过程涉及学习者共享任务理解、任务计划、任务监控和评估等关键调节策略。[2] 而有研究者从任务理解、任务进程、内容理解和任务兴趣四个维度分析学习者面对面小组讨论活动中监控活动的水平，具体表现为学习者对任务目标或指令的理解、对小组进展的观察

---

[1] Rvel, S., et al., "How do Types of Interaction and Phases of Self-regulated Learning Set a Stage for Collaborative Engagement?" *Learning & Instruction*, 2016, pp. 39-51.

[2] De Backer, L., et al., "Socially Shared Metacognitive Regulation during Reciprocal Peer Tutoring: Identifying its Relationship with Students' Content Processing and Transactive Discussions", *Instructional Science*, Vol. 43, No. 3, 2015, pp. 323-344.

与建议、阐述自己的理解或要求他人解释以及陈述自己对任务的兴趣[1]。沃莱等从共享认知、任务冲突、共享元认知和共享情感动机四个维度测量学习者的共享水平。[2]

综合上述已有研究成果来看，共享调节投入反映了参与者对共同体知识发展和关系维护过程的监督和控制，其观测指标可以分为：D1 任务计划度、D2 任务监控度、D3 任务反思度。任务计划度是指参与者制订行为计划来执行协作任务的程度，反映了学生在完成任务之前的计划过程，具体表现为参与者通过分析任务目标、角色分工以及时间安排来制订执行团队任务的行动计划。任务计划度可分为二级观测指标：D1-1 明确学习目标、D1-2 明确组内分工、D1-3 明确时间安排、D1-4 围绕计划执行任务。任务监控度是指参与者识别任务执行过程中的不一致性，并选择策略进行优化调整的程度，反映了参与者基于最初的行动计划来对协作任务执行过程进行的调控，具体表现为参与者通过感知任务执行过程识别当前任务的困难程度、已有理解是否准确、是否偏离行动计划等，并且选择相关的策略来调整当前任务进程。任务监控度可分为二级观测指标：D2-1 感知任务进程、D2-2 选择优化策略。任务反思度是指参与者对任务执行过程的反思程度，反映了参与者通过监控任务执行过程来对所感知到的信息进行自我评估并对结果进行归因的水平，具体表现为对认知过程、成员关系、任务成果的反思。任务反思度可分为二级观测指标：D3-1 反思任务成果、D3-2 反思认知过程、D3-3 反思成员关系。

本章小结

综合上述分析来看，协作学习投入分析的基本框架整合了多种理论视角，以学习共同体为载体，以知识建构为目的，有助于从系统化和全

---

[1] Nykki, P., et al., "Monitoring Makes a Difference: Quality and Temporal Variation in Teacher Education Students' Collaborative Learning", *Scandinavian Journal of Educational Research*, 2015, pp. 1-16.

[2] Volet, S., "Significance of Cultural and Motivation Variables on Students' Attitudes towards Group Work", *Journal of Urology*, Vol. 188, No. 5, 2001, pp. 1816-1821.

局化的视角剖析协作参与者的互动状态。协作学习投入分析框架（BSOR）遵循多元性、目标性和整体性的建立原则，聚焦共同体参与者在知识共建和社会交往过程中的任务关注、关系维护、观点加工以及过程调控四个方面，形成行为参与（B）、社会关系（S）、观点建构（O）和共享调节（R）四个基本维度。四个维度相互联系，共同表征参与者的协作学习投入状态。

第三章

协作学习投入研究方法

引言

传统学习投入研究方法主要针对静态抽样数据进行分析,难以对多维、动态的群体投入状态进行刻画与表征,并实现对群体投入状态的感知与干预。本章提出了协作学习投入的分析方法应当注重动态数据的持续采集、多维数据的融合分析以及投入关系的可视化表征,并提出采用经验取样法、多模态交互分析法、行为序列分析以及社会认知网络分析等多种方法来实施协作学习投入状态的刻画与表征。

第一节 协作学习投入研究方法的挑战

首先,从第二章协作学习投入分析框架来看,协作学习投入指向小组内部意义共享与协商的互动过程,剖析小组成员在观点建构、共享调节、行为参与以及社会关系方面的投入状态。由于小组成员需要通过意义共享与协商进行互动,因此其他小组成员的参与状态会显著影响学习者的投入状态。因此,原有静态、抽样数据的分析方法难以精准测量参与者的投入状态。其次,协作学习的互动过程不仅仅是语言或文本讨论,在线上或线下协作中,小组成员会通过眼神、动作、表情符号等非语言符号进行交流。因此,单一模态(信息通道)对互动投入的表征是不完整的,研究者需要多种模态的数据如脑电、眼动的数据来融合表征协作学习投入状态。协作学习投入各维度相互影响作用关系需要进行挖掘与解释,这样才能够深入解释投入子维度之间是如何相互作用的。最后,协作学习投入研究的最终目的是实现对群体投入状态的动态感知与干预，这同样是目前亟待解决的问题。

一 静态抽样数据的获取与分析

支撑协作学习的环境已经从单一的物理空间或网络信息空间转变为物理与信息多空间融合的学习环境。① 其中物理空间包含教室、图书馆、研讨室等形态多样的实体场所；信息空间包含在线学习平台、网络学习空间等虚拟学习空间。在多空间融合的学习环境支持下，小组学习者可能会根据协作任务需求自然转换学习空间，并在虚实融合的学习空间中开展交流与协作。从投入分析的角度来讲，多空间的频繁转换与相互叠加可能会导致学习者难以获取对小组成员投入状态的完整感知，也会对学习者自身的投入状态产生影响。因此，如何动态追踪参与者学习投入状态的发展变化过程成为研究者与实践者面临的共同挑战。此外，协作学习的互动是一个持续的过程，学习者需要不断协调组内关系、协商观点，因此，只有持续的捕捉互动过程的全部信息才有可能全面理解协作学习的投入状态。综上所述，频繁切换的学习空间、动态多变的互动过程无疑为动态持续获取投入数据带来很大的挑战。传统的问卷自我报告难以动态伴随式地获取投入数据，也难以支持持续采集多个时点的交互过程数据。尽管基于网络学习平台的行为数据追踪可以动态持续获取行为数据，但难以获取认知、情感等维度的内隐投入数据。综上分析，动态、持续获取投入数据对于协作学习投入分析具有重要的价值，同时也是目前协作学习投入研究面临的重要挑战。

二 多模态交互数据筛选与分析

协作学习的互动过程是富含丰富信息的金矿，研究者可以通过互动信息获取群体认知与社会关系发展等诸多层面的信息。② 多模态交互信息的采集与分析为协作学习互动分析带来了新的契机。多模态交互信息是指学习者在协作互动情境中产生的多种符号信息，比如语音、表情、眼神、体态等连续可表征的符号信息，可以将互动过程分解为不同的信

---

① 杨现民等：《智能时代学习空间的融合样态与融合路径》，《中国远程教育》2020年第1期。

② Carolyn Rosé, et al., "Analyzing Collaborative Learning Processes Automatically: Exploiting the Advances of Computational Linguistics in Computer – supported Collaborative Learning", *International Journal of Computer Supported Collaborative Learning*, Vol. 3, No. 3, 2008, pp. 237 – 271.

息分析通道进行表征，对于深入理解互动过程具有重要价值。然而，基于多模态交互信息的学习投入分析有赖于对多种信息进行提取与融合表征。从多模态信息提取来讲，协作学习的互动过程包含眼神交互、动作交互、言语交互等多种模态信息。研究者对交互过程的深入理解有赖于对多模态交互数据的提取。传统交互分析方法往往侧重于对交互会话内容进行剖析，难以挖掘多层次、多维度的信息来表征协作互动过程。因此，如何采集多模态交互信息来综合表征互动过程成为协作学习投入分析面临的重要挑战。多模态数据融合的难点主要有两个：一是从多模态投入数据分析路径来看，从投入分析框架与指标确立到分析数据源筛选，再到多模态数据特征提取是一个完整的流程，需要各个环节无缝衔接。[①] 多模态数据源筛选与模态特征提取均有赖于投入分析框架与指标体系。目前，理论体系到指标框架的映射过程还主要针对问卷等传统数据获取方式，并未考虑多模态数据采集的问题。因此，如何在分析框架的指导下建立指标与数据的映射关系是研究者面临的重要问题。二是多模态数据采集的粒度有很大差异，如脑电数据采集的单位是毫秒、语音采集的单位往往以秒来计算，而传统问卷数据采集的时间间隔更长。因此，如何对不同单位的数据做数据对齐也是研究者面临的重要挑战。

三　多维投入关系的挖掘与解释

协作学习投入是一个由观点建构、共享调节、行为参与等多维度构成的复杂概念体系。多维复合的投入概念不仅能够从整体表征学习者参与小组协作意义协商过程中的状态，还可以通过多维关系挖掘来探索投入内部的相互影响关系，进而为协作学习投入提供基础解释。[②] 传统的多维投入关系挖掘往往采用两种基本路径：一是采用自陈式问卷来获取学习者对投入的主观感知，随后采用建模方式来探索多维投入之间的影响关系。有研究提出认知、情感与行为子投入之间的影响与预测关系很

[①] 张琪等：《多模态数据支持的学习投入评测：现状、启示与研究趋向》，《远程教育杂志》2020年第1期。

[②] 马志强等：《基于学习投入理论的网络学习行为模型研究——以"网络教学平台设计与开发"课程为例》，《现代教育技术》2017年第1期。

可能受到时间、学习环境等因素的影响。[1] 问卷数据仅能够对特定时点的投入数据进行分析与建模,难以长期追踪多个投入维度之间的影响关系。二是采用平台数据记录来获取投入数据。平台采集的数据结构差异较大,如操作行为数据是结构化数据,而互动文本等数据是非结构化数据,需要进行结构化编码分析后再进行分析。因此,多维数据的尺度差异给关联分析带来了很大的挑战。

此外,多维投入关系的解释也是研究者面临的重要挑战。研究者对于投入关系解释的目的在于理解影响投入状态的外部因素,及投入内部因素的相互作用机制,为后续干预提供理论支持。然而,研究者逐渐发现投入是一个敏感易受外部因素影响的变量,时间、协作任务等因素均有可能对相互作用关系产生中介影响。[2] 因此,如何基于现有的理论框架来对多维投入关系进行完整的解释也是研究者面临的重要问题。

四 群体投入状态的感知与干预

在协作学习中,参与者对于群体认知状态、团队氛围、小组任务完成情况等群体投入状态的感知对于协调和维持组内关系,提升协作绩效具有重要价值。从认知状态感知来讲,参与者需要感知到小组知识建构或观点论证的进展,同时能够甄别成员之间观点的异同,否则会导致群体成员无法发现观点之间的差异,从而导致群体的认知冲突。[3][4] 从团队氛围来讲,参与者需要对其他参与者的贡献以及组内的相互依赖关系有足够的感知,否则就会出现"搭便车"、社会懈怠等问题。[5][6] 对于

---

[1] 马志强、岳芸竹:《面向即时数据采集与分析的学习投入纵向研究——基于经验取样法与交叉滞后分析的综合应用》,《电化教育研究》2020年第4期。

[2] 马志强、岳芸竹:《面向即时数据采集与分析的学习投入纵向研究——基于经验取样法与交叉滞后分析的综合应用》,《电化教育研究》2020年第4期。

[3] Kozlov, M. D., et al., "Can Knowledge Awareness Tools Help Seek Learning Partners with Complementary Knowledge?", *IEEE Transactions on Learning Technologies*, Vol. 11, No. 3, 2017, pp. 334–341.

[4] Schnaubert, L. & Bodemer, D. "Providing Different Types of Group Awareness Information to Guide Collaborative Learning", *International Journal of Computer-Supported Collaborative Learning*, Vol. 14, No. 1, 2019, pp. 7–51.

[5] Ma, X., et al., "An Empirical Study on the Effect of Group Awareness in CSCL Environments", *Interactive Learning Environments*, 2020, pp. 1–16.

[6] 马秀麟等:《群体感知效应促进线上协作学习成效的实证研究》,《电化教育研究》2019年第5期。

小组任务完成情况的感知来讲，成员需要对任务目标、执行状态、预期成果等有足够的感知，并在此基础上调节自身的行为。[①] 综合上述分析来看，协作参与者对群体投入状态的感知对于成功的协作学习具有重要价值。然而仅仅提供感知信息是不够的，教师需要依据感知信息采用脚本、问题提示等手段实施干预。

第二节 协作学习投入研究方法的价值诉求

基于上述协作学习投入分析面临的重要挑战，首先，我们提出了协作学习投入分析方法应当针对动态数据进行持续采集，以获取学习者瞬时的投入状态信息，并持续表征投入状态的变化；其次，投入分析应当实现对多维度投入信息的融合分析；最后，应当考虑对投入信息进行可视化表征，以便实现对投入状态的感知与干预。

一 动态数据的持续采集

学习投入已有的数据收集方法大多采用自陈问卷对学习投入感知进行回忆。即全部学习活动结束后让学习者报告学习投入的情况。该方法便于采集多维度的大规模投入数据，但数据依赖学生对自我投入的主观判断，数据的可信度不高。此外，这种传统的数据采集方法具有一定程度的滞后性和延迟性，难以采集到代表学习者瞬时行为或主观感知的数据。动态数据采集核心是数据的即时性，保证能够在学习活动过程中收集学习者的学习投入数据，获取被试的第一反应。即时的数据代表个体在动态学习过程中的真实学习投入状态，即时捕捉学习情境中个体的投入状态，有助于改善由于延迟性和滞后性带来的数据质量降低的问题。从持续性来看，学习投入需要在学习过程中多次采集数据，比如分阶段在特定的时间或者特定的事件进行数据的收集，而不是在学习结束的时候进行一次性收集。这样可以全面真实地反映学习过程中个体不同的投入状态，能够更为有效地分析个体投入随时间和情境的变化趋势或影响

[①] Hadwin, A. F., et al., "Challenges in Online Collaboration: Effects of Scripting Shared Task Perceptions", *International Journal of Computer – Supported Collaborative Learning*, Vol. 13, No. 3, 2018, pp. 301 – 329.

学习投入的相关因素。因此，学习投入研究应保证持续采集整个学习过程中不同时点的学习投入数据，进行多维度的纵向分析，以精准了解学习者的投入相关影响因素或特征关系。

二　多维投入的融合分析

协作学习投入具体表现为小组成员对任务的关注程度、对维持相互依赖关系的努力程度、对群体知识的加工程度以及对任务执行过程的调控程度。因此，需要综合学习者的外显行为和内隐心理等多维数据来表征协作投入的各维度状态。多维性指的是从多维度挖掘投入状态信息，如关注时间、学习环境等维度，也指学习投入子维度之间的相互预测关系。已有研究的多维分析主要为简单的线性相关分析，无法揭示投入子维度在时间和空间序列上的复杂关系。协作学习投入是多维度的复杂概念体系，厘清学习投入的内部结构关系有助于区分学习投入内外部变量的影响效应。尽管已有研究也探索了学习投入子维度之间的预测关系，但只验证了单一方向的假设关系，后续协作学习研究需要考虑到竞争假设方法的应用，从多方向、多角度探究学习投入子维度的关系。

三　投入数据的可视化表征

协作学习投入数据的可视化表征可以分为两个路径：一是行为参与分析的路径，可以从互动行为模式入手，探索互动会话行为之间的转化关系，形成行为操作序列，进而构建稳定的行为参与模式。互动行为参与模式可以小组为单位，从行为转换序列的角度阐释小组特征，对于理解互动过程的关键行为事件，识别组间行为模式差异，探索有价值的行为参与模式均有重要价值。二是认知与社会性投入作用关系的可视化表征，可以从社会认知网络入手，采用社会网络与认知网络叠加的方式来可视化表征两类投入关系的网络特征与动态演化路径，对于识别个体与小组的认知与社会性投入中心性、密度、互动模式，识别个体与小组投入特征差异，分析不同绩效小组投入变化趋势均有重要价值。

第三节　协作学习投入研究方法概述

基于上述对协作学习投入分析内涵特征及方法挑战的基本理解，我们建立了一套系统分析协作学习投入的方法体系，用于对多维投入数据进行采集与分析。具体来讲，协作学习投入研究方法体系针对分析与表征两个目标。对投入状态分析，我们主要采用经验取样法来获取问卷自我报告数据，采用多模态交互分析法来获取协作学习过程形成的表情、动作、语言等多层面数据；针对投入状态表征，我们采用行为参与模式来对协作互动的行为投入进行分析；采用社会认知网络分析来对认知与社会性投入进行分析，下面进行分述。

一　基于经验取样的投入分析

经验取样法（Experience Sampling Method，ESM）是一种旨在获取日常学习或工作即时状态下个体真实行为与感知数据的方法[①②]，其核心价值在于获取真实情境中人们处于特定状态的外在行为表现与内在心理主观体验。[③] 该方法已经在心理学、人力资源管理和组织行为学领域研究中受到了广泛应用。在教育领域中，部分研究者开始将其用于学习行为、学习体验分析等研究议题。[④]

经验取样法从本质上讲是一种自我报告法，用于采集在事件发生时真实、自然、自发情境中参与者的自我报告信息，并且在时间维度上多次重复测量，因此也被称为一种流动自我报告和密集纵向设计方法。[⑤] 其最大的特点就是采用重复抽样的方式，在多个时间点持续采集个体易受时间和个体因素影响而变化的信息，如情绪、感知、态度等方面，能够持续地捕捉到真实情境下个体的瞬时体验数据，通过被试频繁回答问题来减少外界因素影响带来的偏差。[⑥]

经验取样法在学习投入分析中的应用价值体现在数据采集的瞬时

---

① 张银普等:《经验取样法——一种收集"真实"数据的新方法》,《心理科学进展》2016 年第 2 期。

② Larson, R., Csikszentmihalyi, M., "The Experience Sampling Method", *New Directions for Methodology of Social & Behavioral Science*, Vol. 15, 1983, pp. 41–56.

③ 张昱城等:《经验研究的新范式——经验取样法》,《中国人力资源开发》2019 年第 1 期。

④ 卢国庆等:《面向即时数据采集的经验取样法:应用、价值与展望》,《电化教育研究》2019 年第 6 期。

⑤ 万力勇等:《经验取样法（ESM）:促进真实情境下的学习体验研究》,《远程教育杂志》2019 年第 6 期。

⑥ Bolger, N., Laurenceau, J. P., *Intensive Longitudinal Methods: An Introduction to Diary and Experience Sampling Research*, New York: Guilford Press, 2013.

性、数据获取的多维性,以及数据监测的持续性等方面,与学习投入对数据收集的基本要求相契合。具体来讲,经验取样法要求被试在事件发生时,将自己的瞬间感知记录下来,从而能够相对准确地反映行为和感知的瞬时状态,避免了传统调查法的滞后采集带来的影响。此外,经验取样法可以通过问卷来获取认知、情感与行为多个维度的感知信息,以获取多维的投入数据。经验取样法还可以动态获取投入随时间变化的基本数据,相较其他测量方法,具有很高的生态效度,能够对变量随时间推移而发生的变化模式进行准确的描述。[①] 综上所述,经验取样法适合于获取学习投入的自我报告数据,在数据获取的即时性、多维性和动态性方面均有较高的价值,有助于提升学习投入量化分析研究的质量。

二 多模态交互投入分析

协作学习投入分析的核心是小组内部意义共享与协商的互动过程。互动过程会产生肢体动作、眼神、话语等多种类型的信息。多模态采集技术嵌入小组互动环境中,利用多种感知与识别技术对互动过程中产生的外显层、心理层和生理层等层面的信息进行跟踪与记录,通过多模态交互信息的融合分析来交叉验证协作学习投入各维度状态,从而提高协作学习投入分析的精准度。

在多模态交互分析中,不同模态之间的区别在于信息采集的数据通道,据此可以将多模态交互信息的采集通道分为外显层、心理层、生理层三个层次。外显层模态是指学习者身体产生的可直接观察到的信号,如身体姿势、行为动作、手势、表情以及对技术平台的操作痕迹等模态;心理层模态是指学习者通过自我报告的形式产生的关于内心活动的信息,如问卷数据、访谈数据、反思文本数据等;生理层模态是指人体结构在接受刺激时所产生的生物信号,比如眼动轨迹、脑电图、皮肤电反应、肌电信号、心电图等。

基于不同模态的信息,协作学习投入分析需要实现三个环节,一是多模态交互信息采集,该环节包含确定采集的信息类型及采集技术。互动数据具体包含表情、语音、手势、体态、文本等模态,可以选择利用

[①] Fisher, C. D., To, M. L., "Using Experience Sampling Methodology in Organizational Behavior", *Journal of Organizational Behavior*, Vol. 33, No. 7, 2012, pp. 865-877.

在线学习平台、智能传感器或人工采集工具从互动的学习情境获取。二是多模态交互特征提取，该环节主要包含信息筛选和特征识别，旨在将收集到的多模态交互数据进行清洗，同时处理无效与缺失的数据，接着通过人工整理或计算机自动处理的方式将模态数据与投入特征数据进行特征识别与匹配，并形成数据集。三是多模态特征融合分析，该环节主要基于一定的时间或事件序列对提取的多模态交互数据进行融合表征。然后运用统计分析、关系挖掘、分类与聚类等技术对学习投入状态进行描述。总体而言，多模态交互分析技术通过多种数据的交叉分析与相互印证，能够优化投入数据分析的全过程，以形成对协作学习投入过程的全面、深入理解。

三　面向互动会话的观点挖掘

协作知识建构中的"观点"可以理解为群体意义协商的认知制品，需要不断进行深入改进。面向会话的观点挖掘旨在通过词汇层、观点层、话题层以及语篇层的分析来挖掘会话中蕴含认知及情感投入状态。词汇层级重点对组成观点句的词汇短语进行分析，该层级下的分析要素状态揭示了组成观点的词汇分布与内容关联特征；观点层级重点对协作知识建构互动会话的观点信息进行识别、抽取与分析，隶属于该层级下的分析要素主要探析观点句子的基本特征与类别分布；话题层级着重对识别出来的观点进行簇聚类，得到的话题及每个话题下对应的话题词群进行分析，其中的分析要素用于解释观点聚类的话题强度演化及内容演化趋势；语篇层级主要从整体层面围绕讨论核心议题开展完整分析，其从整体对互动会话的情境、功能、结构等加以解释性分析。基于观点挖掘框架内四个层级之间的紧密关联与相互补充，实现对协作知识建构会话观点的挖掘与分析。

从观点挖掘的具体方法来讲，词汇层级中的内容分布和内容关联呈现结果分别为词云图和相关度演化与关联层级分布图；观点分布对应的结果是计算得到观点数量、观点平均句长等信息；观点类型要素对应观点句分类后的类别分布结果，两者分别可视化呈现出观点基本分布与观点类别分布；话题层级的话题类别表现为话题类别分布，由此可进一步推论出话题的基本模式。话题演化从内容和强度两方面分别对应话题可视化表征的内容演化图和强度演化折线图。

四 互动行为参与模式分析

互动行为参与模式从行为投入的角度切入，关注协作互动行为序列的挖掘与提取，以识别互动行为参与模式。行为参与模式分析的基本单位是行为序列，目前常用的方法如滞后序列分析法（LSA）主要是对行为序列出现的概率进行统计并进行显著性检验，能够提取显著行为序列，通过序列组合来构建行为模式。

互动行为参与模式分析的基本过程包含数据预处理、模式探索和模式分析三个阶段。数据预处理阶段是指分析互动数据，根据具体研究目的选择互动行为分析框架，确定编码粒度，并将互动文本内容分类为不同的行为类型。模式探索阶段是指根据编码后的行为数据输出按照时间序列排列的行为链，以此表征互动行为参与模式。模式探索阶段可以采用诸如滞后序列分析法，得到相应的行为转换频率表以及调整后的残差表，选择具有显著意义的行为序列绘制行为转换图，分析并解读行为模式和行为特征。模式分析阶段综合分析整体行为模式转换图与不同成就组别互动模式转换图，对互动模式进行分析与解释。通过整体互动模式转换图分析行为模式，通过不同成就组别互动模式转换图分析高低成就行为模式，深入分析和探索高低成就小组的互动模式差异，找出影响协作绩效的关键互动行为序列。或进一步根据典型的高水平互动行为序列构建预测模型，为协作学习效果的预测和干预提供依据。

五 社会认知网络分析

协作学习投入关注的观点建构与社会关系投入可以用网络化的方式来表征。社会认知网络融合了社会网络对社会关系的表征以及认知网络对观点建构的表征，以"人—认知要素""认知要素—认知要素"来表征在协作学习过程中参与者与哪些认知要素发生互动以及互动的强度，进而从可视化网络的角度对不同参与者及小组的投入特征进行表征。进一步来讲，社会认知网络是认知网络和社会网络的聚合体，能反映群体交互中的社会化认知的共享、协作、共现与创造的基本过程。其中，参与者节点之间的连接构成社会网络，为认知要素间的沟通提供渠道和路径；认知要素节点间的关联构成认知网络，通过以"人—认知要素""认知要素—认知要素"的连接形式表征社会与认知交互的相互关联，表征网络中参与者与认知要素之间的交互关系及其强度，进而明确参与者在交互中的角色及作用。因此，社会认知网络既能表征参与者之间的社会性关系，又能反映参与者在群体认知发展中的作用。

社会认知网络的分析过程分为四阶段：首先，确定分析目标及编码框架，其核心过程是选择理论框架作为数据编码的基础，识别关键认知要素，形成编码方案。研究者可采用内容分析法来凝练关键词，并形成编码方案，确定内容中的重要认知要素。其次，整理与编码数据，需要将协作过程中形成的文本、音频、视频等过程性数据转换成数据流，便于进一步分析与处理在转换的过程中，需要对收集到的原始数据进行筛选、预处理等操作，按照时间顺序对数据进行处理和加工，对数据进行分阶段编码。再次，构建多重社会认知网络，可以从个体、小组、群体三个层次分别进行建模，并按照时间顺序对不同阶段进行三个层次的建模。对于时间阶段的划分则能够了解社会性认知网络的动态演化过程，在具体的实践当中可以按照任务、单元、活动主题等进行阶段的划分。因此，多层次建模有利于从多角度对协作交互过程中的关系和内在结构进行分析，为协作互动规律的揭示提供基础。最后，分析社会认知网络结构，可以从描述性、解释性与预测性三个角度探索协作交互过程中的内在机制，实现个体、小组及群体网络结构间的对比，实现交互行为、交互过程等方面的特征挖掘，进而为交互结果的预测和干预提供依据。

本章小结

本章先提出了协作学习投入研究方法的挑战，包括静态抽样数据的获取与分析、多模态交互数据筛选与分析、多维投入关系的挖掘与解释、群体投入状态的感知与干预这四个方面。随后，阐述了协作学习投入研究方法的价值诉求，并对此引入了经验取样法、多模态交互分析法、行为序列分析观点挖掘以及社会认知网络分析等多种方法来应对需求。

第二部分

协作学习投入的动态分析

第四章

问卷经验取样法

引言

问卷经验取样法是一种动态获取学习者即时反映数据的方法，本章首先讨论了基于问卷自我报告分析学习投入的局限性，在此基础上提出了经验取样法的内涵与价值，并系统分析了经验取样数据抽样、工具开发以及经验数据综合分析等环节，建立了基于问卷经验取样来系统分析学习投入的框架与流程。

第一节 学习投入动态取样的诉求

一 问卷自我报告的投入研究局限

问卷自我报告能够从认知、情感、行为等感知角度收集投入数据，对于学习投入研究具有重要价值。当前基于自我问卷报告的学习投入采集方法，还存在一些问题与局限。如从即时投入数据收集来讲，问卷自我报告通常会在一个阶段的学习活动完成后征集学生填写，难以收集认知、情感等多维度的即时数据；从动态投入趋势分析来讲，已有研究基本都是横断面研究，即采集并描述特定时点被试的学习投入状态数据，忽视投入的滞后效应，同时难以反映学习投入的动态变化过程；从多维投入关系挖掘来看，已有研究收集到的问卷自我报告往往忽略时间、环境等因素的影响，能表征简单的线性关系，缺少对不同阶段认知、行为与情感投入之间纵向影响关系的深入描述。综上所述，问卷自我报告方法所带来的单时点取样，数据取样滞后以及忽略时间影响等问题为学习投入分析带来了一定程度的滞后性和延迟性，使自我报告数据准确性很大程度上受事件记忆和语义记忆的干扰，不能保证取样的数据能够代表学习者真实的投入状态，导致研究的质量降低。且由于数据取样的局限，一般只在同一时间截面对学习投入进行相关变量的建模研究，忽视了时间序列上变量的相互影响关系。

二　基于经验取样的学习投入研究

学习投入是动态表征学习过程中学习者参与体验的重要指标，具有即时性、持续性和多维性特征，如何即时收集学习全过程数据，对学习投入展开动态分析是当前面临的重要挑战。面对问卷自我报告的局限，需要在时间轴上密集获取学习者的投入状态，并采用动态数据分析方法来挖掘时间序列上的投入状态变化信息，将当前对学习投入的静态研究转向动态研究，主要体现在即时投入数据收集、动态投入趋势分析、多维投入关系挖掘等方面。

1. 即时投入数据取样

已有的数据收集方法大多采用自陈报告对学习投入进行回溯[①]，即全部学习活动结束后让学习者报告学习投入情况。该方法便于采集多维度的大规模投入数据，但数据依赖学生对自我投入的主观判断，数据的可信度不高。[②] 此外，这种传统的数据采集方法具有一定程度的滞后性和延迟性，不能保证采集到的数据能够准确代表学习过程中学习者的行为或主观感知，这些数据分析出来的因果关系和影响因素关系可能是偶发的。因此，在研究中应采集即时的投入数据，获取被试的第一反应，主要体现在数据收集的即时性和持续性，要求在学习者学习过程中即时地采集数据。

2. 动态投入趋势分析

学习投入是一个复杂的过程，个体的认知和情感极易受到环境影响，学习者在学习过程中的认知、行为和情感的表现可能随着学习时间和情境发生变化。[③] 为了全面分析整个学习过程中的投入的状态，需要

---

① Hoorens, V., et al., "The Science of Self-report. Implications for Research and Practice", *Experimental Psychology*, Vol. 50, No. 3, 2001, pp. 231–232.
② 张娜：《国内外学习投入及其学校影响因素研究综述》，《心理研究》2012 年第 2 期。
③ 卢国庆等：《面向即时数据采集的经验取样法：应用、价值与展望》，《电化教育研究》2019 年第 6 期。

保证数据收集的持续性。即在学习过程中多次采集数据，比如分阶段在特定的时间或者特定的事件进行数据的收集。这样能够更为有效地分析个体投入随时间和情境的变化趋势或学习投入子维度之间的关系。因此，学习投入动态分析应保证持续采集整个学习过程中不同时点的学习投入数据，探究学习投入在时间序列上的动态趋势，以精准了解复杂学习过程中学习投入的变化规律。

3. 多维投入关系分析

学习投入是多维关联的复杂体系，厘清学习投入的内部结构关系有助于区分学习投入内外部变量的影响效应。已有研究的多维分析主要为简单的线性分析，难以分析不同阶段认知、行为与情感投入之间纵向影响关系，也无法揭示投入子维度在时间和空间序列上的复杂关系。采用多维交叉分析方法，可以从学习投入子维度、学习不同阶段等方面交叉进行数据分析与挖掘，有助于深度识别学习投入子维度之间的关系以及学习者投入特征。尽管已有研究也探索了各个学习投入子维度之间的预测关系，但只验证了单一方向的假设关系，后续研究需要考虑到竞争假设方法的应用，从多方向、多角度探究学习投入子维度的关系。

综上所述，学习投入是动态表征学习过程中学习者参与体验的重要指标，具有即时性、持续性和多维性特征。而结合经验取样的问卷自我报告法能够多次收集日常数据，注重学习的动态过程，能够为学习投入的动态分析提供即时、持续的全过程数据，有利于精准分析学习者在学习过程中的学习体验，对于预测和改善学习绩效与学习环境具有重要意义。

三　经验取样法的内涵与价值

经验取样法（Experience Sampling Method，ESM）其核心是捕获真实情境中人们处于某种状态的心理活动及外在行为表现，弥补了传统问卷调查无法准确测量主观体验的缺陷。[①] 经验取样法可以即时获取日常学习或工作状态下个体的行为、情绪、感知、态度等即时性反应数据，

---

① 张昱城等：《经验研究的新范式——经验取样法》，《中国人力资源开发》2019 年第 1 期。

能够用于多次对参与者经历事件的瞬时评估。①② 在一段时间内，研究者借助辅助工具提醒被试，让被试在诸多瞬间对问题进行回答，从而达到收集即时数据的目的，众多研究者将这种方法视为一种收集"真实"数据的新方法。③ 该方法本质上是一种自我报告法，由于参与者是在事件发生当下的真实、自然、自发的情境中进行自我报告，并且伴随在时间维度上的多次重复测量，因此也被称为一种流动自我报告和密集纵向设计方法。④ 其最大的特点就是采用重复抽样的方式，在多个时间点采集个体易受时间和个体因素影响而变化的主观感知数据，如情绪、倾向性、态度等，通过被试短时间内频繁回答问题来减少偏差。⑤⑥

该方法已经在心理学领域、人力资源管理和组织行为学领域得到了广泛的关注⑦，而目前经验取样法在教育领域中的应用还主要集中在对个体行为表现、认知和情感状态的感知。⑧ 经验取样法在学习投入分析中的优势体现在数据采集的瞬时性、数据描述的多维性，以及数据监测的持续性等方面，与当前学习投入研究的需求契合。经验取样法要求被试在事件发生时，将自己瞬间的情绪或交互记录下来，随着时间的推移被试的行为和经验的波动和变化能被测量出来，而传统调查法在数据采集上往往相对于事件具有滞后性。另外，在一定时间内，多次重复性采集学习投入的多维数据集有助于揭示个体学习投入的动态变化过程。因

---

① 张银普等：《经验取样法——一种收集"真实"数据的新方法》，《心理科学进展》2016年第2期。

② Larson, R., Csikszentmihalyi, M., "The Experience Sampling Method", *New Directions for Methodology of Social & Behavioral Science*, Vol. 15, 1983, pp. 41-56.

③ 卢国庆等：《面向即时数据采集的经验取样法：应用、价值与展望》，《电化教育研究》2019年第6期。

④ 万力勇等：《经验取样法（ESM）：促进真实情境下的学习体验研究》，《远程教育杂志》2019年第6期。

⑤ Bolger, N., Laurenceau, J. P., *Intensive Longitudinal Methods: An Introduction to Diary and Experience Sampling Research*, New York: Guilford Press, March, 2013.

⑥ Song, Z. L., et al., "Unraveling the Daily Stress Crossover between Unemployed Individuals and Their Employed Spouses", *Journal of Applied Psychology*, Vol. 91, No. 1, pp. 151-168.

⑦ 刁惠悦等：《经验取样法在组织行为学和人力资源管理研究中的贡献、应用误区与展望》，《中国人力资源开发》2019年第1期。

⑧ 卢国庆等：《面向即时数据采集的经验取样法：应用、价值与展望》，《电化教育研究》2019年第6期。

此，相对于其他测量方法，经验取样法具有很高的生态效度，能够对变量随时间推移而发生的变化状态进行准确的描述①，有利于动态地考察被试在学习过程中的投入状态变化。

综上所述，经验取样法通过在日常情景采集即时投入数据，在不同的时间或者在不同的事件发生时多次持续采集过程性数据，以及利用多维量表等技术工具采集多维投入数据，通过即时、高频率、多维度来保证取样数据的客观性。因此，经验取样法为学习投入的动态分析研究提供了新的研究视角，有助于提升学习投入量化研究的质量。

第二节 基于经验取样的投入分析

经验取样法在学习投入的动态研究中的应用关键在于利用相关技术工具收集学习过程中的即时性投入数据，并分析学习投入的时序变化特征与规律。采用经验取样法收集数据时，首先需要根据研究目的和情境确定取样的方式，而选择合适的激励方式吸引被试参与研究也会影响经验取样法采集数据的质量。在具体取样操作过程中，还应考虑数据取样的辅助工具、记录数据的方式和追踪获取样本数据的方式。

一 经验数据抽样方法

在经验取样过程中，首先要确定追踪获取样本数据的方式，一般是在一段时间内，研究者借助辅助工具提醒被试，让被试在诸多瞬间回答问题从而达到收集即时数据的目的。研究者需要综合考虑研究目的、变量出现的相对频率、时间框架以及参与者负担等多方面因素，去决定获取样本数据的方式。② 常见的取样方法有四种，分别为随机取样、固定采样、基于事件的采样和情境感知经验取样，可以根据研究需要选择不同的取样方法或将多种方法结合使用③，具体的取样方法及其特点如表

---

① Fisher, C. D., To, M. L., "Using Experience Sampling Methodology in Organizational Behavior", *Journal of Organizational Behavior*, Vol. 33, No. 7, 2012, pp. 865–877.

② 张银普等：《经验取样法——一种收集"真实"数据的新方法》，《心理科学进展》2016年第2期。

③ 卢国庆等：《面向即时数据采集的经验取样法：应用、价值与展望》，《电化教育研究》2019年第6期。

4-1所示。

表4-1　　　　　　　　　即时数据采集方法

取样方法	特点
随机取样	时间随机,适用于情境和时间广泛的研究场景
固定取样	特定的时间或时间间隔,适用于分析对象在时间参数上的变化情况
基于事件取样	特定的事件,数据采集更接近于事件发生的真实情境
情境感知取样	利用计算感知和传感技术自动侦测时间,进而触发取样

　　随机取样法是指在随机时间获取被试的即时体验,能够更加真实地了解被试学习的情境,适用于时间和空间较为宽泛的研究。如有研究者采用手表作为信号发射工具,采用随机取样法,调查学生在不同情境下做家庭作业时的主观体验,并探究了这些主观体验与学业成果、社会情感结果的联系。[①]

　　固定取样法是指在特定的时间点或时间间隔获取被试体验,由此采集的数据在时间维度上更有连续性,适于分析变量在时间参数上的变化。[②] 有研究者借助电子记录设备,按照固定的时间间隔收集数据,如每隔5分钟采集一小段被试环境的音频,或间隔2—4小时收集一次被试的即时体验。[③]

　　从上述取样方法来看,随机取样易引起被试疲劳,且不易把握情境的动态变化,因此,随机抽样时间间隔最少10分钟。[④] 固定时间抽样非常适合于研究相对频繁的体验,因为体验可能发生在报告时或每个间

[①] Shumow, L., et al., "Adolescents' Experience doing Homework: Associations among Context, Quality of Experience, and Outcomes", *School Community Journal*, Vol. 18, 2008, pp. 9 –27.

[②] 万力勇等:《经验取样法（ESM）:促进真实情境下的学习体验研究》,《远程教育杂志》2019年第6期。

[③] 卢国庆等:《面向即时数据采集的经验取样法:应用、价值与展望》,《电化教育研究》2019年第6期。

[④] L. L. Carstensen, et al., "Emotional Experience Improves with Age: Evidence Based on over 10 Years of Experience Sampling", *Psychology and Aging*, Vol. 26, No. 1, 2011, pp. 21–33.

隔期间。① 但固定取样中时间划分需要符合研究情境的动态变化，防止周期性的影响，保证抽样频率与研究对象特征匹配。②

基于事件的取样法是指基于特定的事件采集被试即时体验，这种数据更接近于事件发生的真实性。这种取样方法适用于研究在日常生活中不太常见的行为或事件，这些行为或事件可能不会出现在给定的间隔内。另一种情况是研究人员对特定的事件感兴趣。如单迎杰等希望采集学习者在慕课平台中信息技术工具使用的数据，从个体即时体验和长期体验两个角度进行定性和定量分析。③

情境感知取样法是指借助计算机和传感器等技术，自动侦测事件，同时完成数据的收集，通过数字化技术采集被试的即时体验和行为，能够避免自陈测验等产生的数据偏差。例如通过可穿戴设备（如手环、头盔等）作为数据收集的载体，实现对学生相关指标的追踪记录；利用心电、脑电、眼动等生物传感器获得的生物数据具有真实性、情境性、可视化、精确定量及多维度等特性，有利于把握学生的情绪和认知状态的变化。④

四种抽样方法并非完全对立，有时需要结合二者进行应用，如斯泰格尔等⑤结合时间取样和事件取样研究暴饮暴食前因变量，在固定的时间段内随机发送作答信号，并要求被试每次暴饮暴食后仍要作答。

任何一种数据收集方法，被试必须都是自愿参与研究，并且尽量保证完整参与整个研究过程。而即时性过程数据的收集周期较长、抽样次数多，被试的任务相对繁重，需要被试在一周或两周内的时间按照要求

---

① 万力勇等：《经验取样法（ESM）：促进真实情境下的学习体验研究》，《远程教育杂志》2019年第6期。

② Ebner – Priemer, U. W. & Trull, T. J., "Ambulatory Assessment: An Innovative and Promising Approach for Clinical Psychology", *European Psychologist*, Vol. 14, 2009, pp. 109 – 119.

③ 单迎杰等：《慕课学习中信息技术工具使用的学习体验分析》，《中国远程教育》2019年第12期。

④ P. M. Blikstein, "Multimodal Learning Analytics and Education Data Mining: Using Computational Technologies to Measure Complex Learning Tasks", *Journal of Learning Analytics*, Vol. 32, No. 11, 2016, pp. 220 – 238.

⑤ H. Steiger, et al., "Mood – and Restraint – based Antecedents to Binge Episodes in Bulimia Nervosa: Possible Influences of the Serotonin System", *Psychological Medicine*, Vol. 35, 2005, pp. 1553 – 1562.

完成问卷报告，进行多次的重复抽样，有可能会影响被试的日常生活[1]，考验其耐心和注意力，所以要更为重视被试的参与意愿和意愿维持，才能避免数据大量缺失的问题。鉴于此，可以采取一定奖励措施吸引和维持被试，如采用实物奖励，建立稳固的研究关系。另外，也可以在研究进展过程中与被试深度交流，维持被试参与的积极性。

综上所述，经验取样法在数据取样上具有有效性和可靠性[2]。经验取样法的两大类抽样记录策略为：在一段时间中不同时间进行记录，或者是一段时间中各种事件发生时进行记录。这种高频率、即时性的记录保证了获取自我报告的代表性和客观性。经验取样法对被试的招募程序也会对取样内容的可靠性产生影响，当被试充分地理解了研究目的，仍然决定参与的志愿者会更加积极主动地报告其经历和体验，由此得来的数据也相对更真实可靠[3]。

二 经验取样工具开发

经验取样过程中，还要设计与开发数据收集工具。已有经验取样法的研究工具主要为电子量表或纸质量表，被试在学习过程中多个瞬间进行自我报告，从而达到自然环境下采集即时数据的目的[4]。其中电子问卷的使用促使研究者可以比较轻松地收集到日常生活中的数据，使被试参与调查更为便捷和高效。关于追踪获取样本数据的方式，被试在收到作答信号时，需要立即回答量表中的问题。由于经验取样法要求学习者在较短的时间段内进行多次报告，因此量表的题目不宜过多，作答时间应该控制在1—2分钟[5]。

个体对自我在学习过程中的学习投入报告，是获取学习者学习投入状态最直接的评价方式，通常采用量表对个体的情况进行评分[6]，比如

---

[1] 王若宇：《经验取样法方法论述及其应用展望》，《智库时代》2020年第4期。

[2] 张昱城等：《经验研究的新范式——经验取样法》，《中国人力资源开发》2019年第1期。

[3] Kubey, R., et al., "Experience Sampling Method Applications to Communication Research Questions", *Journal of Communication*, Vol. 46, No. 2, 1996, pp. 99–120.

[4] 卢国庆等：《面向即时数据采集的经验取样法：应用、价值与展望》，《电化教育研究》2019年第6期。

[5] 段锦云、陈文平：《基于动态评估的取样法：经验取样法》，《心理科学进展》2012年第7期。

[6] Schwarz, N., *Why Researchers should Think "Real-time": A Cognitive Rationale*, New York, NY, US: The Guilford Press. 2012, pp. 22–42.

采用五点里克特量表。已有评价量表如全美大学生学习投入调查（NSSE）、学生学校投入问卷（SSES）等，但多为自陈测验形式的量表①②，即只能在学习结束时填写一次，不具有重复填写的属性。国外关于即时数据采集的量表较多，但如需迁移到国内研究情境中，还需在已有自陈测验问卷和国外即时数据采集问卷的基础上，结合研究情境和学习者个体的情况对问卷的题目进行处理。③④

此外，新技术与工具为数据采集提供了技术支撑。研究者可以利用移动互联技术、采用采集器和传感器等发射随机信号，提醒被试完成自我报告，获取个体在自然状态下的学习投入状态。还可以设置发射信号的时间间隔，使取样更加灵活和随机，从而获取不同情境、不同时间中被试的瞬时行为、学习体验和心理状态等。如施密特等采用震动寻呼机作为辅助工具，从学习活动和学生选择两个方面探究课堂学习投入的影响因素。⑤ 谢等研究者使用智能手机进行提醒，采用经验取样法对情感投入、认知投入、行为投入和自我调节进行了测量。

三　经验数据综合分析

经验取样法收集到的学习投入数据既包含日常投入的时间频率、持续时间等客观量化信息，也包含认知、行为、情感投入等主观感知信息，有助于对学习投入变化原因进行更深刻的剖析。由于经验取样法收集的是学习者在学习过程中的即时数据，因此，如果学习者在一定时间内没有立即作答，可通过再次发送作答信号进行多次提醒，如果学习者

---

① 李爽等:《在线学习行为投入分析框架与测量指标研究——基于 LMS 数据的学习分析》,《开放教育研究》2016 年第 2 期。

② 李爽、喻忱:《远程学生学习投入评价量表编制与应用》,《开放教育研究》2015 年第 6 期。

③ Xie, K., et al., "Affordances of Using Mobile Technology to Support Experience-sampling Method in Examining College Students' Engagement", Computers & Education, Vol. 128, 2019, pp. 183–198.

④ Schmidt, J. A., et al., "A Person-in-context Approach to Student Engagement in Science: Examining Learning Activities and Choice", Journal of Research in Science Teaching, Vol. 55, No. 1, 2018, pp. 19–43.

⑤ Schmidt, J. A., et al., "A Person-in-context Approach to Student Engagement in Science: Examining Learning Activities and Choice", Journal of Research in Science Teaching, Vol. 55, No. 1, 2018, pp. 19–43.

是超过一定时间作答的，则该数据作废。①② 在处理收集到的数据时，根据实际情境剔除不合格的数据，比如填写不规范，不符合研究标准和中途退出的被试数据等。

最后基于经验取样收集的丰富的纵向密集数据，结合聚类分析、相关性分析和因果分析等数据分析方法探究学习投入在学习活动过程的各阶段的特征及其影响机制，实现对学习投入的多维度动态分析。聚类分析一般是指基于子投入的水平进行聚类，探究不同群体的学习投入状态特征，或者不同学习投入特征的群体在学习绩效等其他与学习相关的变量上的差异。相关分析与因果分析一般用于探究学习投入子维度之间的关系或者学习投入各维度与学习绩效之间的影响关系，其中交叉滞后分析法（Cross-lagged panel analysis）是处理纵向数据的方法，可以用来探究一段时间内变量之间的预测关系，有利于揭示某些变量在纵向时间序列上的因果关系。③ 因此，可以采用经验取样法结合交叉滞后分析法建立两个或两个以上的竞争性模型，探究认知、行为和情感投入在不同学习阶段的预测关系，对于探究学习投入变化的内在机制具有重要意义。

本章小结

学习投入状态会随着学习时间和情境的变化而变化，其具有即时性、动态性和多维性等基本特征，如何在复杂的学习过程中即时、持续以及多维度获取到学习投入数据是当前投入研究的难点。问卷自我报告的研究方法存在一定局限，采集方式多为学习活动结束后的自我报告，具有一定程度的滞后性和延迟性；另外，只在同一时间截面对学习投入

---

① K. C. Manwaring, et al., "Investigating Student Engagement in Blended Learning Settings Using Experience Sampling and Structural Equation Modeling", *The Internet and Higher Education*, Vol. 35, 2017, pp. 21–33.

② Dimotakis, N., et al., "An Experience Sampling Investigation of Workplace Interactions, Affective States, and Employee Well-being", *Journal of Organizational Behavior*, Vol. 32, 2010, pp. 572–588.

③ 蔡丹等：《青少年的心理弹性及自我概念：一年跟踪的交叉滞后分析》，《心理科学》2018年第4期。

进行相关变量的建模研究，忽视了时间序列上变量的相互影响关系。因此，学习投入研究需要在时间轴上密集获取学习者的投入状态，并采用动态数据分析方法挖掘时间序列上的投入状态变化，即要从当前对学习投入的静态研究转向动态研究，从横向研究转向纵向研究，主要体现在即时投入数据收集、动态投入趋势分析、多维投入关系挖掘等方面。

基于问卷经验取样的动态分析流程包括数据取样、工具开发、数据分析三个步骤。采用经验取样法进行数据取样时，需要根据研究目的和研究情境确定取样的方式，同时选择合适的激励方式吸引被试合理参与研究也会影响研究的质量。在具体取样操作过程中，还应考虑数据取样的辅助工具、记录数据的方式和追踪获取样本数据的方式。在数据分析过程中，基于丰富的纵向密集数据，结合聚类分析、相关性分析和因果分析等数据分析方法探究学习投入在学习活动过程的各阶段的特征及其影响机制，实现对学习投入的多维度动态分析。

在未来研究中，移动技术支持的经验取样将成为趋势，能够降低对被试者生活和学习的干扰，且更便于进行实时的动态监测。其次应进一步采用新兴技术来降低数据收集和分析的难度，有助于提升经验取样的内部效度。具体来说，利用移动设备的内置采集器、传感器等能够对学习者当前所处的环境有所"感知"，并将环境信息（如位置、噪声、光线）和学习者的生物数据（如温度、心跳、眼动）进行自动记录。这些客观的数据相比传统自陈测验的数据，具有更高的内部效度。[①]

[①] 卢国庆等：《面向即时数据采集的经验取样法：应用、价值与展望》，《电化教育研究》2019年第6期。

第五章

基于经验取样的投入分析

引言

本章在第四章经验取样方法的基础上,提出学习投入纵向研究设计的基本思路,综合采用经验取样法、交叉滞后分析与聚类分析法对混合式学习投入进行分析。研究结果也进一步表明面向即时数据采集与分析的纵向研究设计为精准刻画学习者投入特征提供有效路径,也为深入揭示学习投入子维度之间的预测关系及中介因素提供了可能。

第一节 研究背景与思路

一 学习投入动态分析基础

学习投入能够将认知、情感与行为等学习相关的独立因素整合到一个概念框架中,从而为探索认知、情感与行为的作用关系,预测学习绩效提供了整合的框架与思路。[1][2] 当前,在线与混合式学习投入研究面临即时投入数据收集、动态投入趋势分析、多维投入关系挖掘等方面的挑战。如从即时投入数据收集来讲,线上数据记录、自我报告等传统投入获取方式难以收集认知、情感等多维度的即时投入数据;从动态投入趋势分析来讲,已有研究基本都是横断面研究(cross-sectional study),即采集并描述特定时点被试的学习投入行为状态数据,忽视投入的滞后

---

[1] 尹睿、徐欢云:《国外在线学习投入的研究进展与前瞻》,《开放教育研究》2016年第3期。

[2] Sinatra, G. M., et al., "The Challenges of Defining and Measuring Student Engagement in Science", *Educational Psychologist*, Vol. 50, No. 1, February, 2015.

效应，同时难以反映学习行为投入的动态变化过程；从多维投入关系挖掘来看，已有研究主要采用描述性统计或回归分析，仅能表征简单的线性关系，缺少对不同阶段认知、行为与情感投入之间纵向影响关系的深入描述。① 综上所述，在线与混合式学习投入研究亟须探索新的研究设计与方法来改善研究质量。②

已有研究在解决上述三个问题中已经积累了一定的经验。从改善数据质量来讲，在线或混合式学习投入研究中，线上的平台记录可以保证学习行为数据获取的即时性③，但这种方法难以收集认知、情感等复杂的投入数据。目前，研究者通常采用个体自我报告法来获取学习者的认知和情感投入信息④，但这种方法很难保证采集即时的投入数据。如何同时获取学习者的认知、情感与行为的即时投入数据还需要进一步探索。

从投入的过程变化来讲，由于数据来源的局限，已有研究大多数都是横断面研究（cross-sectional study），即采集并描述特定时点被试的学习投入数据。横断面研究可能忽视投入的滞后效应，同时难以反映认知、情感与行为的动态变化过程，因此得到的结果不能完整反映学生在整个学习过程中的行为变化。如何在整个学习过程中多次采集数据，来全面地反映学习过程的行为状态是需要解决的问题。

从学习投入的内部关系来讲，尽管众多研究者对学习投入的内在结构要素进行了多维分析，但大多数研究采用描述性统计或回归分析，仅能表征简单的线性关系，缺少对纵向学习投入关系的精确描述。⑤ 如有研究者从四个维度测量并建构在线学习投入的结构模型，以期厘清投入

---

① 尹睿、徐欢云：《在线学习投入结构模型构建——基于结构方程模型的实证分析》，《开放教育研究》2017 年第 4 期。
② 马志强、岳芸竹：《面向即时数据采集与分析的学习投入纵向研究——基于经验取样法与交叉滞后分析的综合应用》，《电化教育研究》2020 年第 4 期。
③ 李爽等：《在线学习行为投入分析框架与测量指标研究——基于 LMS 数据的学习分析》，《开放教育研究》2016 年第 2 期。
④ Schwarz, N., *Why Researchers should Think "Real-time": A Cognitive Rationale*, New York, NY, US: The Guilford Press, January, 2012, pp. 22–42.
⑤ 舒忠梅、屈琼斐：《基于教育数据挖掘的大学生学习成果分析》，《东北大学学报》（社会科学版）2014 年第 3 期。

各个结构要素之间的关系[①],但该研究仅仅采集了一次投入数据,没有反映不同学习阶段认知、情感与行为之间的纵向影响关系,因此,后续研究还需在不同学习阶段中对三者的关系做更多纵深的描述。

综上所述,本章试图构建了基于即时投入数据采集与分析的学习行为纵向研究理论模型,提出了面向即时数据的纵向研究的设计思路,运用经验取样法收集混合式学习过程中的即时性投入信息,采用交叉滞后分析法、聚类分析法等分析投入中纵深过程数据,深入探讨认知、情感与行为在不同时间阶段的特征与相互关系。以期通过纵向研究设计、即时性数据采集、纵深过程数据分析等方式来深入挖掘混合式学习中认知、情感与行为的相关影响关系,提升学习行为量化分析与建模研究的质量。

二 学习投入动态分析原则

基于即时投入数据的动态分析理论模型试图将当前对学习行为状态分析的静态横断面研究转向动态的纵向研究,以期通过采集和分析即时投入数据来探究认知、情感与行为的变化规律,从而预测学习行为。静态横断面研究仅仅采集特定时点数据,难以精确反映学习行为的变化状态。纵向研究(longitudinal study),也称作追踪研究,是指在一段相对长的时间内对同一个或同一批被试进行重复的研究。纵向研究的价值在于能够较为完整地获取即时投入状态数据,发现学习过程中学习行为的变化情况。理论模型主要包含三部分,如图 5-1 所示。

(一)即时性—滞后效应

已有关于行为数据采集的方法多为平台线上记录,能够在一定程度上保证数据的即时性,但关于认知与情感方面复杂投入数据的采集方法大多采用自陈测验法对学习投入进行回溯,即全部学习活动结束后让学习者报告学习投入情况。[②] 基于学生的自我报告问卷调查法可以采集多维度的大规模投入数据,但数据依赖学生对在自我投入的主观判断,数

[①] 尹睿、徐欢云:《在线学习投入结构模型构建——基于结构方程模型的实证分析》,《开放教育研究》2017 年第 4 期。

[②] Hoorens V., et al., "The Science of Self-report. Implications for Research and Practice", *Experimental Psychology*, Vol. 50, No. 3, January, 2003.

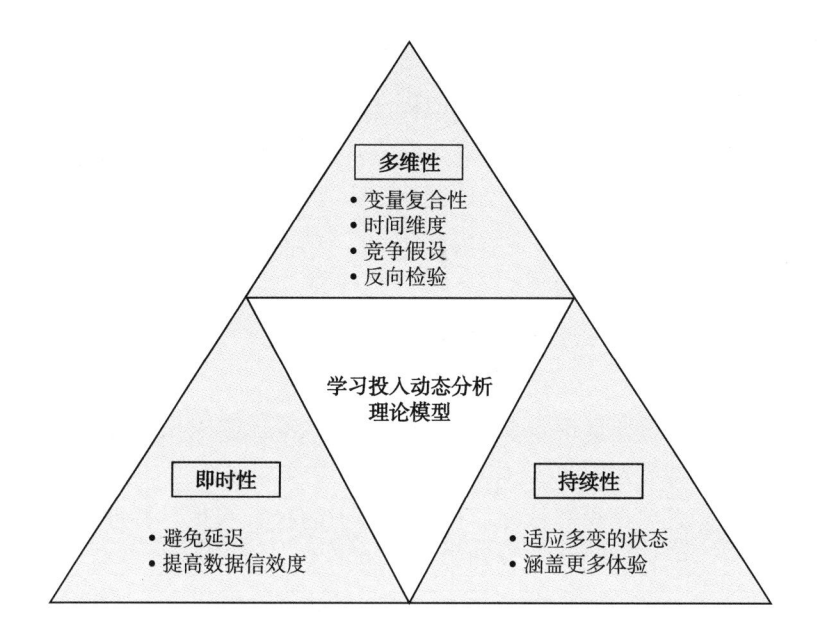

图 5-1　学习投入动态分析理论模型

据的可信度不高。[①] 此外，这种传统的数据采集方法具有一定程度的滞后性和延迟性，不能保证采集到的数据能够完整代表学习者真实的行为或主观感知，依赖这些数据分析出来的因果关系和影响因素关系可能是偶发的。学习行为分析与评价研究应注意采集即时投入数据，保证能够在学习活动过程中收集学习者的学习投入数据，获取被试的第一反应。即时的数据代表个体在动态学习过程中的真实学习投入状态，即时捕捉学习情境中个体的投入状态，有助于改善由于延迟性和滞后性带来的数据质量降低的问题，提高学习行为分析的精准度。

（二）持续性—动态效应

学习是一个复杂的过程，学习者在学习过程中的认知、行为和情感的表现是复杂的，并随着学习的时间和情境不断发生变化，个体的认知和情感极易受到环境影响[②]，为了全面分析整个学习过程中的学习投

[①] 张娜：《国内外学习投入及其学校影响因素研究综述》，《心理研究》2012 年第 2 期。
[②] 卢国庆等：《面向即时数据采集的经验取样法：应用、价值与展望》，《电化教育研究》2019 年第 6 期。

入,需要保证数据收集的持续性。即在学习过程中多次采集数据,比如分阶段在特定的时间或者对特定的事件进行数据的收集,而不是在学习结束的时候进行一次性收集。这样收集到的数据可以全面真实地反映学习过程中个体不同的投入状态,能够更为有效地分析学习投入随时间和情境的变化趋势或影响因素。因此,动态分析与评价研究应保证持续采集整个学习过程中不同时点的学习投入数据,进行多维度的纵向分析,借以精准了解投入的相关影响因素或特征关系。

（三）多维性——交叉效应

多维性是指在数据采集与分析时,要从多维度挖掘学习信息,也要从多维度处理与分析这些信息。学习投入是多维度的复杂概念体系,基于投入数据探究认知、情感与行为的状态变化与特征,从多方面考虑行为的相关因素,有利于提高行为分析的精准度。但已有研究的多维结构分析主要为简单的线性分析,缺乏对各个学习阶段多维结构的交叉分析,无法揭示认知、情感与行为在时间序列上的复杂关系。

采用多维交叉分析方法,可从投入的不同维度和学习的不同阶段交叉进行数据分析与挖掘,有助于深度识别投入各维度的变化规律,进一步对投入进行深入细致的分析。虽然已有研究也探索了学习投入子维度之间的因果关系,但忽略了检验因果关系的基本法则,即只验证了单一方向的假设关系,没有进一步考察是否存在反向的因果关系。因此,研究需要考虑到竞争假设和反向检验等方法的应用,从多方向、多角度更进一步探究学习投入的多维交叉关系。

三 学习投入动态分析路径

为了保证学习行为数据收集与分析的即时性、多维性和持续性,本章基于学习投入理论和经验取样方法提出了基于即时数据的学习行为纵向研究设计思路,主要体现在被试筛选、工具开发、数据采样和数据分析方面,如图 5-2 所示。

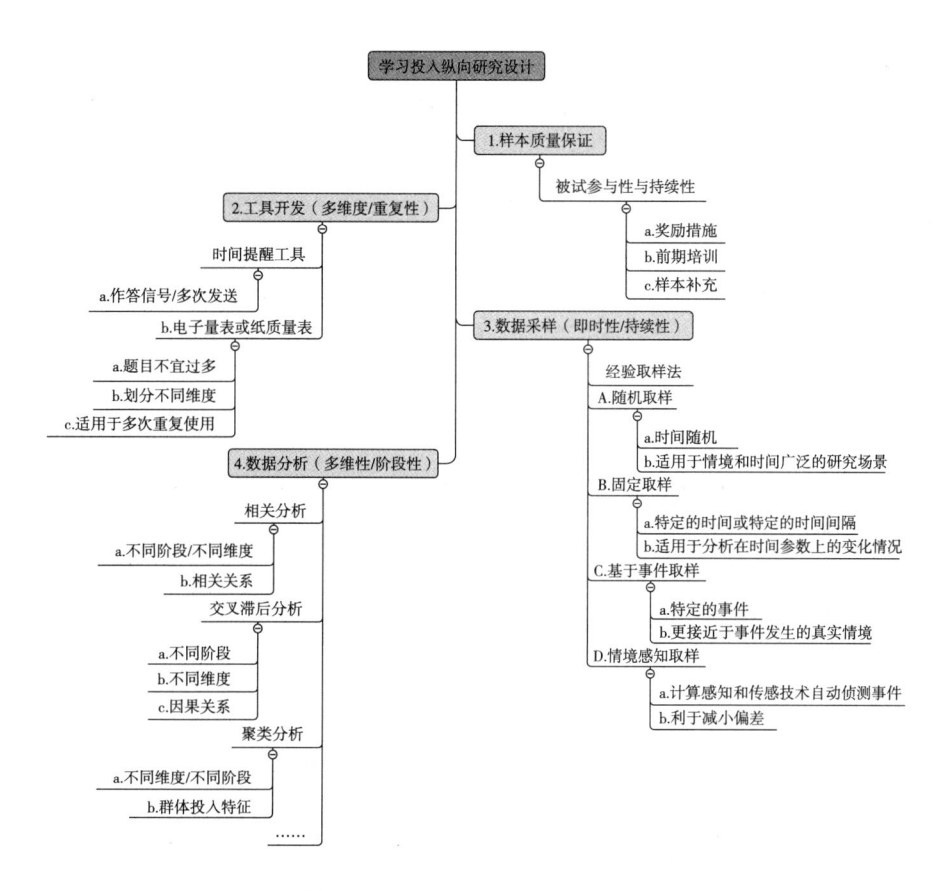

```
                      ┌──学习投入纵向研究设计──┐
                      │                      │
                      │   1.样本质量保证      │
                      │         │            │
                      │    被试参与性与持续性 │
                      │         ├── a.奖励措施
                      │         ├── b.前期培训
                      │         └── c.样本补充
              2.工具开发（多维度/重复性）
                  │
              时间提醒工具
                  ├── a.作答信号/多次发送
                  └── b.电子量表或纸质量表
                  ├── a.题目不宜过多
                  ├── b.划分不同维度
                  └── c.适用于多次重复使用
              3.数据采样（即时性/持续性）
                  │
              经验取样法
                  A.随机取样
                      ├── a.时间随机
                      └── b.适用于情境和时间广泛的研究场景
                  B.固定取样
                      ├── a.特定的时间或特定的时间间隔
                      └── b.适用于分析在时间参数上的变化情况
                  C.基于事件取样
                      ├── a.特定的事件
                      └── b.更接近于事件发生的真实情境
                  D.情境感知取样
                      ├── a.计算感知和传感技术自动侦测事件
                      └── b.利于减小偏差
              4.数据分析（多维性/阶段性）
                  │
              相关分析
                  ├── a.不同阶段/不同维度
                  └── b.相关关系
              交叉滞后分析
                  ├── a.不同阶段
                  ├── b.不同维度
                  └── c.因果关系
              聚类分析
                  ├── a.不同维度/不同阶段
                  └── b.群体投入特征
                  ……
```

图 5-2 基于即时数据的学习投入纵向研究设计思路

第二节 研究基本过程

一 取样基本设计

本章选取的研究案例为：某高校教育技术学系为本科生开设的三门专业课。这几门课程是在 2018—2019 年度第二学期开设，历时四个月共 16 周，开展课堂面授与线上结合的混合式学习课程，每门课的参与学习的人数分别为 55 人、70 人、62 人。在混合式课程中，教师在课堂讲解主要知识点，学生利用网络学习平台参与线上学习活动或任务，每门课程均持续 16 周时间。

为了精准有效测量与评估混合式学习中的学习投入，本案例预通过采集并分析学习者的行为表现，深入探讨认知、行为和情感在不同学习阶段的特征与相互关系，采用了纵向研究设计，综合经验取样法、相关分析、交叉滞后分析等方法，运用即时投入数据来精准描述群体的行为规律与特征，并探究在各学习阶段中认知、情感与行为的相互关系。研究问题如下：

（1）研究涉及的整个混合式学习过程中，根据学习者的投入特征可以聚类成几种群体？各类群体的投入特征是什么？

（2）在不同学习阶段认知、情感与行为之间是否存在相关关系？相关关系如何？

（3）在不同学习阶段认知、情感与行为之间是否存在因果关系？因果关系如何？

在混合式课程中，教师在课堂讲解主要知识点，学生利用网络学习平台参与线上学习活动或任务，每门课程均持续16周时间。学生在课程与学习活动中的表现与成绩有所相关，由此，学生都相对积极地参与到课程与研究中来。此外，助教经常与被试进行交流，积极维系被试的积极性，并对问卷的发放与收集进行监督，也对学生填写问卷的过程进行掌控，尽可能地收集到更多有效样本。

值得注意的是，在收集问卷时，要注意被试问卷的填写，如果被试在收到信号后没有立即作答，可通过再次发送或者发送其他信号进行多次提醒。[①] 根据实际情境，如果被试超过一定时间没有反应，则该数据作废[②]，确保样本的有效性与真实性。

二 取样工具开发

即时投入数据的收集需要借助两种工具：时间提醒工具和数据收集工具。时间提醒工具即在指定的时间点通知被试即时参与投入的评估，作为一种作答信号。研究者通过通信软件弹窗工具及时提醒学生完成问卷调查，保证问卷调查是在课程结束后或活动结束后1—2小时内完成

---

① Manwaring, K. C., et al., "Investigating Student Engagement in Blended Learning Settings Using Experience Sampling and Structural Equation Modeling", *The Internet and Higher Education*, Vol. 35, October, 2017.

② Dimotakis, N., et al., "An Experience Sampling Investigation of Workplace Interactions, Affective States, and Employee Well-being", Vol. 32, No. 4, May, 2010.

的。如果超过该时间则为无效数问卷。上述数据收集方法可以保障这些即时数据能够代表学生真实的学习表现。①

数据收集工具主要为电子量表或纸质量表。被试在收到作答信号后，需要立即回答测量问题。由于需要多次测量，所以量表的题目不宜过多，作答时长应控制在1—2分钟。② 问卷的题目需要针对研究情境进行设计，要能够支持多次重复测量学习者在该情境中的学习投入状态。本章围绕学习投入的三个结构要素，结合混合式学习课程的实际情况，参考研究者李爽开发的已有学习投入量表③，编制"混合式学习投入调查问卷"，主要调查大学生在混合式学习过程中的学习行为变化规律与特征。该量表共43道题，涉及"认知投入""情感投入"和"行为投入"三个维度，每个题项均采用里克特五点量表。其中，认知维度主要测量学习者在完成混合式学习任务时为了达到认知目标而制定的策略，如元认知策略和资源管理策略等，共16项；情感维度主要测量学习者对混合式学习的积极、消极以及困惑等态度或情感，共13项；行为维度主要测量学习者在混合式学习过程中的参与、坚持、交互和专注的程度，共14项。

学习投入三个维度及整体信度的克隆巴赫系数分别为：0.90、0.92、0.88、0.96，结果都大于0.85，说明问卷有可接受的稳定性和内部一致性。此外，在其他相关研究中也证实该量表的原型具有较高的信效度。④

三 数据采集过程

案例取样方法为固定取样，即按特定的时间间隔对学习者进行投入数据的采集。固定取样中时间划分必须符合当下的研究情境的动态发展过程，以及关注研究对象的时间特征，防止周期性的影响，保证抽样频

---

① Manwaring, K. C., et al., "Investigating Student Engagement in Blended Learning Settings Using Experience Sampling and Structural Equation Modeling", *The Internet and Higher Education*, Vol. 35, October, 2017.
② 段锦云、陈文平：《基于动态评估的取样法：经验取样法》，《心理科学进展》2012年第7期。
③ 李爽：《远程学生学习投入评价量表编制与应用》，《开放教育研究》2015年第6期。
④ 李爽：《远程学生学习投入评价量表编制与应用》，《开放教育研究》2015年第6期。

率与所研究的对象特征匹配。[①] 为了获得学习者在混合式学习过程中不同阶段的投入数据,在一学期当中,混合式学习线上、线下各发放3次问卷,即学期初、学期中和学期末。在面授教学结束后,向学生发放电子问卷。线上活动结束后,在线推送问卷至学生用户端。

第三节 数据分析与讨论

一 群体投入特征聚类

在整个混合式学习过程中,基于即时的认知、情感与行为数据进行 K-Means 聚类分析,最终得到 4 类不同特征的群体,如图 5-3 所示。①第一类群体可定义为浅层投入型,该群体的人数比例为 13.33%,且三个子投入水平都偏低(2.98—3.38),说明他们在学习过程中处于一种消极投入的状态,其中行为投入程度最低;②第二类群体为中等投入型,该群体人数比例为 37.50%,三个子投入处于中等水平(3.38—3.68),且在四类群体中人数占比最大,说明大部分学习者在认知、情感与行为方面的投入程度属于中等水平;③第三类群体为深层投入型,该群体的人数比例为 7.50%,三个子投入处于高水平(3.95—4.39),且在四类群体中人数占比最小,说明只有很少部分的学习者能够在学习过程中保持全身心投入的状态,即认知、情感与行为的投入程度都较高;④第四类群体为愉悦投入型,该群体的人数比例为 41.67%,三个子投入水平均比中等投入型的水平高(3.73—4.01),并且情感投入相较于其他投入更高,说明接近一半的学习者在学习过程中的情感反应或体验比较好。

二 群体投入的相关性分析

基于即时的投入数据探究认知、情感与行为之间的相关关系,其中不同阶段的学习总体投入进行相关分析的结果如图 5-4 所示。学期初(LE1)和学期中(LE2)的总投入水平未达显著相关水平($r = 0.169$,$P > 0.05$),学期初(LE1)和学期末(LE3)的总投入水平没有显著相

[①] Ebnerpriemer, U. W., Trull, T. J., "Ambulatory Assessment: An Innovative and Promising Approach for Clinical Psychology", *European Psychologist*, Vol. 14, No. 2, January, 2009.

关性（r=0.073，P>0.05），只有学期中（LE2）和学期末（LE3）的总投入有低度的相关性（r=0.187，P<0.05）。

	浅层投入型	中等投入型	深层投入型	愉悦投入型
认知投入	3.20	3.46	3.95	3.74
行为投入	2.98	3.38	4.05	3.73
情感投入	3.38	3.68	4.39	4.01
人数比例	13.33%	37.50%	7.50%	41.67%

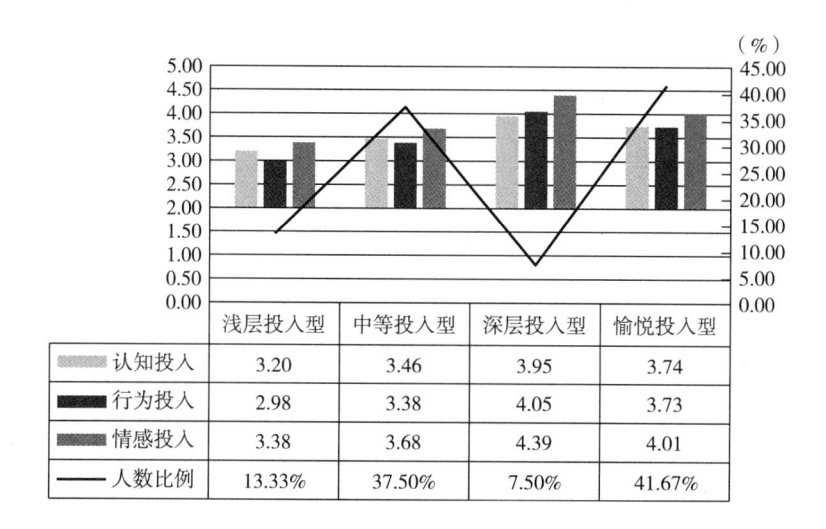

图 5-3　四种聚类群体

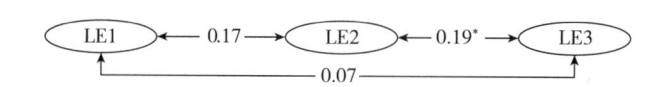

图 5-4　不同阶段总投入相关关系

注：*表示 p<0.05，**表示 p<0.01，下同。

不同阶段子投入的平均值、标准差以及相关系数见表 5-1。可知，同一时间段内的认知投入、行为投入和情感投入之间呈现出显著的正相关关系（r 值均在 0.65 以上，P 值均小于 0.01）。另外，学期初的行为投入（BE1）和情感投入（EE1）分别与学期中的行为投入（BE2）存在低度的正相关关系（r=0.22，P<0.05；r=0.24，P<0.01），学期末的认知投入（CE3）和学期末的情感投入（EE3）分别与学期中的情感投入（EE2）存在低度的相关关系（r=0.22，P<0.05；r=0.20，P<0.05）。由此可见，在同一学习阶段里，子投入之间会有显著的相关性。但不同学习阶段的总体投入之间基本不存在相关关系，个别子投

入之间存在低度的相关关系。

表 5-1　　　　　　不同阶段子投入均值、标准差和相关关系

变量	M	SD	CE1	CE2	CE3	BE1	BE2	BE3	EE1	EE2	EE3
CE1	3.55	0.44	1								
CE2	3.60	0.48	0.08	1							
CE3	3.59	0.46	0.02	0.16	1						
BE1	3.55	0.46	0.67**	0.16	0.09	1					
BE2	3.52	0.51	0.09	0.66**	0.13	0.22*	1				
BE3	3.50	0.51	0.01	0.08	0.65**	0.13	0.15	1			
EE1	3.86	0.46	0.60**	0.09	0.06	0.76*	0.24**	0.08	1		
EE2	3.83	0.48	-0.02	0.69**	0.22*	0.18	0.82**	0.17	0.16	1	
EE3	3.80	0.50	0.004	0.15	0.68**	0.09	0.12	0.78**	0.02	0.20*	1

注：CE、BE、EE 分别代表认知投入、行为投入和情感投入。

三　群体投入关系的解释

已有研究显示，学习投入子维度之间的预测关系是不稳定的。因此，本章通过建立多种假设来检验子投入之间的预测关系。在不同学习阶段投入数据的基础上采用交叉滞后分析方法，建立关于学期初、学期中和学期末阶段的三个竞争性模型，分别为行为与认知投入模型 M1、行为与情感投入模型 M2、认知与情感投入模型 M3。首先采用层级回归分析数据，通过控制其他相关变量的影响，得到学习过程中认知、行为和情感投入之间的影响关系，最终形成交叉滞后模型。以模型 M1 中学期初的认知投入与学期中的行为投入的关系为例：①将学期初的行为投入和情感投入作为第一层变量引入回归方程；②将学期中的行为投入作为第二层变量引入回归方程；③将学期中的行为投入作为因变量引入回归方程。考察控制了学期初的行为投入和情感投入的影响后，认知投入对学期中的行为投入的独立影响。另外两个模型同理可得。

竞争性模型结果显示：在模型 M1 中行为投入不能显著预测认知投入（$\beta_1 = 0.24$，$P_1 > 0.05$；$\beta_2 = 0.14$，$P_2 > 0.05$），认知投入也不能显著预测行为投入（$\beta_1 = -0.14$，$P_1 > 0.05$；$\beta_2 = 0.09$，$P_2 > 0.05$）。在

模型 M2 中行为投入不能显著预测情感投入（$\beta1 = 0.28$，$P1 > 0.05$；$\beta2 = 0.14$，$P2 > 0.05$），情感投入也不能显著预测行为投入（$\beta1 = 0.21$，$P1 > 0.05$；$\beta2 = 0.18$，$P2 > 0.05$）。在模型 M3 中学期初的认知投入显著负向影响学期中的情感投入（$\beta = -0.27$，$P < 0.05$），而学期中和学期末的认知投入和情感投入不存在预测关系（$\beta1 = 0.05$，$P1 > 0.05$；$\beta2 = 0.31$，$P2 > 0.05$）。因此，在模型 M1 和模型 M2 三个阶段中都未发现预测关系，只有在模型 M3 中得出认知投入与情感投入之间存在预测关系。

综合上述分析来看，①基于即时和多维投入数据能够精准刻画学习者的投入特征。研究基于不同学习阶段采集即时、多维投入数据进行的聚类分析，将整体学习者分为四个群体：浅层投入、中等投入、深层投入与愉悦投入。其中，愉悦投入与深层投入学习者整体的投入水平较高，但愉悦投入者的情感投入水平比认知和行为投入水平更高。已有研究通常采用整体投入水平来刻画群体投入特征，如有研究者发现有部分学生的情感投入显著高于认知和行为投入，但未识别出这类群体，并进行深入的描述。[①] 本章通过多时点即时采集的多维投入数据，扩大了数据的采集范围与深度，发现不同群体在子投入维度上的差异，从而更为精准地刻画出学习者的投入特征。在国际相关研究中，施密特等采用事件取样法，依据子投入水平将整体学习投入水平聚类成六个群体，其中包括勉强投入型和理性投入型，这两个群体的行为投入及认知投入显著高于其他两个投入的群体。[②] 这说明各类群体在认知、情感与行为三者之间的投入是不均衡的，仅仅采用整体投入水平来刻画学习者的投入特征是不够的，学习投入分析还需要进一步刻画群体在不同维度中的投入差异。因此，在学习投入研究中，基于多维量表对学习投入状态进行即时的捕捉，持续采集多个学习阶段的学习投入的数据，对于识别群体投入差异，精准刻画投入特征具有重要意义。

学习投入子维度的关系预测研究需要考虑时间、环境等因素的影

[①] 李爽：《远程学生学习投入评价量表编制与应用》，《开放教育研究》2015 年第 6 期。
[②] Schmidt J. A., et al., "A Person-in-context: Approach to Student Engagement in Science: Examining Learning Activities and Choice", *Journal of research in science teaching*, Vol. 55, No. 1, January, 2018.

响。由相关分析的结果可见，相同阶段的子投入之间存在显著相关性，不同阶段子投入之间的相关性则比较弱。基于多个交叉滞后模型建立的竞争性模型结果显示，只在某一阶段存在认知对情感投入的负向预测关系，其他阶段投入子维度之间相互预测关系是不成立的。国内一项关于投入关系的研究中，行为投入受到认知投入、情感投入等的正向影响，认知投入对行为投入有直接正向的影响。① 本章产生的结果与上述研究结果存在差异。造成研究结果差异的可能原因在于：上述研究主要基于单一时间点采集的线上学习投入数据建立影响模型；而本研究基于线上和线下混合式学习环境中持续产生的投入数据建立竞争性模型。这可能说明学习投入子维度之间的影响关系会受到时间、学习环境（线上、线下）等因素的影响。正如张思等的建议，学习投入具有时间、空间特征，加入这两个维度分析的投入能够更精确反映结果。② 在国际研究中，曼纳林等采用密集纵向数据收集方法，获取了参加六种课程的学生投入数据，发现了情感投入与认知投入之间无预测关系。③ 该研究提出了学习经验等因素可能会对学习投入子维度之间的预测关系产生影响。因此，后续探索学习投入子维度关系的研究中，研究者应注重控制时间、学习环境、学习经验等变量，并探索时间、学习环境等因素对学习投入的影响机制。

　　研究结果也进一步表明，面向即时数据采集与分析的纵向研究设计能够收集多个时点的多维投入数据，同时也为在混合式学习中同时收集线上与线下投入数据提供了可能。该研究设计能够在不同时间阶段，纵向挖掘认知、情感与行为投入之间的复杂关系，为深入揭示学习投入子维度之间的关系提供了可能性。

---

　　① 尹睿、徐欢云：《在线学习投入结构模型构建——基于结构方程模型的实证分析》，《开放教育研究》2017年第4期。
　　② 张思等：《网络学习空间中学习者学习投入的研究——网络学习行为的大数据分析》，《中国电化教育》2017年第4期。
　　③ K. C. Manwaring, et al., "Investigating Student Engagement in Blended Learning Settings Using Experience Sampling and Structural Equation Modeling", *The Internet and Higher Education*, Vol. 35, June, 2017.

本章小结

本章在学习投入的视角下，基于即时投入数据，探究认知、情感与行为之间的变化规律。在此基础上，梳理当前关于投入数据收集与分析的研究在数据质量和分析方法方面的问题，建立基于即时数据的纵向研究的理论模型，强调数据采集应注重三个要素：即时性、持续性和多维性。在此理论模型基础上采用纵向研究设计，综合经验取样法追踪与收集学习者的投入数据，聚类分析法考察不同群体在认知、情感与行为投入的特征，利用相关分析和交叉滞后分析分别探究认知、情感与行为的相关关系和因果关系。结果表明，随着学习过程的不断推进，认知、情感与行为的相互关系也在变化。在相同学习阶段的三者之间存在显著相关性，不同阶段三者之间的相关性则比较弱，竞争性模型分析显示三者之间的因果预测关系是不稳定的。

综上所述，采用本章中的纵向研究比已有横截面研究能体现学习投入的动态性特征，能更精准地测量与评估学习投入状态。同时，相较传统自陈测验，经验取样法可以采集个体在学习情境中即时的学习投入状态数据，使数据更加能够反映学习者的真实行为和感知，从而提高数据的质量。交叉滞后分析可以在时间维度上对个体投入状态进行阶段性分析，有助于系统全面地了解个体在学习过程中的行为状态变化，使数据分析结果更加符合真实的动态学习过程。将这两种方法结合建立多个竞争性模型，有助于发现认知、情感与行为之间的动态影响关系，提高学习行为动态分析与建模的精准度。

尽管本章在学习投入的动态数据收集和过程分析方面较之以往研究有了一定的改进，但仍存在一些局限，首先本案例在三个时间点回收数据，而最终匹配的样本量较少，样本流失率较高。导致这种情况的原因可能是数据收集时间过短和密集，高重复性对被试填答惯性和答案效度会有一定影响。此外，本案例仅考虑了学习投入内部的认知、情感与行为的变化规律，未考虑学习环境、学习者特征等因素对学习行为的影响。未来的研究应该加入如课程设计、教师指导、学习者个体差异等因素，从而建立更高质量的学习行为解释模型。

第六章

多模态交互分析法

引言

协作学习投入分析面临多维、动态数据采集与多元数据融合分析的挑战,而多模态交互分析能够提取并融合动态、多维的投入信息,对表征协作学习投入状态具有重要价值。基于此,本章构建了基于多模态交互信息的协作学习投入分析框架,并探索包含信息采集、信息特征提取、信息融合分析三大模块构成的分析路径。未来可能的研究发展方向在于探索基于智能语音处理技术的交互会话分析,基于仪表盘的投入可视化呈现以及基于智能代理的适应性支持路径。

第一节 多模态交互分析的诉求

一 协作学习投入研究方法的挑战

协作学习投入主要包含两个相互作用的基本过程:一是群体成员为了实现小组认知目标而进行的知识建构、观点论证、问题解决等认知投入过程;二是群体成员为了维系组内的相互依赖关系、增强小组凝聚力而进行的社会性投入过程[1][2],这两个过程通过小组内部的互动来相互作用、互相影响。因此,协作学习投入分析并非简单地将个体投入叠加

---

[1] Ouyang, F., Chang, Y. H., "The Relationships Between Social Participatory Roles and Cognitive Engagement Levels in Online Discussions", *British Journal of Educational Technology*, No. 3, 2019, pp. 1396–1414.

[2] 张思等:《面向在线学习协同知识建构的认知投入分析模型及应用》,《远程教育杂志》2020年第4期。

计算，而是需要从小组协作学习的交互过程中提取相关信息，来同时表征在认知投入与社会性投入状态，涉及学习者外显行为和内隐心理活动等多个层面。

协作学习投入状态的监控与干预需要解决两个核心问题：一是如何对多维认知、社会性以及行为投入状态进行全面监控与融合分析？二是参与者的投入状态极易受到学习环境、组内互动等因素的影响，如何对投入状态进行动态、持续的采集与分析？协作学习投入分析是对小组参与者交互过程的洞察，其有效性依赖于高质量的交互数据采集，因此，数据来源的全面性和精准性决定分析效果。① 在传统学习投入研究中，多利用量表采集信息来表征投入状态。量表一般仅能够采集单一时点的认知投入数据，忽视投入的持续性、动态性特征；且参与者的自我报告具有一定的滞后性和延迟性，难以精准代表参与者的真实状态。② 也有研究者利用在线学习平台上的行为数据来表征学习投入。如利波宁等利用在线协作平台中的回帖数、发帖数、孤立帖子数等数据来分析学习者的行为投入水平。③ 综上所述，已有研究数据来源主要有学习者自我报告、线上交互文本等途径，多数研究数据来源单一，无法保证分析的数据涵盖所有交互场景，难以全面地反映协作学习多维投入状态。

协作学习投入分析方法主要有静态的横截面分析和动态的纵向分析。横截面分析主要指分析与描述单一时间点学习者的投入状态数据，难以反映学习者之间的协作交互随着时间的变化与发展④，而纵向分析是指追踪一段相对长时间内同一批学习者的学习状态，关注协作学习投入随时间维度的变化特征或趋势。如马志强等利用即时数据探究在学期

---

① 钟薇等：《学习分析技术发展趋向——多模态数据环境下的研究与探索》，《中国远程教育》2018 年第 11 期。
② 马志强等：《面向即时数据采集与分析的学习投入纵向研究——基于经验取样法与交叉滞后分析的综合应用》，《电化教育研究》2020 年第 4 期。
③ Lipponen, L., et al., "Patterns of Participation and Discourse in Elementary Students' Computer-supported Collaborative Learning", *Learning & Instruction*, Vol. 13, No. 5, 2003, pp. 487–509.
④ 李艳燕等：《在线协作学习中小组学习投入的分析模型构建及应用》，《中国远程教育》2020 年第 2 期。

不同阶段中学习者的认知、行为和情感之间的相互影响关系，验证了学习投入的子维度在学期初、学期中和学期末三个阶段中呈现出不同的影响关系。① 总体来看，已有研究所采用的投入分析方法更多局限于描述小组整体的静态投入状态，难以充分揭示投入状态随时间及情境变化发展的过程。因此，在后续研究中应结合多种技术表征多维度的协作学习投入状态，并且以小组为基本单位，动静结合描述个体参与者的投入状态。

总体而言，协作学习过程中能够产生对话、文本、表情、眼动等多种类型的交互数据，只有实现多源数据融合才能精准反映小组成员的学习投入状态。然而，已有研究大多基于线上交互文本或学习者自我报告等单一数据源②③，难以反映复杂环境下学习者的认知、情感等维度的投入状态，亟须综合挖掘、整合多种类别的多维交互数据来表征协作学习投入。④ 另外，协作学习投入是一种持续性状态，极易受到环境因素的影响，只有实时、持续地获取投入信息才能保证分析质量。⑤ 已有研究借助线上平台来采集即时行为数据，但难以收集情感、认知等层面的实时数据⑥，且大多忽视投入的持续性特征，而采用选择性抽样方式来采集特定时间点的投入状态⑦，难以完整表征整个学习过程的投入状态。因此，如何即时、持续地采集多种类型的小组协作互动数据，并融合多维数据分析，成为研究者面临的重要问题。

---

① 马志强等：《面向即时数据采集与分析的学习投入纵向研究——基于经验取样法与交叉滞后分析的综合应用》，《电化教育研究》2020 年第 4 期。
② 尹睿等：《在线学习投入结构模型构建——基于结构方程模型的实证分析》，《开放教育研究》2017 年第 4 期。
③ 方佳明等：《社会交互对 MOOC 课程学习投入的影响机制》，《现代教育技术》2018 年第 12 期。
④ 牟智佳：《多模态学习分析：学习分析研究新生长点》，《电化教育研究》2020 年第 5 期。
⑤ 马志强等：《面向即时数据采集与分析的学习投入纵向研究——基于经验取样法与交叉滞后分析的综合应用》，《电化教育研究》2020 年第 4 期。
⑥ 马志强等：《基于学习投入理论的网络学习行为模型研究——以"网络教学平台设计与开发"课程为例》，《现代教育技术》2017 年第 1 期。
⑦ 沙景荣等：《混合式教学中教师支持策略对大学生学习投入水平改善的实证研究》，《中国电化教育》2020 年第 8 期。

二 基于多模态交互信息的协作学习投入分析

多模态交互信息是指学习者在协作交互情境中产生的语音、表情、眼神、体态等连续可表征的多模态符号信息。多模态采集技术能够利用感知与识别技术，实时、持续地记录学习过程中的外显行为和内隐心理状态信息，对于提高协作学习投入分析的精准度具备重要价值。目前，虽然已有部分研究者利用脑电、表情等生理数据来研究协作学习投入，但较多研究者还停留在单一模态分析，且在模态融合方法上也缺乏系统的操作路径。[1] 多模态交互信息的采集与分析，为协作学习投入数据的持续采集与分析带来了新的契机。[2]

1. 多模态支持协作学习投入分析依据

多模态交互信息为什么能够反映学习投入的状态？从理论上来讲，教育神经科学将脑认知科学与教育研究联系起来[3]，该理论把神经元之间突触的连接作为生物学依据，从生物学角度解释脑认知的过程，从而揭示了协作学习投入与生物信号之间的控制与表达作用。协作学习投入的不同维度与多层次的生物信号反应密切相关，皮肤电、脑电、心电图等生理信号对多维投入状态表征具有重要意义。多模态交互信息支持的协作学习投入分析意味着按照学习者的多重感知模式来分析生物信号，通过同步处理不同的模态更加深入地揭示参与者在知识建构和社会交往过程中的参与，进而深刻、全面地刻画协作学习投入状态。[4]

此外，具身认知理论认为可以通过观察学习者的身体反应来推断不可观察的心理状态，进而有研究者提出学习者的心理状态可以通过多种外显行为来表现出来。通常在交互过程中，学习者通常会使用面部表情、话语和肢体动作等信息来表达他们的意图和情绪。因此可以依据学习者在不同时间节点上身体所表达信息来对协作学习投入进行多维评

---

[1] 冷静等：《智慧教室中学习投入度与教学活动类型的关系》，《现代教育技术》2020年第5期。

[2] 张琪等：《学习分析中的生物数据表征——眼动与多模态技术应用前瞻》，《电化教育研究》2016年第9期。

[3] Lewis, M. D., "Bridging Emotion Theory and Neurobiology through Dynamic Systems Modeling", *Behavioral and Brain Sciences*, No. 2, 2005, pp. 169–245.

[4] 张琪等：《学习投入的多模态数据表征：支撑理论、研究框架与关键技术》，《电化教育研究》2019年第12期。

估。此外，虽然表情、姿势、动作等的身体信息识别均可以间接反映学习状态，但学生对自身的表情、动作等行为会进行一定程度的控制，因而单模态分析的结果精准度不高。

已有实证研究也证实了多模态的准确性、互补性和时序性等属性对于改善协作学习投入分析研究至关重要。在准确性方面，多模态交互分析采用智能感知技术获取学习者的生理和心理信号直接分析协作学习投入状态，相比于以往研究中从单一的行为数据中挖掘复杂的学习状态更具有准确性，如有研究者证实在传统研究中利用行为频次数据中的点击事件流来预测成绩错误率高达39%，而采用眼动、EEG、视频和腕部等生理信号来预测学习成绩错误率可以降到12%[1]；在互补性方面，多模态信息的互补性可以弥补单模态信息量不足的缺陷，通过模态的交叉检验提高协作学习投入分析的准确度，如研究者利用面部表情识别学习者情绪状态的准确率为74.38%，利用脑电图检测的准确率为66.88%，如果结合两种模态共同对情绪状态进行检测的准确率高达81.25%，这说明多种模态信息的互补分析可以弥补单模态信息的缺陷提升分析准确度。[2] 班达拉等利用心电数据（ECG）、皮肤电（EDA）以及红外光谱（fNIRS）数据分析情感投入的状态，研究结果表明综合三类模态的分析准确度要高于传统依据心电数据分析情感投入。[3] 在时序性方面，多模态交互信息可以跨越整个学习过程中的多个时间尺度，实现在时间维度上分析协作学习投入规律，改善对协作学习投入分析的精度，如曼纳林等利用采集学习过程不同时间点的投入数据，利用交叉滞后模型分析不同时间阶段中认知、情感和行为投入之间的预测关系，实现了对协作学习投入时间特性的探究。[4]

---

[1] Giannakos, M. N., et al., "Multimodal Data as a Means to Understand the Learning Experience International", *Journal of Information Management*, Vol. 48, 2019, pp. 108–119.

[2] Huang, Y., et al., "Fusion of Facial Expressions and EEG for Multimodal Emotion Recognition", *Computational Intelligence & Neuroscience*, No. 2, 2017, pp. 1–8.

[3] Bandara, D., et al., "A More Complete Picture of Emotion Using Electrocardiogram and Electrodermal Activity to Complement Cognitive Data", International Conference on, Springer-Verlag New York, Inc, 2016, pp. 287–298.

[4] K. C. Manwaring, et al., "Investigating Student Engagement in Blended Learning Settings Using Experience Sampling and Structural Equation Modeling", *The Internet and Higher Education*, Vol. 35, 2017, pp. 21–33.

多模态数据支持的协作学习投入研究正在成为教育领域的研究热点，其最突出的价值在于从真实情境中自动采集学习者体征数据、行为数据等多源数据集，来表征协作学习投入状态，能够提升对学习过程理解的精准性和全面性。表征结果的作用主要体现在两个方面：对学生来说，全面的协作学习投入分析结果可以真实反映学习状态，从而据此进行调整，学习过程中存在的问题；对教师来说，多维的协作学习投入分析结果可以全面反映学生在协作过程中的投入状态，有利于精准识别问题学生或学习者参与规律，以此进行即时的干预或制定具有针对性的教学方案，避免"搭便车"和"划水"现象发生。

2. 多模态支持协作学习投入分析的现状

从研究现状来看，较多研究利用表情、文本、眼动和姿态等外显层的模态类型来综合表征协作学习投入的多维度状态，如詹泽慧等建立了智能代理的认知与情感识别模型，利用计算机技术识别表情和眼动模态的特征，如眼睛睁大、微笑和皱眉等，对认知投入和情感投入进行交叉验证，该理论模型利用情感识别与认知识别过程相耦合来提升投入分析精准性。[①] 有研究者采用内容分析法表征认知投入，采用情感体验量表数据表征情感投入，综合利用两种模态结合的方法，共同表征学习投入。[②] 还有部分研究利用两种以上的模态来综合表征协作学习投入的多维度状态。如研究者采用视频录制小组活动，利用语音、图像和动作来表征学习者的认知和社会情感投入。[③][④] 沈映珊等利用学习者的脸部表情、眼动、人体姿态与情感图文等多模态来表征学习者的认知和行为状态，构建了基于社交网络的情感交互模型。[⑤]

[①] 詹泽慧：《基于智能 Agent 的远程学习者情感与认知识别模型——眼动追踪与表情识别技术支持下的耦合》，《现代远程教育研究》2013 年第 5 期。

[②] 梁云真：《基于量规的同伴互评对在线学习认知、情感投入度及学习成效的影响研究》，《电化教育研究》2018 年第 9 期。

[③] Sanna Järvelä, et al., "How do Types of Interaction and Phases of Self-Regulated Learning Set a Stage for Collaborative Engagement?", *Learning & Instruction*. Vol. 43, 2016, pp. 39-51.

[④] Han D. Interest, "Motivation and Engagement in EFL Group Dynamics: An Interactional Ethnography Approach", International Forum of Teaching and Studies. American Scholars Press Inc, 2020.

[⑤] 沈映珊等：《社交学习网络中基于学习认知的情感交互研究》，《现代教育技术》2015 年第 9 期。

相对于上述面部表情、姿势、文本等外显层模态的研究，基于心电、皮肤电和脑电等生理层模态表征协作学习投入的研究相对较少。如有研究者基于面部表情与脑电数据分析学习者深度学习程度，进而基于卷积神经网络构建了多模态融合深度学习模型[①]；另有科恩等基于系统日志、视频、皮肤电等模态，利用手动注释与计算机表情识别工具对精细的面部动作进行标注，如眉毛高低、眼睑收紧和嘴角凹陷等特征识别，然后使用贝叶斯信息准则（BIC）融合多种特征，建立包含持久性、时间需求、沮丧特征的投入预测模型。[②] 以上研究也证明多模态融合比单模态具有更高的识别精度，再次验证了综合使用生物电数据表征学习者学习状态的必要性。

从已有研究中，我们可以发现，协作学习投入涉及复杂的模态共同表征，多模态融合分析会涉及两种或两种以上模态来表征多维度的投入状态。在瞬时状态下，多模态信息在计算机中以二进制的形式来表示，并实现基于时间序列的特征识别和融合。如果是简单的两种模态，计算机还可以实现自动化的建模分析，但在持续的协作学习过程中，交互会产生不同类型的模态信息，对计算机技术自动分析多模态交互信息带来了巨大的挑战。目前只能实现较少的简单模态的融合，无法实现多种类型混合模态的结构化分析与融合。综上可见，已有研究虽然也利用了语音、文本、视频、生理等多种模态来表征协作学习投入的状态，但一部分研究只采用单一模态或两种模态，还有部分研究虽然采用了多种模态，但其模态之间的融合方法比较模糊，而且对于较多研究者或实践者而言，诸多识别和融合技术在研究中难以实现。因此，后续研究还需关注如何对交互过程中产生的多种混合类型模态进行精准的特征识别与融合分析，形成结构化的数据来表征协作学习投入。

3. 多模态支持协作学习投入分析的研究趋向

多模态交互信息表征协作学习投入通过对海量的多模态信息进行特

[①] 曹晓明等：《人工智能视域下的学习参与度识别方法研究——基于一项多模态数据融合的深度学习实验分析》，《远程教育杂志》2019年第1期。

[②] Cohn J. F., Sayette M. A., "Spontaneous Facial Expression in Unscripted Social Interactions can be Measured Automatically", *Behavior Re‑search Methods*, Vol. 47, No. 4, 2015, pp. 1136–1147.

征提取与融合，可以计算协作学习投入各维度的状态特征。另外，多模态交互信息融合可实现把学习产生的实时、连续的数据结合起来对协作学习过程进行科学的阐释，据此，可以总结出多模态融合分析协作学习投入的四个重要趋向：分析模型的多维性、多模态数据的整合性、特征识别的便捷性和投入分析的动态性。

（1）多维性分析模型：内隐外显综合建模。分析模型是指依据相关学习理论以及实证研究确立的表征协作学习投入的指标体系，用于建立多模态融合的维度。从分析维度来看，初期的分析模型主要关注学习者的行为、结果等外在表现。但随着学习空间逐渐融合，研究者对学习过程的理解也逐渐走向整体化和系统化，即在研究学习过程时，不仅关注学习者的外部行为和心理过程两个方面，也强调社会文化情境对学习者体验产生的影响。因此，协作学习投入分析模型逐渐转变为关注学习者的认知、元认知以及情感等内在学习因素的问题，从内隐和外显表现对学习者进行综合建模。

（2）多模态数据的整合性：单一模态到多模态。多模态数据是指学习者与同伴、环境互动产生的学习轨迹信息集合，每种通道产生的信息符号称作一种模态。在多空间融合的学习时代，多种模态会在物理空间和信息空间等多个空间中产生，其分布特征决定了单一模态难以精准揭示真实的学习规律。多模态数据整合，从初期的基于网络平台和视频录制技术采集的学习日志、交互文本、行为表现等单一模态信息，拓展为基于可穿戴设备采集的脑电、心跳、皮电等多模态信息；在协作学习投入的研究中逐渐形成以学习者为中心的内外数据相融合的数据生态，对复杂环境下的学习特征的解释及学习体验的优化具有重要意义。

（3）特征识别的便捷性：自动化与人工标注结合。特征识别是指利用相关学习分析技术整合从多模态数据集中提取表征协作学习投入的交互特征。传统的表征方法主要利用人工标注。但由于多模态数据的复杂性和海量性，如果以人工识别为主要的表征方法，则会需要占用大量时间。随着大数据、深度学习等技术的发展，逐渐出现了采用计算机支持的自动化标注方法对采集到的信息进行特征提取。因此，在未来研究中，从多模态交互信息中识别交互特征时，应当根据模态类型选择适用的自动化技术与人工编码方法,共同对多模态交互信息进行批量地、自动或半自动地交互特征识别,以帮助研究者减轻数据处理过程的时间负担。

(4)投入分析的动态性:横截面分析到纵向分析。投入分析是指在多模态表征协作学习投入结果基础上,进一步探究参与者在交互过程中的协作学习投入特征。由于协作学习投入是参与者个体与小组成员以及学习环境互动过程中形成并维持的一种状态,极易受到上述因素的影响,因此,对于协作学习投入的分析需要注意其动态性和持续性。传统的分析主要以单一时间点的投入状态来分析与评价参与者在整个学习过程中的交互参与情况,这种横截面式分析方法不利于获取参与者真实的状态。因此,在未来研究中,需要将学习过程看作是一个纵向的变化过程,而不是一个静态稳定的状态。纵向式分析方法则通过追踪学习者贯穿整个学习过程中的产生的多种模态信息来表征协作学习投入,可以利用模态的同步性实现对指定阶段内的协作学习投入进行表征,从而提升结果的精准性,并能够支持在不同时间维度上分析协作学习投入的水平与变化趋势。

第二节 多模态交互分析的内涵与框架

一 多模态交互分析的基本内涵

从20世纪50年代初,美国语言学家提出话语分析的研究路径,话语分析主要以语言作为主要分析对象,难以分析图像、图表等其他意义的表现单元。后来,多模态话语分析方法兴起,很大程度上打破了传统话语分析方法的局限性。有研究者将多模态扩展至交互分析领域,打破了传统交互分析单一维度的局限性,将分析范围扩展到言语信息和非言语信息的交互。多模态交互分析不仅仅局限于言语层面,还可扩展到各种各样的符号系统。[①]

模态是一种客观存在、可表征的符号系统,如语音、表情、眼神、

[①] 孟然:《基于混合式协作学习的多模态交互分析方法研究》,《亚太教育》2016年第27期。

姿态等经过编码转码后都可称为一种模态。① 学习者之间在学习过程中产生大量交互，所表现的面部表情、语音信息、眼神、姿态、行为、文本等模态形式都是对认知、情感等的外显表征。多模态涉及多种符号表征系统的组合使用。

在小组的协作学习中，线上学习可能会产生文本、语音等交互信息；而在线下学习中，面对面的学习者之间可能会产生肢体、眼神、动作、表情等多种交互状态信息，通过设备的记录，可以获取多种交互状态信息。综上所述，根据交互的数据的类型，常见的模态交互数据可分为生理、情感、认知、行为，如图6-1所示。②

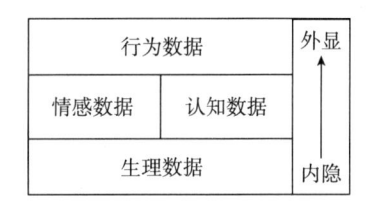

图6-1 交互数据分类

在四种交互数据中，生理数据是基础，但是相对于其他交互数据不会直接以易观察的形式展现出来，需要借助专业设备进行采集，可以揭示内隐的状态。而行为数据是学习者最直接的表达形式，可以被直接观察或被设备记录，是最外显层面的互动状态。情感与认知数据都是在心理层面产生的数据，可以通过面部表情、语音、文本反映情感与认知状态或变化。在克斯坦和沃特利的研究中，将上述四类交互数据分解为八种类别，如表6-1所示。③

---

① Lahat, D., et al., "Multimodal Data Fusion: An Overview of Methods, Challenges, and Prospects", *Proceedings of the IEEE*, No. 9, 2015, pp. 1449–1477.
② 钟薇等:《学习分析技术发展趋向——多模态数据环境下的研究与探索》,《中国远程教育》2018年第11期。
③ P. M. Blikstein, "Multimodal Learning Analytics and Education Data Mining: Using Computational Technologies to Measure Complex Learning Tasks", *Journal of Learning Analytics*, Vol. 32, No. 11, 2016, pp. 220–238.

表6－1 多模态信息分类

类别	说明
文本信息	分析学习过程的日志记录
话语信息	分析学习过程中学习者产生的对话语音信息
笔记与草图	分析学习者产生的笔记和绘图
动作和手势信息	分析学习者在学习过程中身体、头部、手部的移动轨迹
情感信息	识别学习者在学习过程中的面部表情，判断情感状态
神经生理标记信息	分析学习者在学习过程中的脉搏与心跳变化
眼动信息	分析学习者的眼动，判断学习者的注意力集中与分散情况
多模态整合信息	整合以上两种以上的信息

在分析场景中，研究者会试图将上述信息归类为特定的信息通道，借助设备与分析方法来对特定信息通道进行分析。6－2总结了常用的对多模态收集设备与模态分析的技术与方法。

表6－2 分析多模态方法与技术

模态信息	收集方法与设备	模态分析角度	具体使用方法/技术
文本	学习平台、文稿、绘图	认知	认知网络分析
		社会关系	社会网络分析技术
		潜在观点	文本挖掘技术
		行为	滞后序列分析法
语音	录音笔	语音、语调	语音识别技术
视频	摄像头	表情	表情识别技术
		眼神	眼动分析
		肢体动作	行动踪迹分析技术
脑电	脑电设备	脑电	脑电分析

二　多模态交互信息分析框架

基于多模态交互信息表征协作学习投入的关键是各模态数据特征的融合分析，应关注利用多个信息通道表征协作学习小组内部的交互过程，本章从协作学习投入的内涵特征与多模态交互信息的支持作用出发，归纳多模态融合分析协作学习投入状态需要解决的关键问题，构建了面向协作学习投入的多模态交互信息分析框架,如图 6-2 所示。

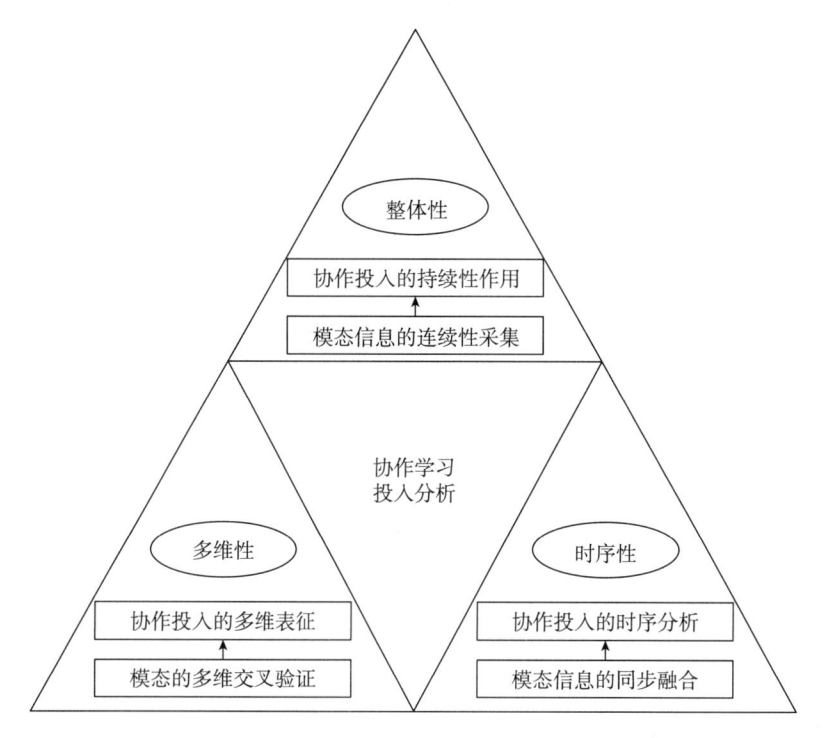

图 6-2 面向协作学习投入的多模态交互信息分析框架

1. 整体性

协作学习投入用于表征学习者在参与交互过程中积极、持续的投入状态。尽管在不同学习空间与学习时间点,协作学习投入各维度呈现出一定的差异性,但各维度的投入信息仍需充分融合,以从整体上表征学习者参与协作交互过程中的投入状态。[1] 因此,在分析协作学习投入时应注意投入在时间和空间上的整体性。尤其是在混合式协作环境中,小组成员在面对面的物理空间和虚拟的网络空间中都会持续性投入,只有感知并识别多空间中多个时间点连续产生的交互数据,才能更完整地理

---

[1] Ouyang, F., Chang, Y. H., "The Relationships between Social Participatory Roles and Cognitive Engagement Levels in Online Discussions", *British Journal of Educational Technology*, No. 3, 2019, pp. 1396-1414.

解整体的协作学习投入状态[1]。而多模态技术能够借助在线学习系统与智能课堂数据采集系统，全方位地采集和存储多个协作情境中的文本、音频、视频等细粒度的模态信息，从而实现对投入信息多空间、多时间点的连续性采集，有利于全面把握小组参与者的投入状态。通过对线上与线下的学习者多模态信息的采集，并根据时间序列进行整合，可获得学习者整体的协作投入状态，便于后续的分析与评测。

2. 多维性

协作学习过程中蕴含着丰富的认知与社会性交互关系[2]，协作学习投入则是在丰富的交互关系中动态形成的复杂状态，涉及行为参与、社会关系、观点建构、共享调节等维度，不能简单地理解为个体成员投入的叠加。[3] 在小组交互视角下，协作学习投入具体表现为小组成员对任务的关注程度[4]、对维持相互依赖关系的努力程度[5]、对群体知识的加工程度[6]、对任务执行过程的调控程度[7]。因此，需要综合学习者的外显行为和内隐心理等多维数据，来表征协作学习投入的各维度状态。多模态采集技术从小组协作学习的情境切入，利用多种感知与识别技术对学习者多层次的信息进行跟踪与记录，通过多模态交互信息的融合分析来交叉验证协作学习投入各维度的状态，以弥补单模态信息量的不足，从而提高协作学习投入分析的精准度。

3. 时序性

协作学习投入是在小组互动过程中产生并维持的学习状态，极易受

---

[1] Sanna Järvelä, et al., "How do Types of Interaction and Phases of Self-regulated Learning Set a Stage for Collaborative Engagement?", *Learning & Instruction*, Vol. 43, 2016, pp. 39-51.

[2] 王慧敏等：《cMOOC 微信群社会网络特征及其对学习者认知发展的影响》，《中国远程教育》2019 年第 11 期。

[3] 李艳燕等：《在线协作学习中小组学习投入的分析模型构建及应用》，《中国远程教育》2020 年第 2 期。

[4] 张琪等：《学习分析中的生物数据表征——眼动与多模态技术应用前瞻》，《电化教育研究》2016 年第 9 期。

[5] 刘禹等：《基于网络的大规模协作学习研究》，《远程教育杂志》2013 年第 2 期。

[6] Weinberger, A., Fischer, F., "A Framework to Analyze Argumentative Knowledge Construction in Computer-supported Collaborative Learning", *Computers & Education*, Vol. 46, No. 1, 2006, pp. 71-95.

[7] Akyol, Z., Garrison, D. R., "Assessing Metacognition in an Online Community of Inquiry", *The Internet and Higher Education*, No. 3, 2011, pp. 183-190.

到同伴、学习环境等因素的影响。① 随着互动过程的展开，协作学习状态可能会随时间发生变化，而小组的协作学习投入状态也会随之变化。② 协作学习投入状态可以理解为在时间序列上具有一定相关关系的动态过程，即先呈现的状态可能与后续状态存在相关关系。③ 因此，研究者需要同时关注全过程的投入状态和投入在时间序列上的变化。④ 而多模态交互信息是以小组成员为中心，按照协作活动发生的顺序获取学习者的各类行为、心理和生理数据，在纵向时间上呈现出轨迹化和序列化特征。因此，遵从时间一致性将多种通道收集的模态信息进行融合，利用同一时间段的交互信息表征投入状态，能够实现从时间序列上探究小组协作学习投入的动态变化过程。

第三节　面向协作学习投入的多模态交互分析方法

多模态交互信息的分析意味着融合多源交互信息，同步处理不同模态的数据：一方面，需要对多模态数据进行预处理，以提取特征值；另一方面，需要将协作学习过程中产生的实时、连续性信息进行融合。本书提出了基于多模态交互信息的协作学习投入分析路径，具体包括多模态信息采集、多模态特征提取、多模态特征融合分析三大模块，如图6－3所示。

一　多模态交互信息采集

协作学习投入分析有效性依赖于高质量的互动数据采集。⑤ 在常见的面对面互动情境下，多模态数据包括生理、视频、文本、心理4种模

---

① 马志强等:《面向即时数据采集与分析的学习投入纵向研究——基于经验取样法与交叉滞后分析的综合应用》,《电化教育研究》2020年第4期。
② 钟薇等:《学习分析技术发展趋向——多模态数据环境下的研究与探索》,《中国远程教育》2018年第11期。
③ Finn J. D., "Withdrawing from School", *Review of Educational Research*, No. 2, 1989, pp. 117－142.
④ Kristine C. Manwaring, et al., "Investigating Student Engagement in Blended Learning Settings Using Experience Sampling and Structural Equation Modeling", *The Internet and Higher Education*, Vol. 35, 2017, pp. 21－33.
⑤ 牟智佳:《多模态学习分析:学习分析研究新生长点》,《电化教育研究》2020年第5期。

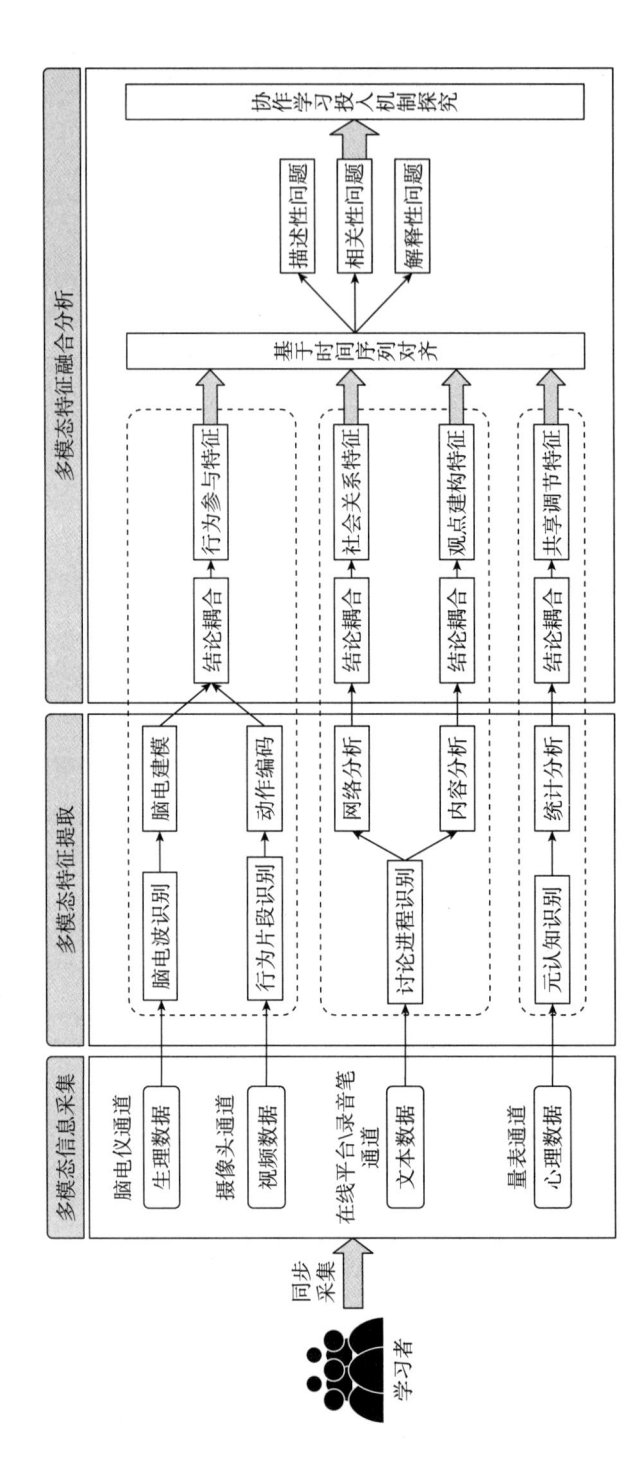

图 6-3 基于多模态交互信息的协作学习投入分析路径

态数据。目前，已有较多研究验证了上述信息分析对协作学习过程分析的重要性。①②③ 生理数据是在协作学习中最直接产生的，但是相对于其他互动数据不会直接以易观察的形式展现出来，需要借助专业设备进行采集，是内隐的交互。已有研究表明，脑电信号可以用于预测注意力方向和水平④；如李小伟利用脑电数据分析学习过程中注意力识别问题⑤；有研究者使用实时生物识别技术测量，模拟学生在线环境中的参与度，并将敏锐度、表现和动机作为学生参与的维度，将实时生物识别技术（包括脑电图 EEG 和眼动追踪测量）用于模拟敏锐度、性能和动机。⑥视频数据中包含多种数据，例如表情、动作，是可以通过视频轻松记录采集的。左鑫孟在基于个体分割的识别框架下，提出了基于视觉共生矩阵序列的双人交互行为识别方法。⑦ 文本数据在协作学习分析的研究中最为常见，是最易采集的数据类型。胡勇等通过让学生按不同的单元时间段对自己所发帖子数与长度进行简单统计分析，并分析与其他学习者在线上学习的交互情况。心理数据是学习者元认知、情感等心理反应，对协作学习的认知与社交有调控作用。如孙波等基于面部表情识别的情感分析框架，实现基于面部表情的学习情感识别及情感干预。⑧ 此外，教育神经科学和具身认知理论也强调表情、手势、姿态、语音韵律等特

---

① 秦瑾若等：《MOOC 课程讨论区中的社会性交互研究——以中国大学 MOOC 平台〈现代教育技术〉课程为例》，《中国教育信息化》2017 年第 5 期。
② Suparna Sinha, et al., "Collaborative Group Engagement in a Computer－Supported Inquiry Learning Environment", *International Journal of Computer－Supported Collaborative Learning*, No. 3, 2015, pp. 273－307.
③ 田阳等：《面向混合学习的多模态交互分析机制及优化策略》，《电化教育研究》2019 年第 9 期。
④ R. Srinivasan, et al., "Decoding Attentional Orientation from EEG Spectra", *Journal of Dermatologic Surgery and Oncology*, Vol. 16, No. 12, 2009, pp. 1147－1151.
⑤ 李小伟：《脑电、眼动信息与学习注意力及抑郁的中文相关性研究》，硕士学位论文，兰州大学，2015 年。
⑥ 曹晓明等：《人工智能视域下的学习参与度识别方法研究——基于一项多模态数据融合的深度学习实验分析》，《远程教育杂志》2019 年第 1 期。
⑦ 左鑫孟：《基于视频的双人交互行为识别与理解算法研究》，硕士学位论文，沈阳航空航天大学，2017 年。
⑧ 孙波等：《智慧学习环境中基于面部表情的情感分析》，《现代远程教育研究》2015 年第 2 期。

征可作为认知、情感状态的评估依据。[1][2]

综合上述分析，在协作过程中，多模态信息的类型与采集如表6-3所示。具体来说，多模态信息的采集方式有：①直接观察和记录学习者的外显行为，如智能录播技术可以捕获小组成员的动态信息和所处环境信息，获取音、视频数据；在线学习与管理平台可以采集小组在数字空间中留下的文本数据。②利用传感器追踪学习者内在的思维活动，如脑电仪、眼动仪等可穿戴设备可以测量学习者的眼动、脑电波等生理数据。③利用经验取样量表，获取学习者对协作任务执行过程的元认知调控、情感动机等需要学习者自我报告的心理数据。

表6-3　　　　　　　　多模态信息的类型与采集

模态类型	采集设备与技术	主要功能
生理数据	脑电仪、眼动仪等	记录学习者的身体活动和生理反应，如脑电波、眼动轨迹等
视频数据	智能录播技术	记录学习者的表情、眼睛凝视、手势动作等
文本数据	在线文档、聊天软件、在线学习平台以及录音笔转录技术	记录学习过程中产生的系统日志或面对面对话的内容
心理数据	经验取样量表等	记录学习者元认知、情感动机等心理活动反应

二　多模态信息特征提取

采集到的原始信息一般为混合状态的多模态信息，如交互视频模态中包含语音、表情和动作等模态信息。因此，需要对多通道的模态信息进行单独处理，提取出学习者在行为参与、社会关系、观点建构、共享调节四个维度的协作学习投入特征值。具体来说，多模态特征提取主要是构建面向协作学习投入分析的多模态特征识别框架，框架需要明确的内容如图6-4所示：首先，要确定子维度与多模态交互信息之间的对

---

[1] Lewis, M. D., "Bridging Emotion Theory and Neurobiology through Dynamic Systems Modeling", *Behavioral and Brain Sciences*, No. 2, 2005, pp. 169–245.

[2] Barsalou, L. W., "Grounded Cognition", *Annual Review of Psychology*, Vol. 59, 2008, pp. 617–645.

应关系，如行为参与维度可以通过生理数据中的脑电信息和视频数据中的行为片段信息进行分析，社会关系和观点建构维度可以通过文本数据中的讨论信息来分析，共享调节维度可以通过心理数据中的量表信息来分析。其次，确定子维度的状态特征以及识别方法，如行为参与维度的状态特征通常表现为专注度和同步度，可以通过脑电建模和动作编码方法分别来识别这两种特征值，社会关系维度的状态通常表现为协调度、引领度和响应度，可以通过社会网络分析方法来识别这三种特征值，以此类推分别从不同模态中提取相关信息来表征子维度的状态特征值。

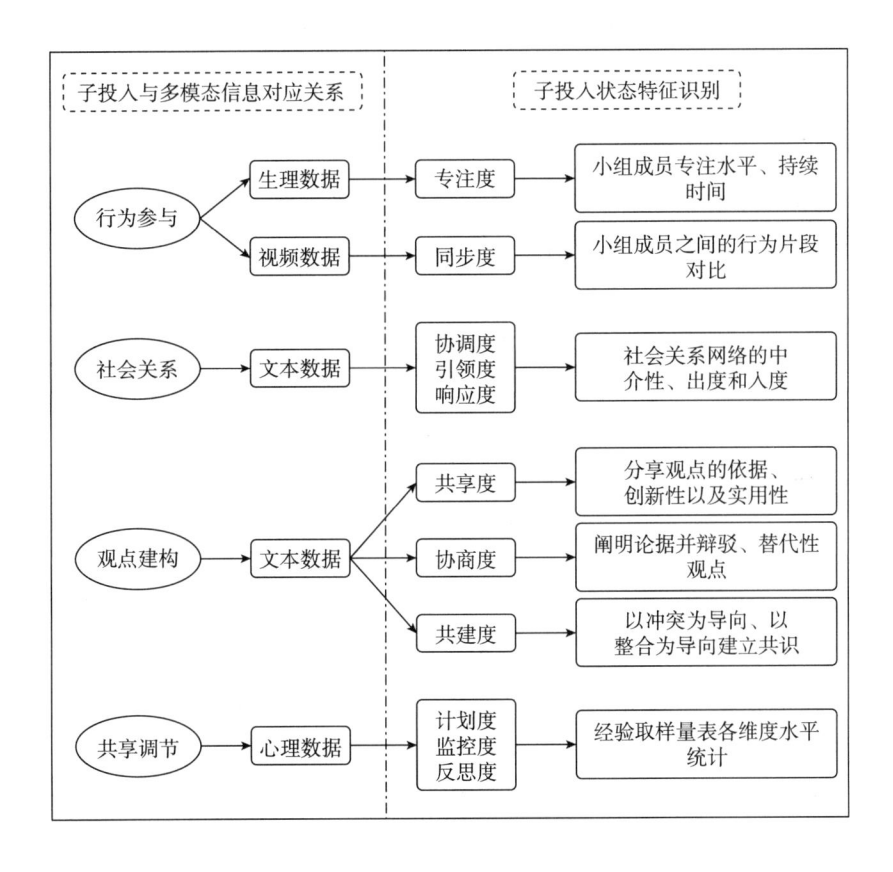

图6-4 面向协作学习投入分析的多模态特征识别框架

三 多模态特征融合分析

多模态特征融合是指对特征值的融合和子投入的融合，具体步骤为：①将各维度识别出的两种或两种以上模态特征结果按照时间或事件序列进行关联，得出对应协作学习投入子维度的状态；②将协作学习投入子维度的状态同步整合为每位学习者的协作学习投入状态；③在此基础上，进一步探究小组协作学习投入的规律，主要从协作学习投入的四个维度分析相应的投入度，然后多维度联合进行分析。基于多模态交互信息分析的协作学习投入探究问题可以归结为三种类型的问题：①描述性问题，侧重对投入现象或特征进行描述，关注小组协作学习投入状态随时间变化生成的序列，或对不同类型群体的投入状态进行比较；②相关性问题，侧重对多个因素之间的关系进行探究，关注小组协作学习投入与协作学习环境中其他设计要素之间的相关关系，并在此基础上归纳、完善协作学习投入的干预策略；③解释性问题，侧重对因果关系的探究，利用交叉滞后分析、结构方程模型等路径影响分析方法，建立学习环境中其他因素与小组协作学习投入影响因素的竞争性模型，确定最优影响路径，并提出改善投入的策略。

本章小结

协作学习投入面临多维、动态数据采集与多元数据融合分析的挑战，而多模态交互分析能够提取并融合动态、多维度的投入信息，对表征协作学习交互过程具有重要价值。本章构建了基于多模态交互信息的协作学习投入分析指导框架，并从整体性、多维性和时序性三方面阐述了协作学习投入分析应考虑的关键问题；此外，还提出了包含多模态信息采集、多模态特征提取、多模态信息融合分析的路径，以期为采集多模态交互信息分析协作学习投入提供理论支持和路径指引。多模态交互信息采集与分析不仅能够对整个协作投入过程进行全方位的分析与刻画，还能够基于多维数据集来对小组协作交互过程进行动态表征与持续分析。

后续研究需要进一步筛选协作学习投入分析指标与多模态数据的映射关系，并在真实协作情境中采集实证数据，以对协作学习投入分析的理论框架和研究设计进行验证与优化。未来，随着智能技术在教育领域的深入应用，基于多模态交互信息的协作学习投入分析可能的发展路径在于：一是结合智能语音处理与文本分类挖掘技术，对交互会话内容做自动采集与分析；二是将协作学习投入数据"植入"学习仪表板，通过协作学习投入信息的实时可视化呈现来增强协作小组成员对协作过程的群体感知；三是依托智能代理，针对投入状态来提供具有适应性的协作脚本或共享调节支架，借此对协作交互过程提供适应性的支持。

第七章

基于多模态交互信息的协作学习投入分析

引言

本章主要利用协作学习投入分析模型以及多模态融合分析方法来探究协作知识建构情境中参与者水平的特征与规律。通过选择面向协作知识建构的活动来提取参与者产生的多模态交互信息，探究参与者在行为参与、社会关系、观点建构以及共享调节四个维度上的水平特征，并探究参与者在组内的交互规律，以期更全面、精准地理解协作知识建构过程，为改善协作学习体验提供支持。

第一节 多模态信息融合分析的方法

本节主要讨论如何在实际的协作互动情境中，利用多模态信息采集的技术工具实现交互特征的识别与提取，并对协作学习投入维度进行融合表征，主要分为多模态信息提取方法、交互特征识别以及多模态交互特征融合方法三个部分。

一 多模态交互信息提取

多模态信息提取针对不同层级的模态信息，利用多种智能感知设备识别参与者在互动过程中产生的学习信息，并结合传统系统日志、音视频录像等方式追踪记录参与者的互动轨迹，全面剖析参与者学习全过程的状态。根据前文对多模态信息划分的层级，从外显层、心理层和生理层来描述不同模态类型的采集技术与方法。

1. 外显层

针对协作学习投入的外显信息层进行收集，首先需要利用摄像机从多方位记录小组成员讨论的肢体动作、眼神、头部运动以及表情等信息，有助于提高小组讨论过程的还原度以及同时获取多种模态信息。在学习环境中架设 2 台摄像机从不同视觉角度记录知识建构过程。利用智能录音笔录制小组成员的讨论内容，存储录音并后期转录成文本。

协作编辑平台：在讨论过程中，小组成员需要与组员共同记录讨论过程中产生的观点或总结梳理讨论结果，因此，需要借助在线协作编辑平台来实现对讨论过程与结果的记录。根据知识建构任务，选取在线协同编辑平台，其具有文档、思维导图和白板等功能模块，可以用来记录小组讨论活动生成的过程与结果信息。在分析观点建构的投入维度，可以为考察个人观点是否被小组采纳或是否体现在任务成果中提供数据支持。

2. 心理层

在小组讨论过程中，有些状态可能无法从外显行为中挖掘，也难以通过生理信息判断，比如元认知发生的过程。因此，需要借助经验取样量表让小组成员定时进行自我报告，以此来获取小组成员对任务的计划、监控和反思等方面的表现情况。主要参考共享调节量表，结合本章研究的知识建构情境进行修订，最终分为三个维度，分别为任务计划、任务监控和任务反思，采用李克特五点量表的形式，总题数为 11 道。[①]通过信效度分析，量表克隆巴赫 α 系数为 0.82，说明量表整体信度符合要求。再采用探索性因子分析得出，该量表的总方差大于 60%，公因子方差均大于 0.4，因子负荷大于 0.6，说明各个分量表的结构效度可以接受。

3. 生理层

生理层主要采用脑电波传感器来记录小组成员在讨论过程中的脑部

[①] Biasutti, M. & Frate, S., "Group Metacognition in Online Collaborative Learning: Validity and Reliability of the Group Metacognition Scale (GMS)", Educational Technology Research & Development, 2018.

活动，用于挖掘学习者内隐的心理活动。目前较常用的是头戴式便携脑电仪，具有体积小、操作简易等优势，与计算机远程连接，只要不超过信号范围，就可以在计算机端收集学习者的脑电波数据。通过 USB 无线适配器将数字化的脑电波传送至计算机存储，然后对脑电波信息进行建模分析得出每秒钟对应的参与者的专注指数。测量结束后，可以从计算机中导出 Excel 数据表并进行二次分析，以计算知识建构不同时间段的学习者平均专注指数来表示专注度。

二 多模态交互特征识别

在提取多模态交互信息之后，需要结合多模态特征识别技术从多维信息集中识别与协作学习投入各维度相关联的量化指标，并根据协作学习投入分析模型中的权重分配计算代表子投入对应的交互特征值，如同步度和专注度。协作学习投入四个维度的交互特征识别与计算方法如下：

1. 行为参与投入特征

行为参与投入的特征包括专注度和同步度。专注度识别方法为：首先，通过脑电建模分析得出参与者每秒对应的专注指数；其次，截取协作活动不同任务阶段对应时间内的专注指数集，信号缺失部分的数据通常在 SPSS 中采用邻近点的平均值来替换；最后，计算该事件阶段内平均每秒的专注指数作为专注度。同步度识别方法为：首先，通过行为标注从视频中提取参与者的动作模态，每隔 30s 对视频中的行为进行编码，编码方案如表 7 - 1 所示；利用 Excel 表格记录每位参与者在每帧图像中的发言，并且将有同伴在聆听或记录、聆听同伴发言、记录发言内容三类行为分别标记为 A2 - 1、A2 - 2、A2 - 3，如果无以上三种动作则标记为 0，表格内容包含参与者的 ID、动作标记等内容；其次，统计三种行为片段的频数，基于分析模型中的权重分配标准计算最终值作为同步度。在编码时需要注意，如果小组成员在发言，但其他小组成员都在做其他的事情，则该发言成员的行为标记为 0，因为在这个时刻虽然有人发言，但同伴之间的同步度是不存在的。

表7-1　　　　　　　　　　同步度识别框架

识别特征	标记
发言并且有同伴在聆听或记录	A2-1
聆听同伴发言	A2-2
记录同伴发言内容	A2-3
其他	0

2. 社会关系投入特征

社会关系投入的特征主要利用社会网络分析对参与者讨论内容进行网络化表征，从中提取网络特征值作为社会关系投入特征值的计算依据。协调度、引领度、响应度分别对应社会网络属性中的中间中心度（between centrality）、点出度（out-degree）、点入度（in-degree）。计算方法为：首先，根据讨论文本建立关系矩阵，如表7-2所示，矩阵中的行与列都代表行动者，行代表消息发送者，列代表消息接收者，行与列对应的数字代表各个行动者之间的关系；其次，将矩阵导入社会网络分析软件 UCINET 中，计算中间中心度、点出度和点入度。中间中心度通过软件菜单中的"网络—中心度—Freeman 中间度—节点中间度"来计算结果。点入度利用直接指向该点的点的总数来表示，点出度利用该点直接指向的点的总数来表示。出入度通过"网络—中心度—度"来计算，需要注意的是，由于交互矩阵有明确的发出者和接收者，矩阵是非对称的，且对角线上的值均为0，因此在选择界面时要选择非对称且不适用对角线的数值来进行网络的度数中心度的计算，最终输出点出度和点入度。

表7-2　　　　　　　　　　关系矩阵案例

	c1	c2	c3	c4	c5
c1	0	11	27	45	12
c2	13	0	4	5	5
c3	23	3	0	13	6
c4	48	10	7	0	17
c5	14	4	4	19	0

3. 观点建构投入特征

观点建构投入的特征包括共享度、协商度和共建度。主要利用内容分析法对参与者讨论文本中单元出现的频数进行计算。其中分析单位为以句子为单位的信息单元，编码框架如表7-3所示。共享度的编码框架主要分析参与者分享观点的质量，统计每位参与者分享观点时涉及的特征频次，主要针对参与者在分享个人观点时，是否有论据支撑、是否最终被采纳以及观点是否是新增的，或总结性、迁移性的，标记为C1-1、C1-2、C1-3。协商度的编码框架主要分析参与者遇到问题或冲突时的辩驳水平，统计每位参与者处理问题或冲突时涉及的特征频次，主要是针对在面临复杂问题时，参与者不断争论直到达成共识的过程，对他人观点的反驳、对个人观点的维护，标记为C2-1、C2-2、C2-3。共建度编码框架主要分析参与者观点处理水平，统计每位参与者处理同伴观点时涉及的特征频次，标记为C3-1、C3-2、C3-3。最后根据协作学习投入分析模型中的权重分配对所有特征的频次进行二次计量作为共享度、协商度和共建度的特征值，计算公式为：

$C1（共享度）= 0.2031 \times C11 + 0.342 \times C12 + 0.4549 \times C13$

$C2（协商度）= 0.184 \times C21 + 0.4077 \times C22 + 0.4083 \times C23$

$C3（共建度）= 0.3088 \times C31 + 0.3698 \times C32 + 0.3214 \times C33$

表7-3 观点建构投入识别框架

	识别特征	标记
共享度	提出与任务相关的知识或经验来佐证观点	C1-1
	提出新问题或凝练新观点	C1-2
	提出的观点体现在任务成果中	C1-3
协商度	反驳同伴观点	C2-1
	质疑同伴观点	C2-2
	进一步判断、推理和解释个人观点	C2-3
共建度	对同伴观点表示赞同	C3-1
	在同伴观点基础上修改个人观点	C3-2
	寻求同伴认同个人观点并修正同伴观点	C3-3

4. 共享调节投入特征

共享调节投入的特征包括任务计划度、任务监控度和任务反思度，主要利用统计分析方法对不同时间段的问卷数据进行计算。经验取样法获取了每次讨论活动中不同任务阶段的参与者调节水平，根据研究需要计算相关区间内的调节水平，得出每位参与者在协作交互过程中，对任务的理解与计划、对任务进程的监控与调整以及对感知到的信息进行自我评估并对结果进行归因的水平来表示共享调节投入的三个特征值。首先，根据参与者报告的问卷数据分别计算每次讨论活动中计划度的 4 个观测指标、监控度的 3 个观测指标以及反思度的 3 个观测指标的特征值。其次，根据协作学习投入模型中的权重占比计算出计划度、监控度和反思度的特征值，计算公式为：

$D1$（计划度）$= 0.2416 \times D11 + 0.02079 \times D12 + 0.169 \times D13 + 0.3815 \times D14$

$D2$（监控度）$= 0.4938 \times D21 + 0.5062 \times D22$

$D3$（反思度）$= 0.2969 \times D31 + 0.4896 \times D32 + 0.2135 \times D33$

三 多模态交互特征融合

多模态交互特征融合通过识别多模态交互特征得出协作学习投入各维度一级观测指标的特征值，在此基础上根据权重分配将相关指标的特征值进行融合，计算出四个子投入的特征值。在融合时需要注意要将识别出的特征值按照时间进行排序对齐，最终形成在协作活动的不同任务阶段里每位参与者的协作学习投入四个维度的特征值。具体的融合公式如下：

A（行为参与）$= 0.7398 \times A1$（专注度）$+ 0.2602 \times A2$（同步度）

B（社会关系）$= 0.2613 \times B1$（协调度）$+ 0.24438 \times B2$（引领度）$+ 0.2949 \times B3$（响应度）

C（观点建构）$= 0.2701 \times C1$（共享度）$+ 0.3482 \times C2$（协商度）$+ 0.3817 \times C3$（共建度）

D（共享调节）$= 0.2865 \times D1$（计划度）$+ 0.3313 \times D2$（监控度）$+ 0.3822 \times D3$（反思度）

在以上融合后的结果基础上，根据研究目的需要从特征描述、状态诊断以及状态发展机制三个方面深入理解协作学习投入。首先是多维度描述协作学习投入特征，主要统计协作交互过程的不同阶段中，每位参与者对应的协作学习投入子维度特征值的最大值、平均值、方差等指标，考察在行为参与、社会关系、观点建构和共享调节四个维度上，每位参与者子投入水平的分布情况，也可以根据子投入的特征值对所有参与者进行聚类分析，分析每种类型群体的占比以及大部分参与者子投入呈现出的状态，总结出参与者个体之间协作学习投入状态的特征或差异。其次是多维度诊断协作学习投入状态，对于协作学习投入状态的诊断，通过数据正态分布特征、计算平均数和方法等方式计算子投入状态判断区间，以此将子投入水平进行等级划分，将所有参与者的子投入状态划分成危机、警戒和正常等状态，并根据四个维度诊断的结果提出干预策略。最后是多维度关联分析协作学习投入的变化过程，一方面可以通过关系挖掘方法对相关性、因果性等关系进行分析，探究影响协作投入状态发展的因素。另一方面可以探究在协作活动的不同时间阶段里，参与者协作学习投入各维度的变化趋势，并结合协作交互过程具体的表现尝试对现象进行解释。

第二节 协作学习投入分析的研究设计

一 研究对象与问题

本案例中的研究对象为华东地区某高校教育技术系大三学生，在其课程《WEB学习系统的设计与开发》期间，设计了线上线下融合的小组知识建构讨论活动，便于帮助学生厘清学习系统设计的思路，形成小组设计文档。一共6个小组，每组3—5人，每周开展一次讨论活动，来完成学习任务。在研究进行前，向所有学生发布告知书，说明实验的背景、过程以及隐私问题，在征求所有学生的同意后，向学生介绍相关平台、设备以及量表的使用方法、功能及操作流程，保证活动过程中不会存在因技术不熟练或操作不当而中断知识建构活动的情况。本案例旨在探究在协作知识建构过程中，参与者体现出的协作学习投入的基本特征与演化过程，在此统称为"协作知识建构投入"。具体研究问题为：①参与者的协作知识建构投入状态分布情况是什么？可以聚类成几种参与者群体，各类群体的特征是什么？②小组内部参与者的协作知识建构投入状态的特征及差异是什么？③在协作知识建构不同阶段，参与者的协作知识建构投入达到什么水平？变化趋势如何？

研究中部署的面对面知识建构环境中，设置了相关的学习者数据采集设备，如录音笔、摄像机、脑电仪以及笔记本电脑等设备。其中，2台摄像机用于采集参与者的动作模态，录音笔用于采集参与者的讨论文本模态，脑电仪用于采集参与者的脑电模态，笔记本电脑用于采集记录参与者讨论过程与结果的文本模态。一个小组至少一台电脑设备，学生基于协作任务单完成知识建构活动。此外，在每次知识建构活动中都配有一名研究生助教协助安排与推进协作进程，保障小组成员在学习环境中顺利完成协作任务。环境部署情况如图 7-1 所示。

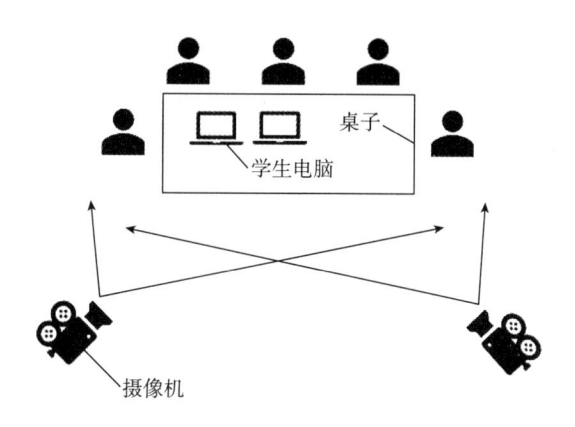

图 7-1 面对面知识建构环境配置

二 任务规划与准备

在每次讨论前，需要向小组成员分发小组任务单和经验取样量表，调试脑电仪和摄像机。研究中的协作任务共分为三次讨论任务，每次任务完成一个问题情境的讨论，每次讨论时间持续 1 小时左右。第一次讨论主要引导小组成员锁定一个群体，聚焦想要解决的教与学的问题；第二次讨论引导小组成员进行用户需求分析；第三次讨论引导小组成员确定学习系统的业务与管理功能，最终形成本小组的学习系统设计文档。另外，为保证每个小组的知识建构活动顺利开展，6 个小组被安排在不同的时间段进行实验，保证教师和助教能够关注到每个小组的知识建构过程，保障数据的有效采集。研究中的小组知识建构活动共有3份任务单，每个协作任务会分成几个阶段，每个阶段会配有一份任务单来指导参与者协作。任务单的具体内容包括：问题情境、任务阶段、任务内容、时间安排以及注意事项等。每份任务单基本包含4个主要流程：①头脑风暴：小组成员在问题情境中提出各种观点，交流看法；②观点提炼：小组成员判断观点的质量，对有效观点进行筛选；③观点改进：小组成员通过提出新的建议、调整等实现协商知识的建构；④观点整合：小组成员达成共识，形成共同知识。注意事项主要是为小组成员提供讨论支架，推动小组知识建构活动的顺利开展。协作任务单主要是作为支架来推动协作交互过程的发展，保障知识建构活动顺利进行。

三 研究数据预处理

为了探究协作知识建构投入在个体、小组以及时间层面的特征情况，研究利用协作知识建构过程中产生的多模态交互信息，基于协作学习投入分析模型的观测指标及分配权重展开数据的处理与分析。在采集协作知识建构过程中产生的多模态交互信息之后，研究对6组参与者在三个任务阶段中的多模态数据集分别进行统计与分析。通过对多模态进行筛选、整理和编码，实现利用多模态交互信息来对协作学习投入状态进行量化表征。

研究主要按照任务时间阶段，利用统计分析将脑电模态和问卷模态量化，利用内容分析和社会网络分析将文本模态量化，以及利用动作编码将视频模态量化，并将多模态量化结果依据协作学习投入分析模型的权重分配进行融合分析，以计算每位参与者的协作知识建构投入状态。其中，内容分析与动作编码在正式分析之前，两位研究人员对编码表中的各项行为的具体解释进行协商并达成一致，然后按照编码框架和分析单元各自独立对一个小组的数据（占总体编码数据量的16.67%）进行逐个编码，经过处理分析得到相应的数据结果，再利用SPSS进行一致性效度检验，得到的克隆巴赫系数为0.78，说明两位研究人员编码的一致性处于可以接受的范畴。

第三节 基于多模态交互信息的协作知识建构投入分析

一 协作知识建构投入的个体差异分析

研究设计的基本思路如下：首先通过计算三个任务阶段的协作知识建构投入的平均值来表征参与者在整个活动过程中的协作知识建构个体参与水平。其次在此基础上，对参与者子投入水平的差异情况进行描述性分析，对参与者的子投入特征进行聚类分析。最后选择不同聚类特征群体的参与者，进一步描述协作知识建构水平群体的特征，探究参与者个体的协作知识建构投入水平的整体分布情况、群体类型以及群体特征。

1. 参与者协作知识建构投入基本情况描述

为了更直观地观察每位参与者的协作知识建构投入水平在群体水平中的位置分布情况，绘制了协作知识建构过程中参与者投入的基本情况图，如图7-2所示，得出以下结论：①在行为参与维度上，参与者的投入水平差异较小，大部分参与者的投入水平位于均值线的周围；②在社会关系维度上，参与者的投入水平差异很大，小部分参与者的投入水平十分接近均值，说明参与者在维系同伴交互关系方面的差异很大；③在观点建构维度上，参与者的投入水平差异较大，大部分参与者的投入水平低于均值，说明参与者在知识分享、协商和共建上付出的努力存在较大差异；④在共享调节维度上，参与者的投入水平差异较小，大部分参与者的投入水平在均值上下浮动。

2. 协作知识建构投入特征的聚类分析

为了更深入地描述参与者的协作知识建构投入水平的特征，利用雷达图将协作知识建构投入的多维度量化数据进行统一度量表达，并根据子投入水平对参与者进行聚类分析。由于量化后子维度之间的度量单位不一致，需要基于雷达图的基本原理对四个子维度的参与状态进一步表征。雷达图所表达的值是不同维度里的占比，或处于该维度的哪一个范围，这要求在对四个投入维度的度量进行转化时进行范围划分或者确定排名。因此，研究通过描述样本的离散程度来划分范围，利用平均值加减标准差来表示范围的上限和下限，通过上限值和下限值划分为 3 个水平区间，分别为高水平、中等水平和低水平。

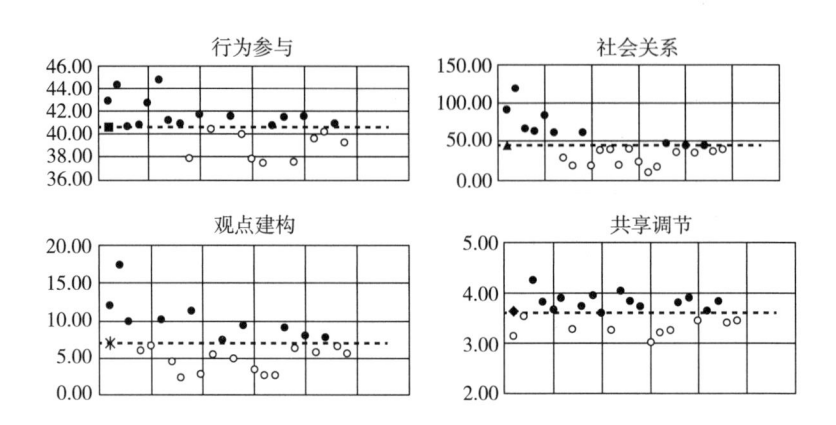

图 7-2 参与者协作知识建构投入的基本情况

注：圆圈表示参与者 ID，虚线表示子投入的平均值。

按照统一度量单位后的协作知识建构投入四个维度对参与者进行聚类分析，利用 SPSS 进行 K-Means 聚类共得到 4 类参与者群体，如图 7-3 所示。①第一种类型为浅层投入型，该类群体的人数比例为 20.83%，且三个子投入属于低水平，一个子投入属于中等水平（均值位于 1—2），行为参与投入的水平高于其他三个子投入的水平，浅层投入者除行为外的内在投入程度不够；②第二种类型为中等投入型，该类群体的人数比例为 50.00%，四个子投入处于中等水平且分布较为均衡（均值为 2），在四类群体中人数占比最大，说明一半的参与者在协作知识建构过程中保持均衡投入，处于中等投入水平状态；③第三种类型为深层投入型，该类群体人数占比为 12.5%，且三个子投入属于高水平，一个子投入属于中等水平（均值位于 2—3），行为参与、社会关系和观点建构投入要高于共享调节投入的水平，说明部分参与者在协作知识建构中保持全身心投入的状态；④第四种类型为调控投入型，该类群体的人数比例为 16.67%，且三个子投入属于中等水平，一个子投入属于高水平（均值在 2—3），共享调节投入的水平高于其他三个子投入的水平，说明有小部分参与者在协作知识建构中对任务过程中的计划、监控和反思程度相对较高。

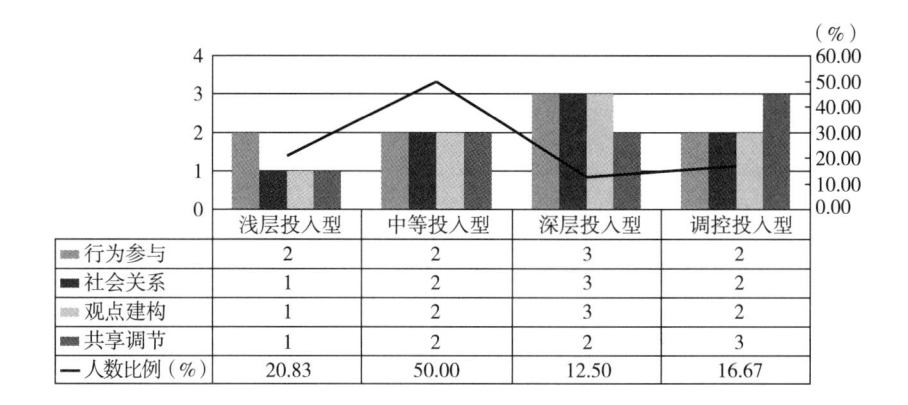

	浅层投入型	中等投入型	深层投入型	调控投入型
行为参与	2	2	3	2
社会关系	1	2	3	2
观点建构	1	2	3	2
共享调节	1	2	2	3
人数比例（%）	20.83	50.00	12.50	16.67

图 7－3　四种子投入水平的聚类群体

3. 四类参与者群体的投入特征描述

本章从四类群体中分别选出相关参与者作为典型分析对象，依据统一度量单位后的数据对个体参与者的协作知识建构水平进行表征，并从行为参与、社会关系、观点建构和共享调节四个维度进行多维度关联分析。

以浅层投入型群体为例，在浅层投入型群体中共有 5 位参与者，主要是分布在 G2、G3 和 G4 组的 b4、c2、d2、d4 和 d3，如图 7－4 所示。从图中可以看出，b4 和 c2 的协作知识建构投入雷达图完全相同，其社会关系和观点建构投入的水平较低，行为参与和共享调节投入位于中等水平。d2 和 d4 的雷达图形状相同，其在三个维度上的投入属于较低水平，两位参与者分别在社会关系、行为参与投入维度上属于中等水平。d3 在四个维度上的投入均属于较低水平。综合而言，5 位参与者在四个维度上的投入位于低水平和中等水平，没有高水平的投入，并且观点建构投入均处于低水平。说明浅层投入型群体在协作知识建构过程中体现出消极的状态，在注意力、关系维护以及任务调控方面付出的努力较低，尤其是观点建构的程度处于低水平。

在中等投入型群体中共有 12 位参与者，在四个维度上的投入水平大部分位于中等水平，且子投入分布相对均衡。说明该类型群体在协作知识建构过程中体现出了中等水平的参与度,虽然在行为表现、团队关系、观点建构和任务调节等多维度上表现出了较为积极的投入状态,但还需要进一步提升。

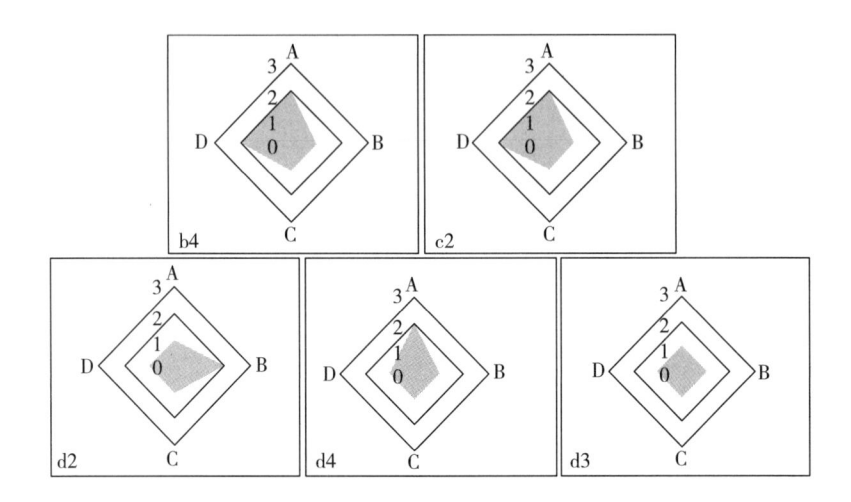

图 7-4 浅层投入型群体协作知识建构投入状态

注：A—行为参与；B—社会关系；C—观点建构；D—共享调节。

在深层投入型群体中共有 3 位参与者,在四个维度上的投入水平大部分位于中等水平或高水平,并且每位参与者至少在两个维度上的投入水平较高,尤其在行为参与和社会关系维度上的投入均位于较高水平,而在共享调节水平上表现出了低水平或中等水平。说明深层投入型群体在协作知识建构过程中体现出了高水平的注意力,积极与同伴交互维系相互依赖的发展关系,而对于观点分享的质量、协商程度以及共建程度大部分参与者表现出较高水平,但也存在中等水平的投入。对于任务的计划、监控和反思的投入水平位于中等水平或低水平。

在调控投入型群体中共有 4 位参与者,其共享调节投入水平相对其他维度的投入水平较高。大部分参与者的共享调节投入属于高水平,而其他三个维度上的投入属于中等水平,甚至是低水平。

二 协作知识建构投入的小组特征分析

从个体层面分析参与者的协作知识建构投入水平特征之后,进一步探索小组内部参与者的协作知识建构投入状态，进而揭示小组之间的协作知识建构投入的差异。从组内参与协作知识建构投入水平和组内参与者类属的群体类型两个角度，进行组间差异分析。

1. 小组协作知识建构投入水平特征及组内一致性分析

通过计算 G1—G6 每组参与者的协作学习投入均值来表示小组协作知识建构投入状态，可以总结出每个小组协作知识建构投入水平的整体情况：①G1 组行为参与、社会关系和观点建构三个维度的投入水平最高，这说明 G1 组参与者在协作知识建构过程中表现出了较为积极的参与状态，在行为表现上能够对任务及同伴行为保持高度的注意力集中，在团队关系上表现出了积极主动地发起交互、吸引同伴参与交互及协调组内同伴之间的交互关系，在知识加工过程中体现出了高质量观点分享，深入观点协商以及对同伴观点的修改与整合，在任务调控上也表现出了较为积极的任务计划、任务监督和任务反思，总之，G1 组属于典型的高投入小组。②G2 组在行为参与和社会关系投入维度的水平较高，其他维度的水平较低，这说明参与者在协作交互过程中能够对协作任务保持注意力集中并与同伴协同完成任务，在维护同伴相互依赖关系方面付出了较多精力，而在知识加工和任务调控上的投入相对其他小组处于中等水平，总之，G2 组属于典型的社交型小组，还需要在知识分享、协商和共建方面加以干预。③G4 组参与者的协作知识建构投入的四个维度上均为最低水平，这说明在协作交互过程中 G4 组参与者对任务的专注程度以及与同伴行为的协调程度较低，在同伴关系维护以及观点加工等方面也表现出了消极的参与状态，同时也缺少对任务过程的监控和调节投入，因此，G4 组属于典型低投入小组，在协作交互过程中的多维度上表现出了消极参与的状态，需要采取针对措施及时干预。④而 G3、G5、G6 组参与者的协作知识建构投入水平在四个维度上均处于中等水平，说明该类型的小组参与者在行为参与、社会关系和观点建构等维度上的投入相对均衡，属于中等投入小组。

在对小组协作知识建构投入整体情况的比较分析基础上，进一步对组内参与者在四个维度上投入水平的一致性进行综合分析：①G1 组作为高投入型小组，该组的参与者投入水平在四个投入维度上一致性相对较低，但每位参与者均处于高水平投入；②G2 组作为社交型小组，G4

组作为低投入型小组，两个组内参与者的社会关系投入一致性较低；③G5 和 G6 组作为中等投入型小组，该组参与者在四个维度上投入水平一致性相对较高，组内参与者均处于中间投入水平。综上所述，首先组内参与者在社会关系投入上很难实现一致性，说明在团队关系维护方面一般只存在部分参与者会对促进同伴交互关系起到重要作用；其次是观点建构投入相对容易达到一致，说明组内参与者在知识加工时比较容易受到同伴的影响。另外，当小组成员对协作任务的投入水平处于中等水平时，组内一致性会相对较高。

2. 小组参与者协作知识建构投入类型对比分析

从上述组内参与者的协作知识建构投入一致性分析结果可以看出，大部分组内参与者的投入之间一致性较低，为了进一步了解小组组内参与者的协作知识建构投入具体情况，在此以四种参与者群体的类别为基础，分析小组内部参与者的类型及具体投入特征，以理解组内参与者对于协作知识建构投入的基本情况。

研究发现，小组参与者的类型分布情况大致可以分为三类：第一类是大部分组员都是高水平投入，如 G1 组的组长 a1 和成员 a2 属于深层投入型，其余 2 位参与者分别为中等投入型和调控投入型。在知识建构过程中，组内成员在保持对协作任务和同伴行为高度关注的基础上，主要由 a2 积极主动发起交互来维持组内交互关系的稳定发展，a1 作为组长，也积极响应 a2 发起的交互请求，二者的社会关系投入要远高于其余参与者。a2 在知识建构过程中，能够提出较多高质量和实用性观点并通过质疑、反驳或进一步论证个人观点来推动组内意义分享与协商。a3 在组内主要起到对任务的监控作用，结合其观点建构投入来看，该参与者虽然对任务的理解和感知程度在组内属于最高投入，但其并没有对感知到的冲突或理解做出积极的策略调整。从该组参与者的知识建构整体情况来看，参与者之间在不同投入维度上的侧重不同，但均处于比较高的投入水平上，每位参与者之间相互配合，共同维持了小组协作知识建构投入的高水平发展，这属于高投入小组的典型特征。

第二类是大部分组员都是中等投入水平，如 G5 和 G6 组参与者除一位属于调控投入型之外，其余均属于中等投入型。在协作交互过程中，组长的角色不明显，每位小组成员在参与意义分享与协商的互动过程中都展现出了中等水平的积极、持久的状态，组内成员相互配合共同推动小组知识的发展。

第三类是小组成员中突出了领导者的角色，G2 和 G3 组参与者均有 2 位参与者为中等投入型，1 位参与者为浅层投入型。在 G2 组中组长 b1 属于深层投入型，在 G3 组中组长 c1 和成员 c4 属于调控投入型。在两个小组中，组长的社会关系投入和共享调节投入较高，在组内主要领导小组成员制订小组计划，并通过感知协作任务过程中的冲突选择相关的策略来促进组内成员积极的交互，推动小组知识的发展。而其他组员在组长的领导下，既存在中等投入型，也存在浅层投入型。G4 组参与者只有组长 d1 属于中等投入型，其余参与者均为浅层投入型。在协作交互过程中，d1 作为组长，其社会关系、观点建构和共享调节投入水平远远高于其他同伴，但与其他小组中的成员相比水平相对较低。其余四位组员在四个维度上的投入水平相对较低。在协作交互过程中，主要由组长来贡献观点或提出关键性问题，组内的协商度和共建度较低，且对协作任务的调控也主要由组长来计划和监控。综合 G2、G3、G4 三个小组来看，组长在小组知识建构过程中的角色十分重要，但组长必须要有小组成员的共同配合、积极响应才能促进小组协作知识建构水平的提高。

三 协作知识建构投入的时间序列分析

在对个体和小组协作知识建构投入特征进行聚类与对比分析之后，以时间为维度对协作知识建构投入多维度的演化过程进行呈现和分析，并对演化过程的共性情况进行规律总结和解释，以理解协作知识建构过程中的投入演化机制。主要通过将不同任务阶段的协作知识建构投入的多维度状态可视化，然后从四个维度分析协作知识建构投入水平随时间变化的趋势。

从图 7-5 中可以看出，在协作知识建构的三个时间阶段里，G2、G4、G6 三个小组的行为参与投入呈现先下降后上升的波动趋势。G1 组作为高投入型小组的行为参与投入水平呈现相对平稳的趋势，且一直位于高水平的投入。G3 组在前两个时间段中的行为参与投入水平波动较小，但在第三阶段中投入水平呈现下降趋势。G5 组的行为参与投入水平波动较大，呈现出下降趋势。综合来看，行为参与投入水平在协作知识建构过程中的波动相对较大。

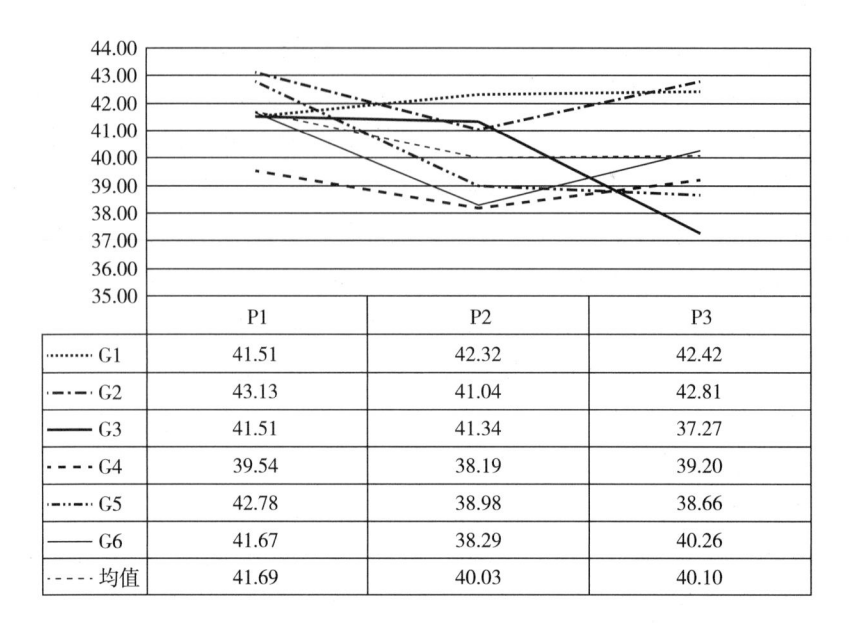

	P1	P2	P3
⋯⋯ G1	41.51	42.32	42.42
─·─ G2	43.13	41.04	42.81
── G3	41.51	41.34	37.27
─ ─ G4	39.54	38.19	39.20
─··─ G5	42.78	38.98	38.66
── G6	41.67	38.29	40.26
---- 均值	41.69	40.03	40.10

图 7-5 小组行为参与投入随时间变化曲线

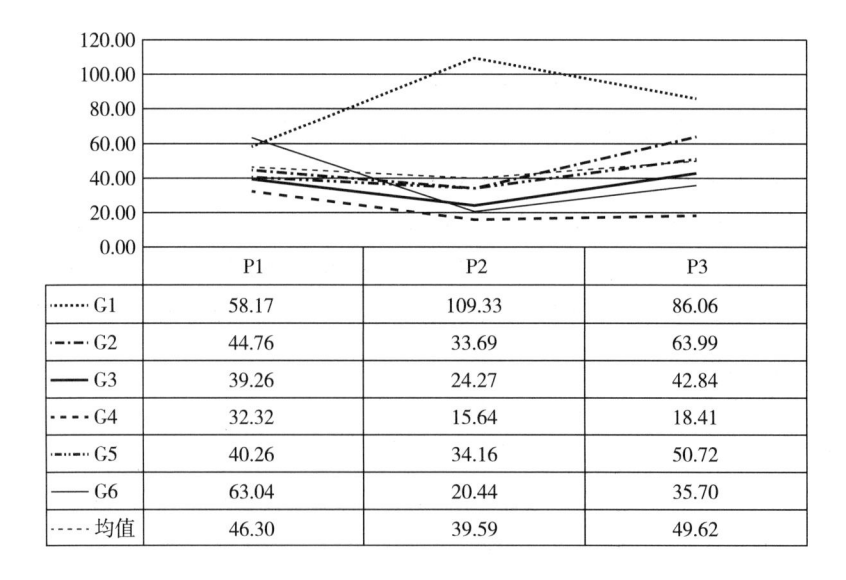

	P1	P2	P3
⋯⋯ G1	58.17	109.33	86.06
─·─ G2	44.76	33.69	63.99
── G3	39.26	24.27	42.84
─ ─ G4	32.32	15.64	18.41
─··─ G5	40.26	34.16	50.72
── G6	63.04	20.44	35.70
---- 均值	46.30	39.59	49.62

图 7-6 小组社会关系投入随时间变化曲线

从图 7-6 中可以看出，在协作知识建构的三个时间阶段里，G1 组的社会关系投入水平波动较大，呈现出先上升后下降的趋势，且其投入水平位于较高值。其余小组的社会关系投入水平呈现出先下降后上升的趋势，其中 G6 组的投入水平波动较大，第一次讨论位于较高的投入水平，而在最后两次讨论时的投入水平位于较低值。综合来看，大部分小组的社会关系投入水平在协作知识建构过程中波动较小。

从图 7-7 中可以看出，在协作知识建构的三个时间阶段里，G1 和 G5 组的观点建构投入水平波动较大，呈现出上升趋势。G2、G3、G4、G6 组的投入水平波动较小，呈现出先下降后上升的趋势。综合来看，大部分小组在协作知识建构过程中的观点建构投入水平波动较小。

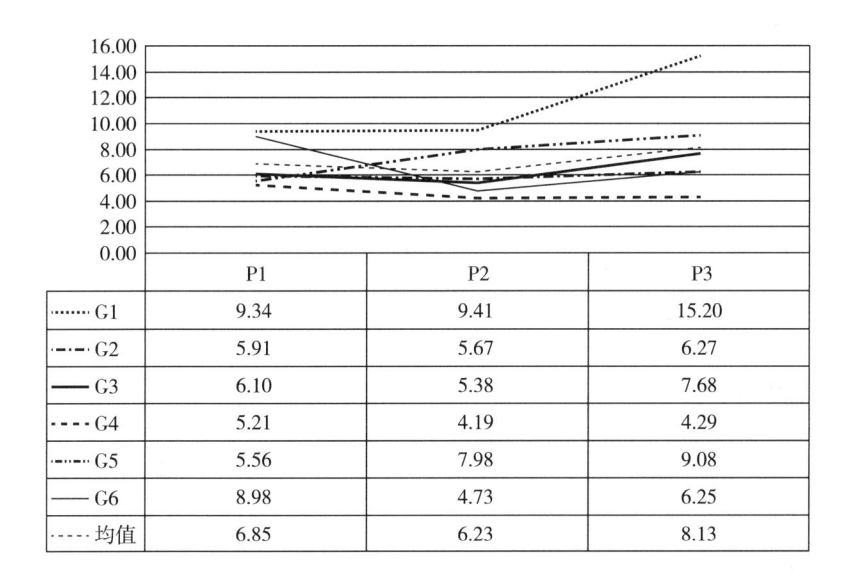

	P1	P2	P3
······· G1	9.34	9.41	15.20
—·— G2	5.91	5.67	6.27
—— G3	6.10	5.38	7.68
- - - G4	5.21	4.19	4.29
—··— G5	5.56	7.98	9.08
—— G6	8.98	4.73	6.25
····· 均值	6.85	6.23	8.13

图 7-7　小组观点建构投入随时间变化曲线

从图 7-8 中可以看出，在协作知识建构的三个时间阶段里，G1、G4 组的共享调节投入水平呈现上升趋势，其中 G1 组投入水平波动较大，在第一次讨论中的共享调节水平很低，但在第三次讨论中的水平就非常高。G4 组虽然一直处于上升的趋势，但在三次讨论中的共享调节水平均位于较低水平。其他小组的共享调节投入水平在协作知识建构过程中波动较大。

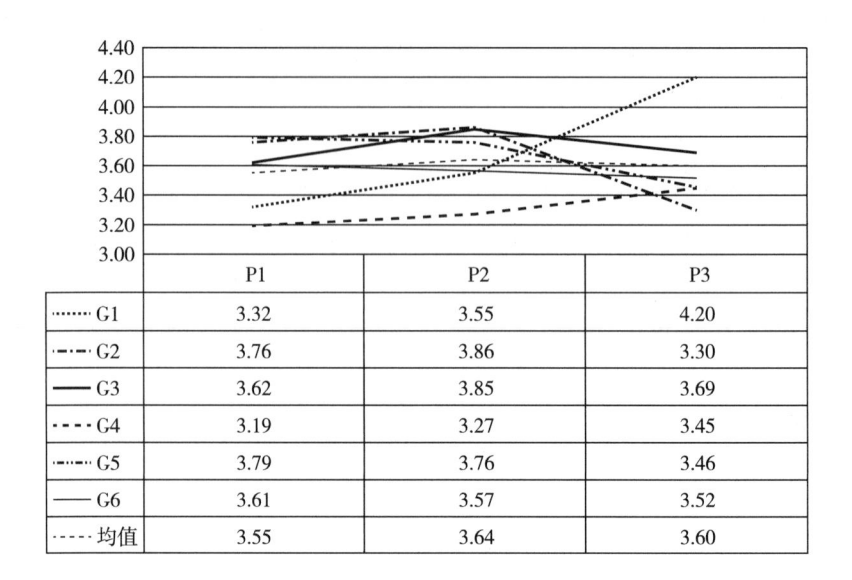

	P1	P2	P3
······ G1	3.32	3.55	4.20
—·— G2	3.76	3.86	3.30
—— G3	3.62	3.85	3.69
---- G4	3.19	3.27	3.45
—··— G5	3.79	3.76	3.46
—— G6	3.61	3.57	3.52
----- 均值	3.55	3.64	3.60

图7-8 小组共享调节投入随时间变化曲线

第四节 总结与后续研究展望

本案例基于多模态交互信息来对协作知识建构的投入水平进行了量化表征，并在此基础上探究了个体与群体层面投入的水平特征以及协作学习投入在时间序列上的演化趋势。基于以上数据分析的结果，我们可以得出以下结论：

一 个体协作知识建构投入水平存在较大差异

通过对个体层面的数据分析发现，不同参与者的协作知识建构投入状态差异较大。基于协作知识建构投入的四个子维度水平可以将个体分成四类群体：第一类是浅层投入型，该类参与者在协作知识建构过程中体现出消极的学习状态，在多维度上的投入水平均属于低水平或中等水平，尤其是对观点分享、协商和共建的程度处于低水平，因此还需对该类群体做促进知识建构水平的干预，如在教学活动中嵌入反思性评价、调节支架等元素[①]；第二类是中等投入型，该类参与者在多维度上的投入水平均属于中等水平，而且在多维度上的投入水平相对均衡，虽然该类群体表现出了中等的参与度，但还需要进一步提升投入水平；第三类是深层投入型，该类参与者至少在两个维度上的投入水平位于高水平，大部分参与者在对任务的注意力集中程度和促进同伴积极交互方面水平较高，但在观点的分享、协商和共建以及对任务的计划、监控和反思方面还需进一步加强；第四类是调控投入型，该类参与者在任务调节维度上的投入水平相对其他维度的投入水平较高，而其他三个维度的投入处于中等水平，具体从共享调节投入的计划、监控和反思三个维度来看，可以发现一些进行理解或监控而较少会在知识加工或关系维护上做出积极反应的参与者。

在已有研究中，较多根据认知、行为和情感投入三个维度对参与者进行聚类，最终聚类结果除了与本研究结论相似的浅层投入、中等投入和深层投入之外，还有愉悦型投入、理性投入等类型。[②③] 但在这些研究中，数据均来源于单一的量表采集：一方面单一维度的数据不足以精准表征学习投入的真实状态；另一方面该类研究主要针对自主学习情境下的群体聚类分析，缺少对协作交互指标的深入分析。而在本书中，利用多模态交互信息交叉验证协作学习投入的真实状态，而且从行为参与、社会关系、观点建构和共享调节多维度表征交互情境下的参与者协作学习投入状态，最终识别出协作学习活动中关键的四类群体。综上，我们也可以看出，本书提出的协作学习投入分析模型能够实现多维度表征小组在协作知识建构过程中的投入状态，可以更为精准地识别小组在行为、社交、认知和调节层面的状态表现，能够表征参与者在交互过程中的内隐心理和外显行为的综合状态。

[①] 陈向东等：《共享调节：一种新的协作学习研究与实践框架》，《远程教育杂志》2019年第1期。

[②] Schmidt, J. A., et al., "A Person–in–Context Approach to Student Engagement in Science: Examining Learning Activities and Choice", *Journal of Research in Science Teaching*, Vol. 55, No. 1, 2017, pp. 19–43.

[③] 马志强等：《面向即时数据采集与分析的学习投入纵向研究——基于经验取样法与交叉滞后分析的综合应用》，《电化教育研究》2020年第4期。

二 均衡与差异并存的协作学习投入特征

在协作知识建构投入的四个维度上，大部分小组参与者的观点建构投入一致性相对较高，在社会关系投入维度上的一致性相对较低。这说明，在互动过程中，组内参与者在观点分享、协商和共建层面的投入状态比较容易受到同伴状态的影响。而在团队关系维护方面，小组内部一般只有小部分参与者会在促进同伴之间积极讨论方面做出重要贡献，组长角色的参与者更容易在讨论过程中控制或引领组内参与者交互，进而提升小组内部的积极性。

根据小组内部参与者的类型分布情况分析得出，小组内部参与者的投入特征有两种类型，即均衡投入和差异投入。其中，均衡投入是指小组内部所有参与者的投入水平相当，具体可以分为两种：一种是高水平均衡投入，指小组内部所有参与者的投入水平都比较高，小组成员之间相互配合、分工合作，组内角色主要有领导者、响应者和观点汇总者等角色；另一种是中等水平均衡投入，指小组内部所有参与者的投入水平都处于中等水平，小组之间也是相互配合、分工合作共同完成协作任务。

差异投入是指小组内部所有参与者的投入水平存在差异，有显著突出投入的参与者在主导整个协作活动，也可以分为两种：一种是高水平投入的领导者与中等投入成员，另一种是中等投入领导者与浅层投入成员。综合而言，小组内部每位参与者的投入水平虽然具有差异，但每位参与者对小组任务的贡献方式不同，组内参与者会通过交互实现在行为参与、社会关系、观点建构和共享调节四个维度上的不同程度地参与到协作活动中，所有组员的共同投入维持了小组知识建构的顺利进行。此外，小组内部并未存在领导者个人的投入水平很高而其他成员投入水平都很低的情况，一定要有小组成员的积极配合和响应，领导者才能够带领组员形成更高水平的投入状态。比如在低投入小组中，每位参与者的投入水平都比较低，只有个别参与者发言，导致观点加工深度不够，无法形成相互依赖的团队关系，从而导致小组整体的协作知识建构水平相对较低。

三 协作知识建构投入状态受到时间、协作事件的影响

通过对不同任务阶段的小组协作知识建构投入的变化趋势分析，可

以总结出大部分小组的行为参与投入和共享调节投入水平波动较大，社会关系投入和观点建构投入水平波动较小。①在行为参与投入维度上，高水平投入型小组呈现出相对稳定的趋势，且一致位于较高的水平，而其余大部分小组会出现波动。②在社会关系投入维度上，高水平投入型小组出现较大的波动，整体呈上升趋势，在第二阶段的投入水平显著升高，而其余大部分小组波动较小。③在观点建构投入维度上，高水平投入型小组波动较大，整体呈现出上升趋势，在第三阶段的投入水平显著升高，而其他大部分小组波动较小。④在共享调节投入维度上，高水平投入型小组整体呈现出上升趋势，且每阶段上升显著，其余大部分小组呈现下降趋势。

在已有研究中，对于学习投入的时间序列分析主要是探究了子投入之间的相互预测关系[1]，这与本书研究中的结果共同证明了协作知识建构投入是在个体参与者与同伴以及学习环境交互过程中形成与发展的，极易受到时间和协作事件的影响，在知识建构过程中会动态变化，因此，在研究协作学习参与者的投入状态时，应对其进行持续性分析与表征。也验证了张思等人在研究中提出学习投入具有时间和空间特性的说法。[2] 同时，本书研究的结果也进一步表明，多模态交互信息能够充分支持对协作知识建构投入状态的多维度时序性分析。

本章小结

本章旨在探究协作知识建构过程中，群体协作学习投入的基本特征与演化过程，进一步对基于多模态交互信息的投入过程进行分析。首先，讨论了在实际协作交互过程中进行多模态信息融合分析的方法，包括多模态信息提取方法、交互特征识别方法与工具以及多模态交互特征融合方法。其次，在协作知识建构案例中采用协作学习投入分析模型以

---

[1] Manwaring, K. C., et al., "Investigating Student Engagement in Blended Learning Settings Using Experience Sampling and Structural Equation Modeling", *Internet & Higher Education*, Vol. 35, 2017.

[2] 张思等:《网络学习空间中学习者学习投入的研究——网络学习行为的大数据分析》，《中国电化教育》2017 年第 4 期。

及多模态融合分析方法来开展研究，对协作知识建构过程中参与者的协作学习投入水平进行了量化表征，并在此基础上探究了个体与群体层面投入的水平特征以及协作学习投入在时间序列上的演化趋势。最后，研究结论表明：在个体层面，协作知识建构投入状态存在较大差异，并可以聚类为浅层投入、中等投入、深层投入和调节投入四类；在群体层面，小组内部协作学习投入特征分为均衡与差异两种类型，但是无论哪种类型，所有组员的共同投入都维持了小组知识建构的顺利进行；协作知识建构投入状态会受到时间、协作事件的影响。

第八章

面向协作知识建构会话的观点挖掘

引言

在协作知识建构研究中,如何针对会话内容来对参与者表达的观点进行挖掘,进而分析参与者的认知投入水平是研究者面临的重要挑战。本章整合了协作知识建构会话分析以及自然语言处理中观点挖掘的相关方法,形成了面向协作知识建构会话的观点挖掘框架与方法,为协作知识建构活动中的认知投入分析提供了可借鉴的模型与方法。

第一节 面向协作知识建构的会话分析与观点挖掘

一 协作知识建构的会话分析

协作知识建构活动通过参与者之间的会话来共享与协商观点,进而促成彼此间的共同理解,发展社区知识。[①] 因此,会话是知识建构活动的重要中介,对于理解知识建构观点发展过程,分析参与者的认知投入状态具有重要价值。从目前来看,研究者着重从分析视角、分析对象以及分析方法三个层面展开会话分析工作。从分析视角来看,主体性的分析视角将互动会话的发起者视为主体角色,将接受者视为被动的客体角色,重在强调行为发起者的主体意识,并据此确定单向的"主体—客

---

① 宋宇等:《面向知识建构的课堂对话规律探析》,《电化教育研究》2021年第3期。

体"互动行为及关系。① 主体性分析视角将会话视为一种存在于主体—客体之间个体表达与回应行为，依据预设的行为编码框架对会话过程进行简化和拆解，将其转化为具体的知识建构行为，难以反映参与者对观点进行共享、协商及升华整合的基本过程。② 主体间性的分析视角强调主体间的交往关系，具体表现在意义的相通性、主体的共存性，以及以客体为中介的内在关联性，并将知识建构看作主体间的理解与会话过程。③ 从主体间性的视角来看，协作知识建构会话有赖于学习共同体共享语言、活动情境和共同体文化，并基于主体间的多向建构与整合形成共同理解，并最终达成共识。④

从会话分析的对象来看，可以分为网络交互文本与面对面互动会话两类。目前关于网络互动文本的分析已经比较深入，包含网络学习空间（或知识论坛）中产生的系统日志、帖子内容⑤⑥、在线语料库⑦⑧、在

---

① 冯建军:《主体教育理论：从主体性到主体间性》，《华中师范大学学报》（人文社会科学版）2006 年第 1 期。

② 胡艺龄等:《以话语分析挖掘社会性学习价值——访国际知名教育心理学专家凡妮莎·登嫩教授》，《开放教育研究》2017 年第 2 期。

③ 冯建军:《主体教育理论：从主体性到主体间性》，《华中师范大学学报》（人文社会科学版）2006 年第 1 期。

④ Stahl, G., Hakkarainen, K., "Theories of CSCL", In U. Cress, C. Rosé, A. Wise & J. Oshima (eds.), *International Handbook of Computer - supported Collaborative Learning* (2021), New York, NY: Springer. Web: http://GerryStahl.net/pub/cscltheories.pdf.

⑤ Yücel, Ü A., Usluel, Y. K., "Knowledge Building and the Quantity, Content and Quality of The Interaction and Participation of Students in an Online Collaborative Learning Environment", *Computers & Education*, Vol. 97, June, 2016, pp. 31 – 48.

⑥ 梁云真等:《网络学习空间中交互行为的实证研究——基于社会网络分析的视角》，《中国电化教育》2016 年第 7 期。

⑦ Dascalu, M., et al., "Dialogism: A Framework for CSCL and a Signature of Collaboration", paper delivered to the Computer Supported Collaborative Learning (CSCL) conference, sponsored by the University of Gothenburg Faculty of Education and LinCS, Gothenburg, Sweden, June 7 – 11, 2015.

⑧ Weinberger, A., Fischer, F., "A Framework to Analyze Argumentative Knowledge Construction in Computer - supported Collaborative Learning", *Computers & Education*, Vol. 46, No. 1, 2005, pp. 71 – 95.

线讨论笔记①、即时通信—聊天②、在线社区中的博客③等。如有研究者收集学习者在线协作学习的日志记录和讨论帖内容，探索参与者知识建构、互动与参与过程及其之间的相互关系。④ 林等通过收集学生在知识论坛（KF）讨论生成的一系列笔记，探究知识建构话语在认知与概念理解中的作用。⑤

然而，网络交互文本会话分析成果难以直接迁移到面对面会话中，这是因为两者存在明显的差异，具体体现在：在线异步互动文本结构性和组织性更强，而真实场景中参与者之间的互动会话具有重复、犹豫、自我更正的特征；面对面会话交流具有多模态特征，蕴含丰富的视觉、言语、声音信息，多种模态信息会相互作用，共同推动会话进展⑥；相较于网络互动，面对面的知识建构会话更加复杂和多样，更加依赖于复杂的社会文化情境以及互动双方所营造语境的动态发展。⑦ 此外，由于面对面会话存在多个交互主体之间的会话与耦合，知识建构会话内容容易产生话语的重叠、中断、沉默等现象。

从分析方法来看，主要包含行为分析、话语分析与网络分析等具体方法。行为分析关注协作知识建构会话的类型、行为指标、所处的知识建构阶段等。如刘黄玲子等基于在线学习平台的讨论数据，构建了包含共享、论证、协商、反思与社会交往的协作知识建构交互会话分类体

---

① Lin, F., Chan, C. K. K., "Examining the Role of Computer - supported Knowledge - building Discourse in Epistemic and Conceptual Understanding", *Journal of Computer Assisted Learning*, Vol. 34, No. 5, 2018, pp. 567 - 579.
② 吴忭等：《基于会话代理的协作问题解决能力测评工具设计与效果验证》，《远程教育杂志》2019 年第 6 期。
③ Mihai, D., et al., "Cohesion Network Analysis of CSCL Participation", *Behavior Research Methods*, Vol. 50, No. 2, 2018, pp. 604 - 619.
④ Yücel, Ü A., Usluel, Y. K., "Knowledge Building and the Quantity, Content and Quality of the Interaction and Participation of Students in an Online Collaborative Learning Environment", *Computers & Education*, Vol. 97, June, 2016, pp. 31 - 48.
⑤ Lin, F., Chan, C. K. K., "Examining the Role of Computer - supported Knowledge - building Discourse in Epistemic and Conceptual Understanding", *Journal of Computer Assisted Learning*, Vol. 34, No. 5, 2018, pp. 567 - 579.
⑥ ［法］韦罗尼克·特拉韦索：《会话分析》，杨玉平译，天津人民出版社 2017 年版。
⑦ 郑旭东等：《教育研究取向转变进程中的会话分析：真实场景下教学研究的一种工具性支持》，《电化教育研究》2015 年第 1 期。

系。话语分析从阐释性的角度深入探索会话间存在的内在逻辑关联,阐释复杂情境下协作知识建构会话的动态发展过程。如郑旭东等提出了真实课堂协作学习情境下会话分析基本过程,包括确定研究方向、收集真实自然语料、依据真实活动对语料进行客观转写、基于策略与问题进行语料分析、发展会话的解释性模型五个主要流程。如柴少明等提出了基于社会文化视角的协作知识建构话语分析要素,包括情境、结构、功能、意义和中介工具,进而形成了协作知识建构话语分析框架。尽管话语分析在厘清协作知识建构多主体之间纷繁复杂的会话关系,梳理会话线程方面具有一定的优势,但研究过程烦琐,结果主观性强,难以实现对大量的会话信息的分析与表达。[1]

网络关系分析方法从节点的关系与耦合角度来表征会话交互关系,对于分析网络结构差异特征及演化过程具有重要价值。如认知网络能够体现认知要素之间的关联和差异,同时也能分析认知投入随时间的共现规律。[2] 社会网络分析能够挖掘参与者的相互作用关系,可以探寻参与者在协作学习互动会话中的个体与群体的社会关系结构。社会认知网络分析融合了上述两者的优势,从认知与社会性的双重视角分析协作知识建构参与者的认知发展与社会交往结构。[3] 凝聚网络分析包含文本内容和话语结构的分析,考虑了会话交互的语义内聚性特征。[4] 然而,网络分析方法难以反映协作知识建构过程中观点的共享协商过程,且多为对依据知识建构行为编码的事后分析,难以伴随式揭示知识建构互动会话的观点演化进程。

二 自然语言处理的观点挖掘

随着机器学习、自然语言处理等智能技术的飞速发展,自然语言处

---

[1] 柴少明等:《话语分析——研究 CSCL 中协作意义建构的新方法》,《现代教育技术》2009 年第 6 期。

[2] Csanadi, A., et al., "When Coding – and – Counting is not Enough: Using Epistemic Network Analysis (ENA) to Analyze Verbal Data in CSCL Research", *International Journal of Computer – Supported Collaborative Learning*, Vol. 13, No. 4, 2018, pp. 419 – 438.

[3] 马志强等:《面向多维关联的社会认知网络分析——协作学习交互研究的新进展》,《远程教育杂志》2020 年第 6 期。

[4] Mihai, D., et al., "Cohesion Network Analysis of CSCL Participation", *Behavior Research Methods*, Vol. 50, No. 2, 2018, pp. 604 – 619.

理领域中延伸出了一个重要的研究方向——观点挖掘（opinion mining）。在自然语言处理领域中，观点挖掘方法时常与情感分析相混淆，研究者较少从概念层面厘清两者的含义。观点挖掘中的观点的含义更多是指一个人对某一事物形成的主观的具体看法、评估以及感受[1]，观点挖掘有助于研究者准确发现学习者的意愿和心理倾向等内隐的状态。[2]观点挖掘方法开始之初多集中于篇章和句子级别的情感分类，随着研究深度和广度的不断扩充，研究已逐步向更细粒度的观点挖掘演进，重在从非结构化的文本中抽取出结构化观点关键特征。当前整合自然语言处理的观点挖掘的分析对象可分为多文档级、篇章级、段落级、句子级、词汇级等不同的文本分析粒度。[3]

其中，篇章级聚焦于对整篇文档进行分析，其核心目标在于判断文档观点正面或负面的倾向性。[4] 该级别的观点分类将文档视为一个整体，旨在判断文档的观点极性（或情感倾向），进而将观点挖掘简化为传统的文本分类问题。事实上，一篇文本内容中观点持有者可能对多个实体分别产生多个观点，因此篇章级的观点挖掘很难甄别出不同观点的具体差异。因而这种层级的分析还存在很大的局限性，需要对文本内容进行更细粒度的观点挖掘，用以识别和提取句子中所包含的具体情感倾向，将挖掘关注的重点转向观点倾向性。尽管句子级别的观点挖掘更加精细，但由于其不识别观点评价对象，因此仅仅适用于简单句的分析，无法用于分析复杂句。[5]

属性级别的观点挖掘目标在于对文本中的包括观点评价对象、对象对应的观点极性等完整观点内容进行分析与提取。在属性级的观点挖掘

---

[1] ［美］刘兵：《情感分析：挖掘观点、情感和情绪》，刘康、赵军译，机械工业出版社2017年版。

[2] 刘三妤等：《面向MOOC课程评论的学习者话题挖掘研究》，《电化教育研究》2017年第10期。

[3] Cambria, E., et al., "New Avenues in Opinion Mining and Sentiment Analysis", *IEEE Intelligent Systems*, Vol. 28, No. 2, 2013, pp. 15–21.

[4] Pang, B., "Thumbs Up? Sentiment Classification Using Machine Learning Techniques", paper delivered to the 2002 Conference on Empirical Methods in Natural Language Processing（EMNLP 2002）, sponsored by SIGDAT and the Association for Computational Linguistics, University of Pennsylvania, Philadelphia, PA, USA, July 6–7, 2002.

[5] 刘三妤等：《基于文本挖掘的学习分析应用研究》，《电化教育研究》2016年第2期。

中，观点常被定义为五元组，表示为（e，a，s，h，t），包括观点评价的目标实体（e）、实体属性（a）、情感倾向（s）、观点持有者（h）和观点发布时间（t）五个基本要素。将观点重新定义成五元组的原因在于提取和分析观点信息需要首先抽取出这五个基本特征，从而将包含观点信息的非结构化文本转化为结构化的文本，使其能够直接存入数据库，并能够被自然语言处理手段或工具处理。除了五元组之外，现有的观点挖掘研究常用的抽象模型包括三元组和四元组，其中，观点三元组的基本要素有观点持有者、观点评价对象和态度；四元组包括观点对象、观点倾向、观点持有者和给出观点的时间。

总之，自然语言处理领域的观点挖掘过程包含两个重要的环节：识别观点评价对象和情感表达。[1] 因此，观点挖掘的关键性任务在于观点属性抽取及情感属性的分类。其中，属性抽取是指从自然语言文本中抽取出评价的实体及属性。当前自然语言处理领域观点挖掘相关研究方法常基于词间句法结构以识别观点与观点对象间的语义关系，具体而言主要有四类方法：①基于高频名词、名词短语抽取，如利用关联规则挖掘属性词[2]；②利用句法关系，如特定的语义关系或语义模式；③利用监督学习，如序列学习方法的隐马尔可夫模型（hidden Markov models，HMM）[3]；④借助主题模型抽取，如采用常用的概率化隐含语义分析（Probabilistic Latent Semantic Analysis，PLSA）和隐狄利克雷主题模型（Latent Dirichlet Allocation，LDA）。[4] 属性情感分类主要是识别出针对不同属性和实体所表达的观点倾向，并对其进行分类。现有研究主要采用基于监督学习和基于词典的无监督学习两类分类方法。

教育领域的会话分析一部分采用自然语言处理技术对在线交互内容

---

[1] 赵呈领等:《在线开放课程中教师教学行为研究——结合自然语言处理观点挖掘的方法》,《中国远程教育》2019 年第 1 期。

[2] Hu, M., Liu, B., "Mining and Summarizing Customer Reviews", paper delivered to the tenth ACM SIGKDD international conference on Knowledge discovery and data mining, sponsored by SIGMOD, SIGKDD, ACM, Seattle WA USA, August 22, 2004.

[3] Rabiner, L. R., "A Tutorial on Hidden Markov Models and Selected Applications in Speech Recognition", paper delivered to the Institute of Electrical and Electronic Engineers (IEEE), sponsored by IEEE, February, 1989.

[4] 崔凯等:《一种基于 LDA 的在线主题演化挖掘模型》,《计算机科学》2010 年第 11 期。

进行自动挖掘，如对观点质量[1]、情感观点[2]、多视角性[3]、观点聚类的话题演化[4][5]等方面进行挖掘。然而具体到知识建构领域的观点挖掘应用中，知识建构挖掘的核心是反映出的观点的认知水平而非情感极性，因此面向情感极性的观点挖掘方法不能直接迁移应用至协作知识建构会话内容，需要进行研究方法的调试。

三 协作知识建构的观点挖掘

协作知识建构中的"观点"可以理解为群体意义协商的认知制品，需要不断进行深入改进。[6] 协作知识建构将观点改进视为社区知识发展的契机，学习者在提出新观点的同时解决遗留的问题并修正先前的观点，由此推动了社区知识的不断发展。从主体间性的理论视角看，协作知识建构观点的最重要特质是"共生"与"理解"。[7] 共生是指成员相互承认对方提出的多视角观点。理解则是指主体之间进行充分意义协商后，形成共同理解的互动会话，并将个人与他人观点进行充分融合。

目前，部分研究者在自然语言处理与协作知识建构的交叉领域开展了对互动会话观点的探索性分析，如王丽英等尝试融合知识建构与自然语言处理两种视角，构建了包括可读性、相关度、内聚度、纵深度和探

---

[1] 刘金晶等：《在线学习社区发帖质量评价的回归模型研究》，《南京师范大学学报》（工程技术版）2020年第1期。

[2] Kontogiannis, S., et al., "Course Opinion Mining Methodology for Knowledge Discovery, based on Web Social Media", paper delivered to the 18th Panhellenic Conference on Informatics, sponsored by the Greek Computer Society (GCS/EΠY) and the Department of Informatics of the Technological Educational Institute of Athens (TEI of Athens), Athens, October, 2014.

[3] Chih-Ming, C., Han-Wen, T., "An Instant Perspective Comparison System to Facilitate Learners' Discussion Effectiveness in an Online Discussion Process", *Computers & Education*, Vol. 164, No. 9, 2020, p. 104037.

[4] 彭晛等：《高校SPOC讨论区的学习者话题演化分析研究》，《现代远距离教育》2020年第3期。

[5] 刘三妤等：《面向MOOC课程评论的学习者话题挖掘研究》，《电化教育研究》2017年第10期。

[6] Lee, A, Seng, C. T., "Temporal Analytics with Discourse Analysis: Tracing Ideas and Impact on Communal Discourse", paper delivered to International Learning Analytics & Knowledge Conference, sponsored by ACM, Vancouver, British Columbia, Canada, March 13–17, 2017.

[7] 冯建军：《主体教育理论：从主体性到主体间性》，《华中师范大学学报》（人文社会科学版）2006年第1期。

究度的五维观点质量评价模型，自动化评估协作知识建构社区中的"观点"[①]；宋宇等结合人工编码和机器学习方法对真实课堂中的协作知识建构会话进行分类，分析不同类别会话的频次与高度关联序列。[②] 这些相关研究成果仅在观点质量量化评估和观点自动化分类方面取得了一定的进展，但还未指向协作知识建构观点改进的核心过程，即指向主体间共同协商生成观点的基本过程。一些研究者聚焦到关键词和话题词汇，以分析和挖掘协作知识建构的观点，其基本假设是关键词能够标记当前的知识建构进程，挖掘关键词随时间变化的动态序列，能够进一步追踪知识动态发展的过程。如李等采用自然语言处理技术追踪在线讨论文本中的关键字，以了解协作知识建构会话中关键词数量、关系以及其随时间动态变化的过程。[③] 从观点改进的过程分析来看，仅依赖于关键词是不够的，这是因为关键词可能不能完全代表学生的观点或想法，其可能将学生的观点割裂为具体的词汇片段，不利于从整体把握观点的发展过程。

综上所述，协作知识建构互动会话的观点挖掘亟须解决核心问题是如何自动挖掘互动会话中蕴含的观点，以理解会话推动观点发生发展的基本过程。鉴于此，下一节将以协作知识建构会话的观点挖掘为目标，从主体间性理论、系统功能语言学理论与协作知识建构三个理论维度建立对会话观点挖掘的理解，进而建立整合自然语言处理的多层级观点挖掘框架。

第二节　协作知识建构会话观点挖掘的理论基础

上一节从协作知识建构会话分析与自然语言处理的视角梳理了相关研究进展，本节试图融合主体间性理论、系统功能语言学理论与协作知

[①] 王丽英等:《融合知识建构和机器学习的观点质量评价》,《现代教育技术》2020年第11期。

[②] 宋宇等:《面向知识建构的课堂对话规律探析》,《电化教育研究》2021年第3期。

[③] Lee, A., Seng, C. T., "Temporal Analytics with Discourse Analysis: Tracing Ideas and Impact on Communal Discourse", paper delivered to International Learning Analytics & Knowledge Conference, sponsored by ACM, Vancouver, British Columbia, Canada, March 13–17, 2017.

识建构理论，构建观点挖掘理论框架，如图8-1所示。主体间性理论强调参与知识建构主体之间的交互性，可以将会话理解为构建主体间交互关系的有效形式；协作知识建构进一步阐释了社区知识发展有赖于参与者之间伴随意义协商的观点改进；系统功能语言学从话语视角、认识视角和社会文化视角出发，挖掘话语的元功能，并建构发挥功能所对应的多层话语模型。融合以上理论视角，可以建立一个多层级的协作知识建构观点挖掘的理论基础框架。

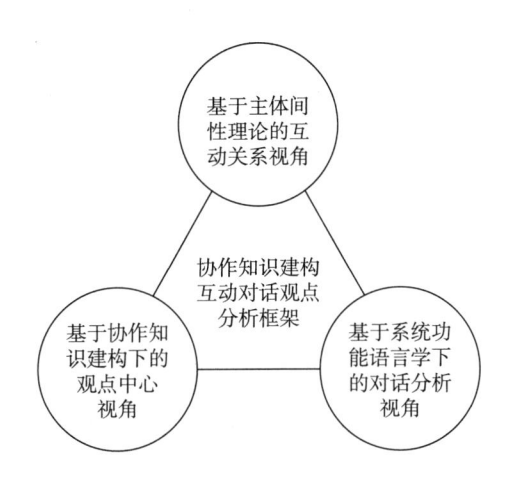

图8-1　观点挖掘的理论基础框架

一　主体间性理论的互动关系视角

主体间性理论对协作知识建构主体参与的关注焦点从单一主体认知扩展至主体交互性的认知，是对单向"主体—客体"关系、"个人中心论"的扬弃与超越。主体间性理论可以将知识建构活动理解为主体之间的共存关系，倡导学习者以开放的心态、平等的态度对待其他参与者，承认所有人均具备参与学习和分享表达的机会，允许不同意见、多视角观点的存在，由此建立起积极的学习共同体，强调主体间的互动沟通与共同理解，以达成意义共识与主体间视角的充分融合。[①] 鉴于上述

---

① 冯建军：《主体教育理论：从主体性到主体间性》，《华中师范大学学报》（人文社会科学版）2006年第1期。

理论分析，协作知识建构需要构建以相互依赖、和谐共存、共同理解为基础，平等会话、交流、协作为特征的学习共同体。在学习共同体中，会话是实现相互理解的交往关系的有效形式。[①] 共同体中学习本质上也进而可以理解为一种以会话为基础的师生、生生间的特殊交往活动。"会话即是真理的敞亮和思想本身的实现"。[②] 学习者在会话中实现"自我"视界与"他人"视界的融合，形成一种融合的新视界，在主体之间实现双向的建构与整合。[③]

在主体间性理论的指导下，协作知识建构互动会话应该重点关注参与者主体间的交互性，基于"共存"状态形成的"共同理解"和"共识"。当小组成员之间缺乏主体间性的互动时，会话会停留在"发布信息"或"共享观点"阶段，成员之间相互之间无法建立共同理解。鉴于上述理解，针对会话的观点挖掘应当关注成员在互动会话中建构共同理解与意义的过程，从会话促进互动关系的"功能"出发，探寻小组成员是否产生主体间的交互性关系。

二 基于协作知识建构的观点改进

从观点改进的视角来讲，协作知识建构可以分解为表达个人观点、反馈他人观点、组织已有概念形成新观点、分析比较已有观点、形成新观点、概括总结形成共同理解等观点持续改进的过程。[④] 在知识建构过程中，会话的作用在于引导学生进行持续互动，从而推进观点的持续改进，进而发展想法、理论或假设等有价值的知识制品。协作知识建构中的社区知识正是由互动会话中不同的参与者产生的观点的相互影响或融合所推进的。协作知识建构理论以"观点"的发展、进化为目标，以观点的改进为核心。[⑤] 如知识建构十二条原则中观点层面包含多样化观

[①] 孙清萍：《建构在主体间性视角下的师生交往关系》，《当代教育科学》2006年第11期。

[②] 卡尔·雅斯贝尔斯：《什么是教育》，邹进译，生活·读书·新知三联书店1991年版。

[③] 冯建军：《主体教育理论：从主体性到主体间性》，《华中师范大学学报》（人文社会科学版）2006年第1期。

[④] Cowan J., "Group cognition: Computer support for building collaborative knowledge – By Gerry Stahl", *British Journal of Educational Technology*, Vol. 39, No. 3, 2008, pp. 558–577.

[⑤] 王丽英等：《融合知识建构和机器学习的观点质量评价》，《现代教育技术》2020年第11期。

点、持续改进的观点，观点的概括和提升等，均体现出知识建构理论"以观点改进为中心"的思想。① "观点"的发展与持续改进是协作知识建构互动会话分析关注的核心问题，因此，为深入探寻协作知识建构互动会话的发展，应以小组互动会话的"观点"为切入口，深入挖掘协作知识建构复杂的内在机制，帮助研究者和实践者进一步理解真实情境下的协作知识建构观点改进的发展过程。

三 系统功能语言学支持的会话分析视角

系统功能语言学由哈利迪创立，该研究视角涵盖了话语分析的认知、社会交往等维度，其关注的重点不在于话语内部隐含的认知机制或社会文化问题，而是分析话语如何体现认知现象或社会结构，重点关注话语的"功能"。② 哈利迪从系统功能语言学的视角提出了话语的三类功能，即概念功能、人际功能和谋篇功能。③ 这三个功能映射于协作知识建构互动会话中，概念功能就是学习者经由知识建构互动会话表达、协商和升华观点的过程；人际功能就是学习者之间建立主体间性交互关系，建立学习共同体的功能；谋篇或被称为组篇功能是学习者在组织会话内容以表达完整思想。基于三重功能框架，研究者可以从语境、语义和词汇语法的不同层面分析话语，建立一个多视角、多层面的话语理论模型，如表8-1所示，具体分析话语的概念功能时，会话内容可以基于概念意义划分为颗粒度不同的成分、图形和序列，对应的词汇语法层面抽取词汇、小句、句群或词群，采用"自上而下"或"自下而上"的分析路径。④

在系统功能语言学的指导下，协作知识建构互动会话分析的重点应当聚焦于会话功能、意义、情境等要素，从多视角、多层级确定协作知识建构互动会话"以主体间观点为核心"的挖掘框架，有机组合不同的层级形成一个系统的分析整体。

---

① 张义兵等：《从浅层建构走向深层建构——知识建构理论的发展及其在中国的应用分析》，《电化教育研究》2012年第9期。
② 杨雪燕：《系统功能语言学视角下的话语分析》，《外语教学》2012年第2期。
③ Halliday, M. A. K., *Language as Social Semiotic：The Social Interpretation of Language and Meaning*, London：Edward Arnold, 1978.
④ Halliday, M. A. K., *Language as Social Semiotic：The Social Interpretation of Language and Meaning*, London：Edward Arnold, 1978.

表 8-1　　　　　系统功能语言学视角下的话语分析层次

语境	语义	词汇句法
语场	概念意义	实义词 及物性结构 句群/词群
语旨	人际意义	评价性词汇 语气结构 情态
语式	谋篇意义	衔接方式 主谓结构 信息结构

第三节　协作知识建构会话观点挖掘的基本框架

基于上一节确立的理论视角，可以构建一个多层级的协作知识建构互动会话观点挖掘框架，用于指导如何融合自然语言处理技术和协作知识建构的会话分析来进行观点挖掘。本节将从分析维度、分析框架与分析流程三个方面展开。

一　观点挖掘的维度

构建观点挖掘维度核心工作就是要确定观点的功能与类别。魏因贝格尔等为分析知识建构的交互会话设计了一个分类框架，具体包含参与、认知、论证和社交四个维度，其中认知维度可以细分为问题空间、概念空间及其之间的关联空间等类别。[①] 结合综合观点的功能、深度等指标特性，有研究者提出观点分为共享型观点、协商型观点和升华型观点三个主要类别，并细分为 9 个子类型[②]，以此对应知识建构的观点改

[①] Weinberger, A., Fischer, F., "A Framework to Analyze Argumentative Knowledge Construction in Computer-supported Collaborative Learning", *Computers & Education*, Vol. 46, No. 1, 2005, pp. 71-95.

[②] 张义兵:《知识建构:新教育公平视野下教与学的变革》，南京师范大学出版社 2018 年版。

进四阶段，分为观点产生、联结、改进、升华①。为准确评估观点的质量，自然语言处理领域常提取观点的词汇、结构、句法、语义和元数据等特征为观点进行自动评分。② 融合机器学习的协作知识建构研究沿用了这一分析路径，从可读性、相关度、内聚度、纵深度、探究度五个特征指标评估观点质量。③ 尽管五维特征的评价指标可以针对观点的质量进行量化评分，但对构成观点的上下位概念均缺乏足够的关注，尽管评价指标已经能够判断观点质量，但没有指向知识建构的本质问题，如观点产生、协商、改进、升华的动态演变脉络。

观点是协作知识建构会话分析的核心，因此分析框架应当以观点为核心进行组织。基于自然语言处理的观点挖掘研究可依据处理文本的颗粒度分为篇章级、句子级和属性级三个级别，也有研究者分为文档级、篇章级、段落级、句子级、词汇级五个层级。总体而言，会话数据分析粒度逐渐趋于精细化。④ 相应的，系统功能语言学视角下的话语分析将内容划分为词汇级、由词汇级组成的小句级、由小句组成的序列级（词群、句群），并形成了"从上至下"或"从下至上"的分析路径。借鉴自然语言处理和语言学视角将话语内容从多维细粒度划分为多层级，确立了组成观点的词汇层级、观点层级、话题层级三个主要层级，对应的分析粒度分别为词汇、句子和词群。然而，仅仅从这三个层级进行分析是不够的，这是因为即使是这三个层级中粒度最大的话题层级其分析单位是会话内容中的词群聚类成的层级，难以从整体层面分析会话内容与意义协商情境的联系，会话分析需要进一步从整体关注会话的情境、结构、功能、意义和中介工具等。⑤ 鉴于上述分析，分析框架确定

---

① Lossman, H., So, H. J., "Toward Pervasive Knowledge Building Discourse: Analyzing Online and Offline Discourses of Primary Science Learning in Singapore", *Asia Pacific Education Review*, Vol. 11, No. 2, 2010, pp. 121–129.

② ［美］刘兵:《情感分析:挖掘观点、情感和情绪》，刘康、赵军译，机械工业出版社2017年版。

③ 王丽英等:《融合知识建构和机器学习的观点质量评价》，《现代教育技术》2020年第11期。

④ 赵呈领等:《在线开放课程中教师教学行为研究——结合自然语言处理观点挖掘的方法》，《中国远程教育》2019年第1期。

⑤ 柴少明等:《话语分析——研究CSCL中协作意义建构的新方法》，《现代教育技术》2009年第6期。

了第四层级"语篇层级",以活动全部会话内容为分析单位,从情境、结构、功能、意义等角度从整体层面对语篇内容进行阐释和深描。

二 观点挖掘的框架

基于上述内容,整合协作知识建构、系统功能语言学和主体间性三个理论视角,融合自然语言处理的观点挖掘分析要素,构建了面对面协作知识建构互动会话的观点挖掘框架,如图8-2所示。该框架将互动会话观点挖掘的不同层级进行有机整合,形成一个多层次会话分析体系。其中,分析层级包括词汇层级、观点层级、话题层级及整体语篇层级;分析对象也可理解为分析单位,其范围从词汇、短语、句子、词群到完整的话语片段;分析要素融合了自然语言处理中观点挖掘关注的核心要素和目标,是分析层级的具体化。

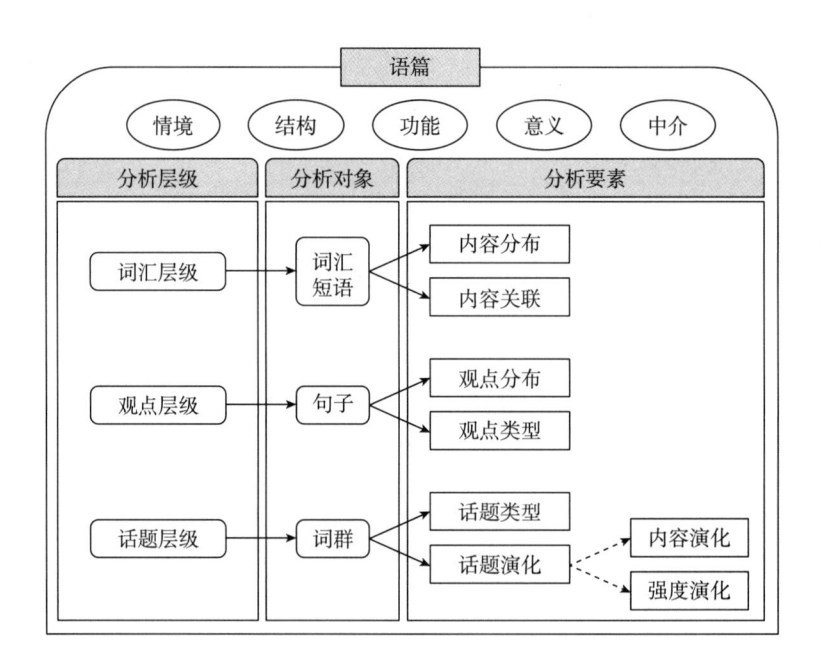

图8-2 协作知识建构互动会话的观点挖掘框架

为实现从多粒度对协作知识建构主体间的互动会话观点进行分析,分析框架将协作知识建构互动会话分为四个分析层级,分别为词汇层级、观点层级、话题层级和语篇层级。

1. 词汇层级

词汇层级是对协作知识建构互动会话最细粒度的分析层级，是指对组成观点句的词汇短语进行分析的层级，对应的分析对象为词汇或短语。词汇是构成协作知识建构观点的意义的最小层级，也是自然语言处理、系统功能语言学分析的最小单元。在自然语言处理中，观点的属性提取粒度通常为词汇，且话题层级中的每一个话题对应着观点的属性类别，话题词群中的每一个话题词即为一个观点属性词，因而词汇层级与观点层级、话题层级存在技术分析过程的内在联系和意义共通。

词汇层级的分析要素为内容分布和内容关联。内容分布是指对协作知识建构会话内容中组成观点的词汇数量和占比的描述性分析。内容关联是对协作知识建构互动会话中的词汇与知识图谱比对的相似度分析。通过对内容分布和内容关联的分析，能够抽取协作知识建构互动会话所蕴含的代表性词汇，同时判断会话内容与领域概念之间的相关程度，在一定程度上反映了参与者的认知投入水平。

2. 观点层级

观点层级指的是对互动会话包含的观点信息进行识别、抽取与分析，是比词汇层级更粗粒度的分析层级，对应的分析对象或单元为句子。观点层级的分析机制借鉴了自然语言处理中观点挖掘的主要分析机制，即识别观点句、分析并分类识别出的观点句，有助于揭示小组成员如何进行主体间意义协商、共同理解和建构群体的认知制品。观点层级的分析要素包括观点分布和观点类型。观点分布是对观点数量、平均句长、总句数等统计性指标的量化分析；观点类型是基于构建的协作知识建构互动会话观点分类框架，分析观点句的类别分布情况。分析观点分布特征，从统计性指标中了解学习者的观点分布总体情况；对观点的类别划分反映了观点的功能、深度、阶段等特征。

3. 话题层级

话题层级即对识别出来的观点进行簇聚类，经过聚类得到的话题及每个话题下对应的话题词群层级，该层级对应的分析对象为词群。话题挖掘在自然语言处理中已有成熟的技术和工具，一部分研究者也尝试从学生在线学习数据中挖掘话题及其细粒度的词汇分布，追踪话题的动态演化趋势。①②③④ 挖掘并分析话题层级，能够深入解析协作知识建构互动会话的结构性特征和语义内容，实现对互动会话内容的整体性认识。同时也可开展与其他层级的关联分析，如话题内容与观点层面属性词、属性类别的关系，话题内容在词汇层级的分布关系等。

话题层级的分析要素是话题类型和话题演化，其中话题演化又分为内容演化和强度演化。话题类型是基于话题的结构特征及统计性指标对话题类别的划分，并进而挖掘存在的话题模式。话题类型依据话题强度在演化过程中的波动和结构特征分为头尾型话题、突现型话题、边缘型话题和持续型话题。话题模式用以发掘不同功能、类别之间的话题的小范围关联，如"描写—评论式""提问—解释""冲突—辩护""阐释—分析""评估—反思"等。话题演化指的是不同话题随时间变化发展的趋势，包括话题内容和话题强度两方面的演化脉络。话题内容演化指的是话题关联的语义特征的动态变化，话题强度演化即不同话题受关注程度的变化趋势。通过话题类型和话题演化两个分析要素，可以深入挖掘协作知识建构互动会话内隐的话题交互状态，动态追踪话题的演化趋势与内在规律。

4. 语篇层级

在真实的面对面协作知识建构互动会话情境中，"语篇"是表达完整思想的话语片段单位。⑤ 语篇层级是从总体对一项知识建构活动的所有互动会话内容完整分析的层级。"语篇"对应的分析对象为表达完整思想的话语片段，可以将其定义为围绕同一主题进行协商讨论的所有知识建构互动会话内容。语篇层级是分析颗粒度最粗的层级，从语篇层级

---

① 崔凯等：《一种基于 LDA 的在线主题演化挖掘模型》，《计算机科学》2010 年第 11 期。

② 彭晛等：《高校 SPOC 讨论区的学习者话题演化分析研究》，《现代远距离教育》2020 年第 3 期。

③ 刘三妍等：《面向 MOOC 课程评论的学习者话题挖掘研究》，《电化教育研究》2017 年第 10 期。

④ Chih - Ming C., et al., "Developing a Topic Analysis Instant Feedback System to facilitate asynchronous online discussion effectiveness", Computers & Education, Vol. 163, No. 3, 2021, p. 104095.

⑤ 柴少明等：《话语分析——研究 CSCL 中协作意义建构的新方法》，《现代教育技术》2009 年第 6 期。

分析互动会话的主要目的是为了从整体上把握协作知识建构演化进程以及互动会话是如何被组织的，因此，可以借助话语的解释性框架对语篇层级进行深入分析和解释。

整合自然语言处理技术与协作知识建构的观点分析实践，研究需要析出每个层级对应的分析要素。通过对要素的分析，能促成研究者理解该层级下协作知识建构意义及演化趋势。基于协作知识建构话语的特点，整体层面的语篇层级分析要素为情境、结构、功能、意义和中介五要素。[①] 情境指的是学习者进行协作知识建构所处的具体社会文化情境；如课堂、网络社区等，结构主要是指互动会话的语法或语篇结构特征；功能是指协作知识建构互动会话实现的具体功能和目标；意义是指协作知识建构互动会话承载的具体内容；中介工具指在主体间知识建构互动会话中起中介作用的媒介、符号、人工制品等。基于对上述五个分析要素的分析，可以从整体层面理解以协作知识建构为中心的互动会话的动态发展过程。

三　观点挖掘的流程示例

观点挖掘的层级及流程呈现了互动会话分析层级、分析要素以及可视化呈现结果之间的对应关系，如图8-3所示。词汇层级中的内容分布和内容关联分析要素呈现结果分别为词云图，相关度演化与关联层级分布图；观点分布对应的结果是计算得到观点数量、观点平均句长等信息；观点类型要素对应观点句分类后的类别分布结果，两者分别可视化呈现出观点基本分布与观点类别分布演化图；话题层级的话题类别映射结果表现为话题类别分布，由此可进一步推论出话题演化的基本模式。话题演化从内容和强度两方面分别对应话题可视化表征的内容演化图表和强度演化折线图。

1. 内容分布

内容分布是对协作知识建构互动会话中观点词汇出现频率的描述性分析，通过词云将会话内容中的关键词依据出现频次的高低，通过字体大小、字体颜色进行可视化呈现并予以视觉上可视化呈现，帮助师生迅

---

① 柴少明等：《话语分析——研究CSCL中协作意义建构的新方法》，《现代教育技术》2009年第6期。

速感知小组知识建构的主旨内容。其具体实现路径可以采用腾讯 AI 实验室的 Texsmart 进行分词,在此基础上用停用词和常见人名文档对输入的文本内容进行过滤,并用 tf-idf 筛选出有意义词汇,再应用 wordcloud 库依据词汇重要度从大到小地生成可视化的词云图。

分析层级	分析要素		呈现结果
词汇层级	内容分布	词汇数量和占比的描述性分析	词云图
	内容关联	协作知识建构互动对话与领域概念的相关程度	相关度演化柱状图
			关联层级分布柱状图
观点层级	观点分布	对观点数量、句长的统计性分析	观点基本分布柱状图
	观点类型	共享型、协商型、升华型观点	观点类别分布演化图
话题层级	话题类型	突现型、边缘型、持续型……	话题类别分布演化图
	话题演化	不同话题随时间变化的发展趋势	内容演化图表
			强度演化折线图

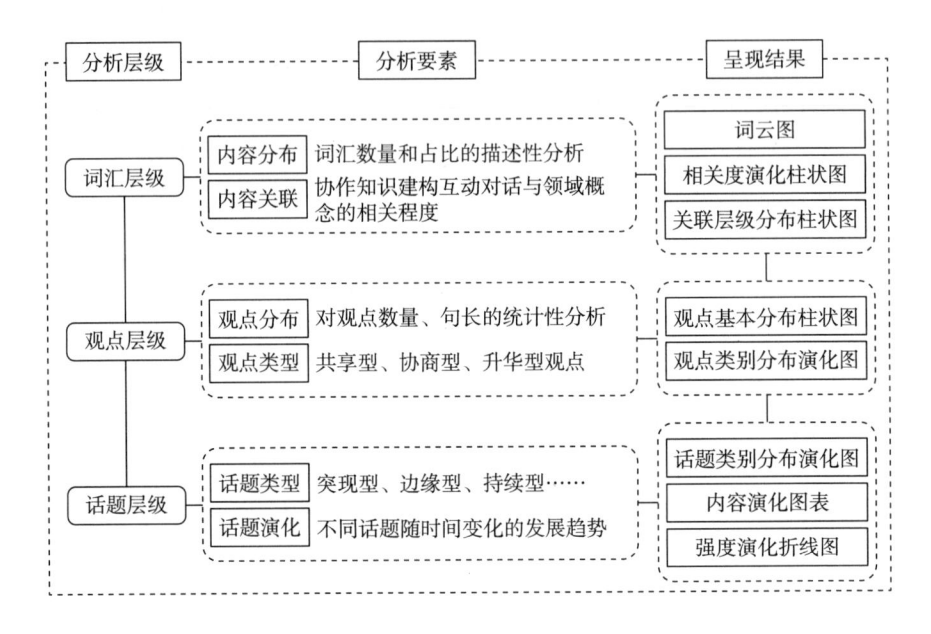

图 8-3　协作知识建构互动会话分析要素与结果之间的映射

2. 内容关联

内容关联是指协作知识建构互动会话与领域概念的相关程度,其对应分析结果为量化指标相似度。为实现相似度的计算,先进行分词,在进行停用词和常用人名的筛选后,采用腾讯 AILAB 开发的文本理解工具与服务 Texsmart 系统。其基本原理为将协作知识建构互动会话挖掘得到的词汇与领域知识图谱中每一级的知识概念词汇进行比对,计算相似度,以相似度数值最高的知识概念所在的层级作为该互动会话词汇的层级,并累加所有最大相似度,除以总词数即为文本内容与知识图谱之间的相关程度,最后绘制出知识建构会话内容的词汇在知识图谱不同层级的分布百分比的柱状图,以可视化呈现内容关联分析要素的计算结果。

3. 观点分布

观点分布是对观点数量、平均句长等指标的统计性分析，映射的结果指标为观点句子数、观点句平均长度。观点分布的实现方式为：首先，输入小组协作知识建构互动会话的所有观点句文本；其次，对以"。""?"等标点符号结尾的句子总数进行统计；最后，依据输入文本的总字数进行计算得到文本内容的平均句长与总句数，即观点句平均长度和观点句数量指标。

4. 观点类型

观点类型依据观点分类框架对观点句进行自动归类，得到的分析结果为观点的类别分布演化图。自然语言处理领域的无监督学习和监督学习机器分类算法种类繁多，需要选型适用于研究目的的分类算法，在此基础上建立分类器，首先需进行数据预处理（分词、除去部分词），其次提取特征词汇集合，基于训练集构建分类器并用测试集监测分类效果。

5. 话题类型

话题类型基于话题强度演化的结构特征以及话题的类别划分，对应的分析结果为话题的类别分布演化图。其实现路径是实现话题抽取，对输入文本进行话题聚类并指定聚类个数，输出每个话题下指定个数的重要词汇并按照相关度从高到低排列，之后，基于话题的结构特征或统计性指标（如话题概率值变化显著程度、话题概率值变化方向）划分话题类别，获得话题类别的分布结果。

6. 话题演化分析

话题演化是指各个话题随时间的演化发展脉络，包括话题内容和话题强度两方面的演化脉络，对应的可视化分析结果为话题内容演化图表和强度演化折线图。话题内容演化指的是话题关联的语义特征的动态变化，基于 LDA 话题模型用随时间变化的文档—话题分布表征；话题强度演化即不同话题受关注程度的变化趋势，通过计算相邻话题—词汇概率分布间的相似度表示。[①] 文本—话题及话题—词汇的概率分布两个矩

[①] 彭晓等：《高校 SPOC 讨论区的学习者话题演化分析研究》，《现代远距离教育》2020 年第 3 期。

阵主要基于 gensim 工具包计算实现。

本章小结

本章旨在探究协作知识建构的过程中，如何对会话内容进行观点挖掘，进而分析参与者的认知投入水平。首先，概述了协作知识建构的会话分析、自然语言处理的观点挖掘、协作知识建构的观点挖掘相关方法。其次，阐述了协作知识建构会话观点挖掘的理论基础，包括主体间性理论的互动关系视角、基于协作知识建构的观点改进和系统功能语言学支持的会话分析视角。最后，提出了协作知识建构会话观点挖掘的基本框架。

第九章

基于观点挖掘的协作知识建构认知投入分析

引言

基于上一章构建的协作知识建构会话观点挖掘框架，本章结合具体知识建构活动情境，探索利用观点挖掘的方法对知识建构的认知投入状态进行分析，展示如何收集和处理面对面协作知识建构会话数据，通过数据的采集与处理、观点分类框架构建与领域知识图谱的关联性分析、互动会话观点自动挖掘等步骤，实现对知识建构认知投入状态的综合分析。

第一节 协作知识建构观点挖掘的案例概述

本节主要依据协作知识建构互动会话的观点挖掘框架与方法，提取真实情境下的协作知识建构会话数据，融合自然语言处理技术与观点分析方法，从词汇、观点、话题、语篇四个层级分析小组成员协作知识建构观点发展过程，以期从互动会话的角度剖析参与者的认知投入特征，为提升协作知识建构会话的广度与深度提供支持。

一 研究目标与对象

案例研究目标旨在探索协作知识建构过程中，小组学习者的面对面互动会话的观点演化过程，进而分析小组参与者的认知投入特征，选择2021年春季开始的《教育技术研究方法》课程。课程的主要参与者为华东地区某高校的教育技术专业59名大三学生，课程为期16周，共

32课时。课程主要围绕教育技术研究方法展开，鼓励学生在面对面群组协作知识建构过程中分享、表达和升华观点，围绕教育技术热点领域"计算机支持的协作学习"提出研究问题、撰写文献综述、确定研究方法及研究设计、形成学术海报成果。

课程学习开始之前，学生已经具备良好的小组协作经验和能力，具备参与协作知识建构活动的初始经验，所有参与者进入课程之前需填写学习者基本情况问卷，依据问卷调查结果，采用异质分组方式为学习者分配协作小组并确定小组组长，3—4名学生为一组，共计15组。

二 协作知识建构活动设计

知识建构活动模式以斯特尔提出的协作知识建构模型为基础，将知识建构过程视作个体理解和社会知识建构两个相互影响的循环阶段[①]。以互动会话的观点改进为核心，协作知识建构的具体阶段可以划分为析出观点、添加新观点、评价与改进观点、整合与升华观点四个主要阶段。基于四阶段的学习活动，研究者收集了7周共9个小组的面对面知识建构互动会话数据，累积时长1215分钟，用于深入挖掘小组协作知识建构的观点特征，追踪以观点为核心的不同层级会话单元的演化趋势和层级间的动态关联。

具体活动流程如图9-1所示。协作知识建构活动将学生的个体与集体的知识建构视作两个互依互赖的循环体结构，以互动会话的观点改进为核心。具体流程为：个体学习者表达观点、小组成员进一步意义共享与澄清、学习者添加新观点并收敛观点、小组共同评价与改进现有观点、班级层面评价与改进观点、最终在观点整合与升华中形成群体知识，促使个体学习者实现知识内化。在这些环节之间相互影响、循环往复的作用下，不断推进协作知识建构的进程。

教师使用学习单为学生提供协作知识建构活动的外部脚本支架，指明学习者需要在对应阶段开展的协作学习活动及相关要求。为有效引导协作知识建构过程，学习单包括学习基础、核心环节两个部分，其中核心环节主要由"奇思妙想""锦上添花""生成标准""明辨是非""班

---

① Stahl, G., *A Model of Collaborative Knowledge-building*, Cambridge: MIT Press, 2000, pp.70-77.

级讨论""班级反馈"和反思作业等环节组成，分别对应上述协作知识建构活动模式中的"析出观点""添加新观点""评价与改进观点"以及"观点整合与升华"阶段。

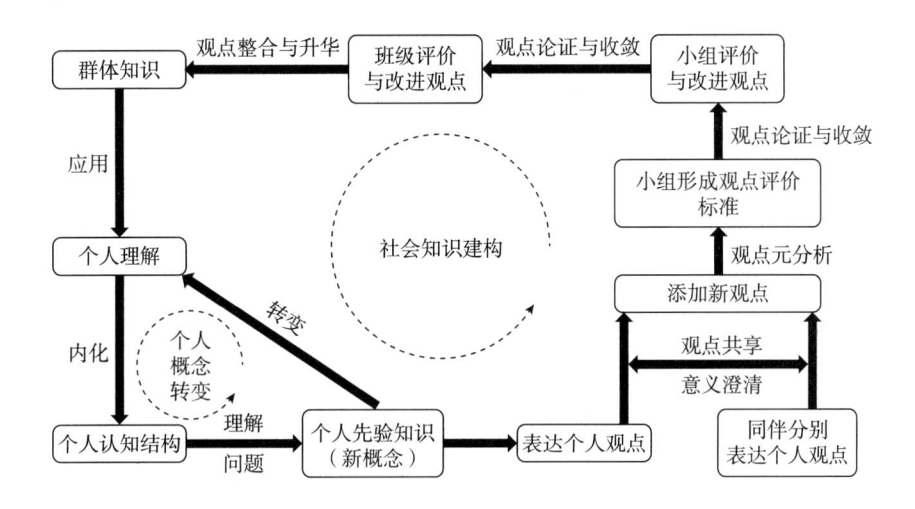

图 9-1 协作知识建构活动环节

第二节 协作知识建构观点挖掘的数据分析

一 数据收集与预处理

基于上一节设计的"协作知识建构活动模式"及"学习单"，开展协作知识建构活动。每周课前先给学生发放学习单，小组学习者依据学习单上列出的讨论核心问题开展活动，课上教学活动由教师课上集中讲授与学生的协作知识建构相互穿插和整合。案例研究记录了小组讨论的录音和录像文件，共收集了共7周的讨论音频和视频数据，完整涵盖了一个讨论主题。

为实现自然语言处理技术和工具对协作知识建构互动会话内容的自动化分析，先应对数据进行转录、处理和标注。协作知识建构会话数据由7位熟悉教育技术专业核心概念和专有名词的本专业学生进行人工转录，转录后的会话文本同时标注说话人、发言序列、任务时间等属性并导入进表格中。会话文本的分类标注基于先前构建的"互动会话的观点分类框架",由两位具备观点分类框架应用经验的研究者分别对部分互动会话文本进行分析和归类,而后经由两位研究者和一位专家对于编码类别不一致的数据进行商议和讨论,最终达成一致,之后再由两位研究者完成对剩下的所有互动会话文本的编码归类。

二 结果呈现与数据分析

经由上述协作知识建构互动会话的数据处理后,将转录后的文本内容进行观点挖掘分析,获得互动会话内容的表征结果,如词云图、相关度演化柱状图、关联层级分布柱状图、观点基本分布柱状图、内容演化图表、话题强度演化折线图等,从各个层级分析其特征及动态演化过程,深度理解协作知识建构的互动会话内容。

(一) 词汇分布与内容关联

课程每周开展两课时,其中包括一次协作知识建构讨论,因此词汇分布与内容关联均以"周"为时间单元,避免较小时间单元划分导致每个单元数据不足、难以发掘关键词分布特征及关键词关联程度。通过比较同一周中不同的小组协作知识建构互动会话"词云分布",从中分析和挖掘群组互动会话内容背后潜在的认知投入水平,总结和归纳小组协作知识建构过程的普遍性规律,由此揭示小组在面对面协作知识建构过程中的存在问题并加以解释。

依据小组协作知识建构互动会话的词云内容,从建构方式和认知水平两个维度将群组划分为四个认知投入类别,包括案例解释型、举例分析型、偏离问题型和直接整合型(见图9-2)。其中,"案例解释型"代表小组仅仅结合案例讨论来进行互动会话,认知水平较低,这类小组的互动会话内容仅仅停留在对案例具体内容的讨论和解释,没有基于案例进一步拓展和深入建构,以达成更深层面的观点产出和群体智慧。"举例分析型"表示在互动会话中结合具体案例以推动协作知识建构进程,小组学习者对协作知识建构核心问题进行了深入的分析和综合,产出了群体观点,整体认知水平高。"直接整合型"表示的是小组成员未引用资料或相关案例,直接依据自身的经验围绕协作知识建构问题展开互动会话,会话中共享的观点具有较强的概括性和组织性,体现出小组较高的认知水平。"偏离问题型"是指小组直接依据自身经验开展互动会话，但由于各种小组内部或外部因素，导致小组讨论的焦点偏离协作知识建构核心问题，整体认知水平低。

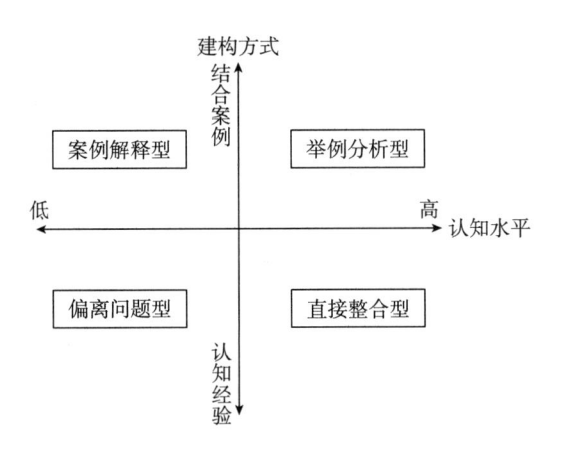

图9-2　小组词汇分布的二维分类体系

将研究案例中的参与小组分为四个类别后，从四个类别中选择相应小组作为典型案例，阐释其词云分布及背后潜在的小组协作知识建构认知投入特征。"案例解释型"典型小组为第二组和第九组，如图9-3所示。去除与小组所聚焦的讨论问题密切相关的如"研究""题目"等词汇后，G2的互动会话主要围绕"协作""学习""影响""思维"等关键词汇开展，可能说明小组互动会话的主要内容为具体的研究案例。深入挖掘小组的协作知识建构互动词汇，呈现于词云图上的词汇还有"小学生""沟通""方式""角度""策略"等内容，说明小组始终围绕具体案例内容开展讨论，缺少对研究案例的综合归纳核心问题。如G9去除协作知识建构问题中的核心词汇"研究""题目"之后，发现其主要组成互动会话的词汇为"元认知""认知""教师""干预""影响""论文"等，表明该小组在观点的分享、协商中以诸如"教师干预对元认知体验水平"相关案例为依据开展。除了与案例具体内容和概念相关的词汇外，也有"贴合""逻辑""适切"等与协作知识建构核心议题相关联的词汇，但缺少回应核心议题的关键内容，说明G9小组主要围绕案例开展了协作知识建构活动，并对案例内容实现较为充分的理解和阐释，而运用具体案例解决核心问题的目标还尚未达成。

图 9-3 案例解释型典型小组的词汇分布

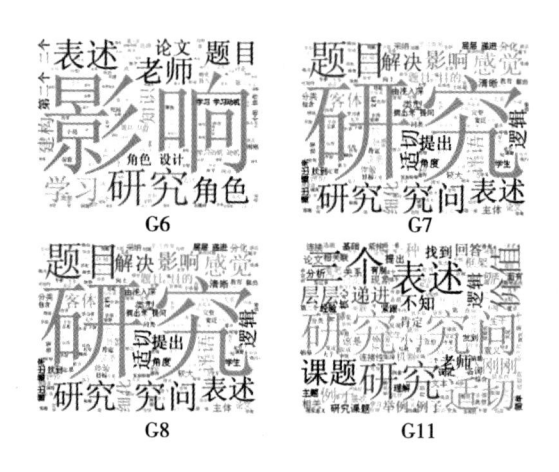

图 9-4 举例分析型典型小组的词汇分布

由图 9-4 可知，举例分析型的典型小组为第六组、第七组、第八组和第十一组。以 G6 的词云图为例，除去包含在核心议题中的"研究""题目"等词汇后，其核心关键词为"影响""老师""学习""角色"等，表明该小组在协作知识建构互动会话中包括对具体案例的内容分析。词云图中字体更小的词汇揭示了小组讨论中的"思路""清晰明确""展开""细化""适切"等内容，表明小组成员结合具体案例的分析，在相互协作和共同理解中构建出符合核心议题的群体思想、观点或知识。同一类型下的 G7 从其词云分布中可以看出小组以具体的研究案例为观点产出的起点，基于案例紧紧围绕协作知识建构的核心问题开展了深入和高水平知识建构，其中"层层递进""表述清晰""细化"等关键词均为对讨论核心议题的回应。G11 互动会话内容中包含"例子""举例"等关键词,说明该小组的建构方式为结合案例推动会话,其中的"逻辑""适切""关联""层层递进"等词汇表明该小组在阐释具体案例相关概念的基础上应用案例回应了核心议题,因而该组属于举例分析型小组。

图 9-5 直接整合型典型小组的词汇分布

从图 9-5 可知,从小组的协作知识建构方式来分析,G1 的词云图中未涉及研究案例的具体概念相关的关键词,而是围绕"相关""相关性""简洁""流畅""清晰""适切"等主要词汇开展协作知识建构互动会话,结合具体内容来看,小组成员倾向于依据先前的认知经验直接表达契合讨论议题的观点或看法。G10 的协作知识建构互动会话内容中也未提及具体的研究案例相关词汇,由小组成员直接面对面交流、会话协作知识建构活动中设计的问题,最终形成对问题的共同理解和共识。从认知投入水平维度来分析,G1 的词汇分布中呈现出多为概括性和抽象性的概念和词汇,且与核心议题密切相关,因而该小组的整体协作知识建构知识层级较为深入,认知水平较高。G10 的词云图中包含"适切""切合""意义""目的""逻辑""完整""层层递进"等细节内容,表明小组的协作知识建构进程与有关于活动核心问题的课堂面对面互动会话相互关联且动态发展,总体认知投入水平高。

符合偏离问题型的典型小组为第十五组,从图 9-6 可知,该小组的互动会话既没有引用具体的研究案例,也很少涉及协作知识建构活动的核心问题相关的知识概念,更多呈现出小组成员上网搜集资料的过程和遇到的技术性问题，产生了诸如"刷新""浏览器""右上角""打开""不太好""缩小"等语义词汇。由此可以推断，该小组的面对面讨论之初的目的是上网搜集相关研究案例作为参考资料，但期间遇到了各种技术性问题和障碍，导致该小组的互动会话在大部分时间内围绕"上网搜集资料步骤"展开，偏离了原本的协作知识建构核心问题。

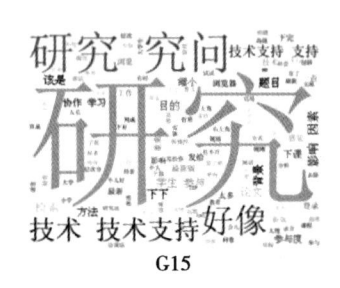

图9-6 偏离问题型典型小组的词汇分布

从各小组之间的差异性来看，具体体现在群组互动会话背后潜在的知识建构方式、认知投入水平等特征的差异，从中归纳和提取出具有普遍应用意义的群组二维分类体系，有助于揭示各个小组协作学习知识建构互动会话特征。对于小组成员而言，云图的可视化结果能够快速获得小组协作知识建构的主要内容与代表性关键词汇，能够一定程度上解析和推断出关键词之间的逻辑关联与演化特征，发现小组协作知识建构过程中的潜在阻碍和问题，但仅仅依据词汇分布难以对群组协作知识建构的问题或演化脉络深入分析和阐释，因而需要结合挖掘框架中各个层级的分析要素对应的呈现结果，共同厘清和解释协作知识建构的观点演化过程。

（二）内容相关度分析

内容关联度分析对应的结果指标是小组协作知识建构互动会话与领域知识图谱之间的相关程度。相关度的数值经由组间的横向比较与组内跨时间维度的纵向比较，一定程度上可揭示协作知识建构互动会话中的观点表达所包含的领域概念层级，进而表征小组讨论的认知投入水平。

将纵向与横向分析相结合，同时考虑纵向分析中相关度随时间的变化波动趋势及横向分析中相关度在小组间的水平比较，其中纵向分析维度依据变化程度分为"稳定"与"波动"两个类别。对于稳定类别，其横向分析维度基于相关度数值在群组的水平分为"高""中""低"三个子类别；对于波动类目，基于波动延伸趋势分为"上趋""下趋""反复"三个子类别，从而构建出一个可以对小组进行分类的框架，上述图 9-7 中小组可划分为六类，即"稳定高相关度""稳定中相关度""稳定低相关度""上趋波动相关度""下趋波动相关度""反复波动相关度"。

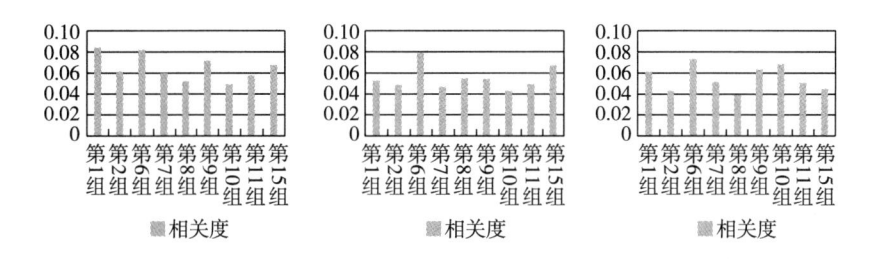

图 9-7 各小组的相关度演化

"稳定高相关度"型小组会话持续稳定的产生与领域知识高相关的观点或看法，其相关度数值始终保持较高水平。"稳定中相关度"型小组，代表这类小组的协作知识建构互动会话与领域知识保持在中等水平的相关。"稳定低相关度"型小组，其会话内容与领域知识图谱中的知识概念相关程度持续性偏低。"上趋波动相关度"型小组，表明其相关程度数值随时间的变化而持续不断地波动变化，整体变化趋势逐渐从较低水平到较高水平。"下趋波动相关度"型小组，表示该小组的相关度随时间的发展而在小组之间的水平处于波动状态，但整体波动趋势为从高水平转向较低水平。"反复波动相关度"型小组，其相关度随着时间的变化在小组之间的横向对比中在持续不断地反复上下波动。

在基本特征分析后，为深入探寻小组协作知识建构互动会话与知识图谱各个层级之间的相关关系，研究将协作知识建构会话中的词汇与知识图谱中的概念进行比对和归类，计算组成协作知识建构会话的词汇在知识图谱中的层级分布，绘制出可视化呈现的柱状图，以第二组、第六组与第十五组为例，分别如图 9-8、图 9-9、图 9-10 所示。

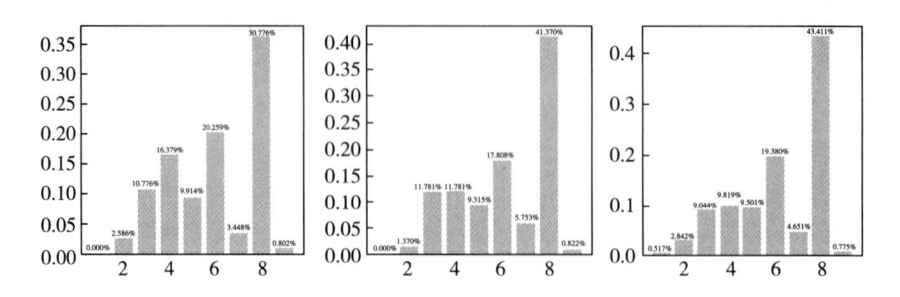

图 9-8　第二组的关联层级分布演化

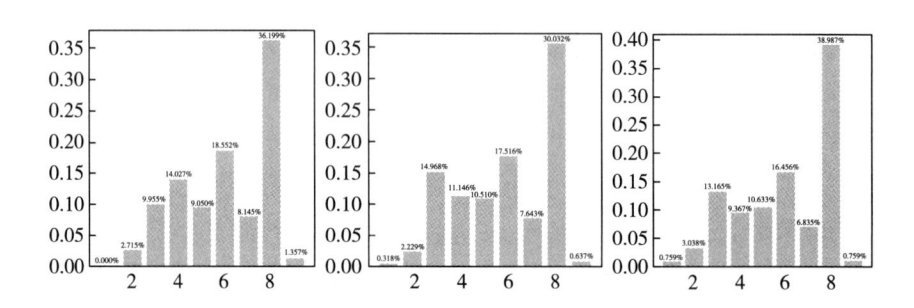

图 9-9　第六组的关联层级分布演化

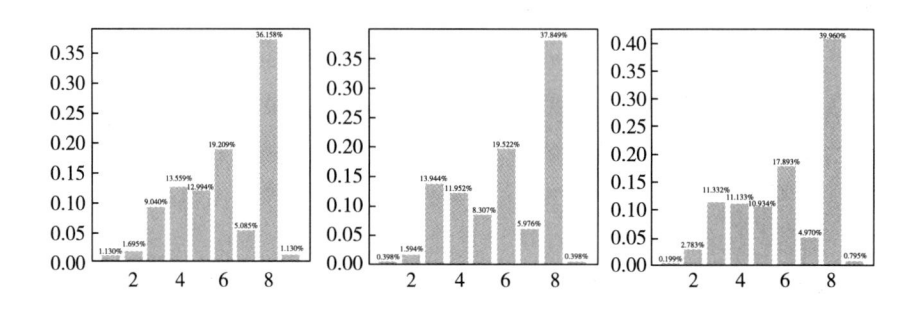

图 9-10　第十五组的关联层级分布演化

从各小组的分布演化来看，小组互动会话较多针对中间层级的知识进行群体知识建构，对于抽象程度高的知识概念（如第一、二层级）及具体化程度高的细节性知识概念（如第九层级），在协作知识建构会话讨论中较少关注。

(三) 话题强度及演化

话题强度即话题在某个特定时期受关注的程度,可以通过计算文档—话题在不同时间单位的概率分布,得到话题强度的可视化演化折线图。依据整体内容,将整体协作知识建构互动会话内容切分成 10 个文档片段,每个文档片段内聚类 10 个话题,计算对应不同时间窗口的话题强度演化视图,这里以第一个话题为例展示其随时间演化的脉络,如图 9-11 所示。

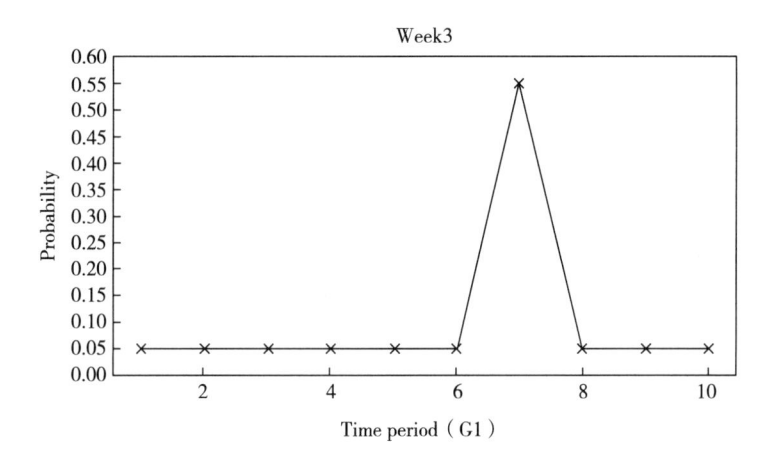

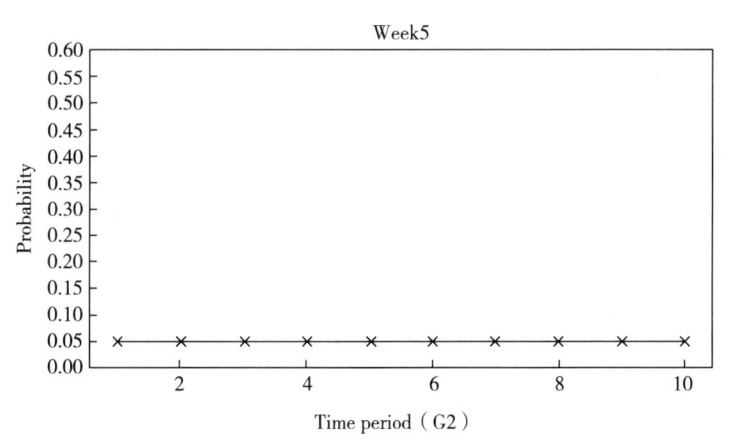

图 9-11 各个小组的话题强度演化(以一个话题为例)

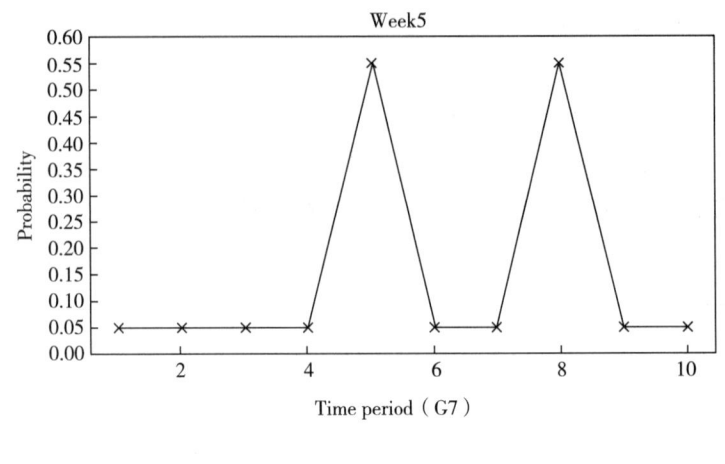

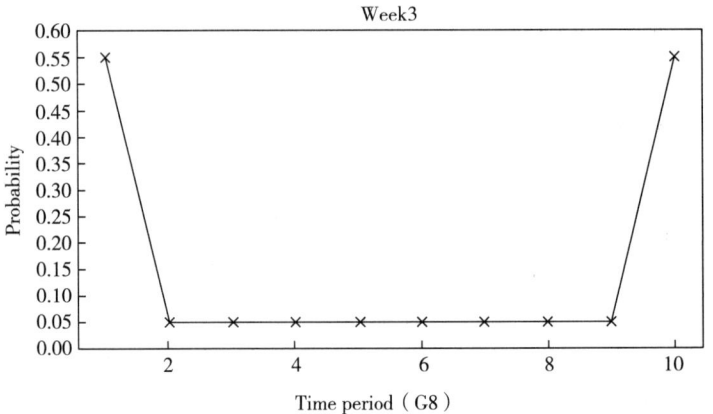

图 9-11　各个小组的话题强度演化（以一个话题为例）（续）

结合话题强度演化图可以看出，小组的话题强度演化依据话题概率随时间的波动趋势大致可分为四类：第一类是话题的关注度在整个时间片段的开始和结束最强，而中间的时间单元中话题未受到显著关注。典型的属于该类别的如第 8 组话题强度演化，在整个协作知识建构过程中，话题概率值在第一个时间窗口和最后一个窗口最高，中间的时间片段中话题稳定保持在较低的概率值。具体来看，研究选取了话题内前十个是突现型话题，这类话题的概率值在协作知识建构互动会话进程中的某个时间节点突然激增，而后又迅速急转直下，直至整个知识建构过程结束稳定在低关注度如 G1 组。第三类可称为边缘型话题，此类话题在整个时间范围内保持持续稳定的状态且概率值非常低,属于不被协作学习者所关注的话题范畴如 G2 组讨论论题。第四类话题是在特定的时间周期中其关注度呈现出急剧上升及下降趋势如 G7 组。

小组协作知识建构的话题强度演化反映了话题热度或在特定时期的受关注程度,但仅仅依据话题强度无法观测到话题的语义内容,所以除话题的强度演化分析外,可以对话题与词群之内容间的对应关系进行分析,以深入理解和追踪学生的协作知识建构会话的重要话题轨迹。研究选取两个小组在不同时间段内的话题与词汇关联分布。为显著区分不同的话题内容,获得接近话题主旨的词群以准确理解话题的语义含义,研究选取"周"为时间片段,话题的聚类个数为 2,得到话题内容演化结果如表 9-1、表 9-2 所示。

表 9-1　　　　第一小组各时间段的话题—词汇语义关联

时间单元	第三周		第五周		第九周	
话题标签	3—0	3—1	5—0	5—1	9—0	9—1
话题词群	题目	研究	理论	研究	研究	步骤
	研究	相关	文献	逻辑	学习	实验
	逻辑	相关性	综述	方法	思路	情感
	适切	究问	教育	观点	方法	变量
	表述	围绕	技术	主题	维度	CSCL
	学习	逻辑	逻辑	文献	保证	文献
	角度	题目	时序	综述	影响	方法
	流畅	简洁	研究	第一个	变量	分成
	具备	对于	第一	应该	步骤	随机
	问题	第二个	提出	理论	情感	两个

依据小组的协作知识建构互动会话中话题与词群间的映射关系(见表 9-1),可知第 1 小组学习者在第三周中主要讨论与"研究题目"有关的话题,结合具体讨论内容来看,其中话题 3—0 有关于好的研究问题应当具备的良好特性,如"一个好的研究问题应当包括①研究子问题之间的逻辑性;②研究问题与研究题目的适切性;③研究问题表述

的流畅性"。话题3—1主要描述研究问题与研究题目间的关系，例如，"研究问题围绕研究题目开展，与研究题目之间存在着相关性"。第五周教育技术研究方法课程中，小组成员主要关注"文献综述"相关的话题，在话题5—0中主要探讨文献综述撰写的时序逻辑及理论逻辑，话题5—1主要阐述文献综述框架结构的方法性。在第九周中，小组共同探讨的话题9—0围绕研究思路的设计开展，如"文献研究法确定情感维度，选用情感维度的测量工具，实验法检验情感维度的影响"。话题9—1主要阐释研究中实验设计的具体化步骤，包括"确定研究变量，在此基础上随机抽取被试并分为两组，一组用CSCL而另一组不施加以控制变量"。

表9-2　　　　　第六小组各时间段的话题—词汇语义关联

时间单元	第三周		第五周		第九周	
话题标签	3—0	3—1	5—0	5—1	9—0	9—1
话题词群	影响	角色	研究	文献	步骤	研究
	研究	学习	理论	研究	整理	数据
	表述	影响	观点	提出	维度	文献
	题目	老师	一篇	理论	分析	评价
	第二个	题目	文献	综述	实验	工具
	动机	小组	基础	看法	研究	德尔菲
	小组	知识	提出	第二个	实验法	可视
	学习	论文	综述	两个	评价	专家
	建构	目的	第一	思路	收集	研究法
	思路	三个	学习	感觉	研究法	维度

以第六组的各个时间单元话题对应的词汇语义关联为例（见表9-2），可以得知在第三周的话题同样围绕"研究题目"展开。结合具体讨论内容来看，在话题3—0中主要探讨"不同学习动机分类下对小组知识学习建构的不同影响"，话题3—1围绕教育技术研究题目与问题的关系开展讨论，譬如"研究总问题与子问题之间的对应关系"。第五周中小组成员始终关注着"研究综述的逻辑思路"问题，从话题对应

的语义词群中可以看出话题5—0主要描述第一篇研究综述案例的撰写思路与理论基础，话题5—1主要阐述第二篇研究的文献综述撰写思路与不足之处，如"文献综述缺少理论框架与核心观点"。第九周中，学习者重点关注"研究步骤"相关的问题，在话题9—0中详细阐释研究步骤中的研究方法，如"文献研究法""实验法"。话题9—1主要反映了数据收集与分析的工具和方法，如"用德尔菲法找专家评估评价维度的有效性""以图表形式可视化数据用于数据分析"等。

从话题—词汇对应关系对小组之间的特征和差异来看，可以发现两个小组协作知识建构过程中在三个时间窗口围绕的核心问题始终相同，但在局部的话题讨论中侧重点略有不同。如第一小组第三周的协作知识建构互动会话直接围绕"好的研究问题应当具备的特性"表达观点，未联系文献或引用资料加以佐证。第6小组在讨论同样的议题时，从找到的研究案例出发先对研究案例的研究题目和问题进行分析，之后表达和与他人共享自己的观点。在第五周的讨论中，第六小组以相同的方式先分析两个文献综述案例，基于对案例的理解归纳出文献综述的撰写逻辑。第一小组更倾向于直接结合自身现有的认知水平与同伴共享自己的观点，引用能直接回应讨论议题的资料，借助资料补充表达自己的观点。

（四）语篇层级的观点整体解释性分析

基于上述从词汇、观点和话题层面可视化呈现结果，可以分析群组协作知识建构互动对话的词汇分布与内容关联、观点分布与分类特征、话题内容与强度演化趋势。然而小组学习者之间协作知识建构的话轮与对话互动是如何进行的？各个小组成员在对话中发挥了怎样的作用？不同的观点之间是如何相互影响并交汇与交融的等问题还没有得到回答。为回答上述问题，厘清协作知识建构互动对话中不同观点的相互交织与话语线程，研究从CSCL话语分析的五要素解释框架动态描述和阐释协作知识建构过程，研究案例择取一个小组的典型知识建构互动对话片段进行整体分析，具体内容见表9-3。

从情境、功能、结构、意义和中介五个要素来分析小组协作知识建构互动对话，问题情境可以概括为协作对话焦点在于研究方法是否选择实验法，核心问题围绕"研究方法选择"开展，交流空间以小组为单位进行面对面口头对话的真实课堂情境，辅以思维导图等在线学习工具的支持。

表9-3　第7组第八周的协作知识建构互动对话片段

说话者	协作知识建构对话内容
S4 提出主题	用实验研究法吗？
S3 提问	实验啊，这个实验研究到底打算怎么用呢？就比如说我们打算研究大家在学习通上的评语什么的，实验研究法就是我人为地去发布一些任务。
S4 补充	然后让他们做。
S3 回复	对，让他们做。不是研究老师以往发布的那些，就是我专门发布一个任务，规定他们做什么，然后看他们的行为。
S1 回复	应该是。
S4 提问	那他得自己发布，还是基于已有的课程研究抽样？
S3 回复	我觉得我们用这个实验研究法，有点不太现实。
S4 回复	咱们用那个抽样法。
S1 回复	是观察法吧。
S4 回复	就抽一个现在已经有的课程，它里面用到了这个，就直接研究它吧。
S2 质疑	啊？
S1 提问	但是你怎么去考察他有没有改进呢？
S3 补充	对啊，你怎么控制它的变量呢？实验研究就要控制研究变量啊。
S4 回复	不用这个方法了。

　　从功能和意义要素来分析，这段小组互动对话中，S4 同学提出在他们小组研究中是否用实验法这样一个问题，在提问的同时表明自己的潜在观点，即 S4 同学认为实验研究法是合适的方法。这一话语属于共享型对话的寻求观点，以问题开启这段协作知识建构互动对话的进程。S3 首先参与互动对话，进一步询问 S4 打算如何在小组研究中应用实验法，希望 S4 能进一步解释和阐述自己的观点，同时 S3 分享了自己对于实验法的认知。随后 S4 对 S3 的举例进行补充，其中隐含表达了对 S3 观点的支持。接着，S3 表明自己认同 S4 的补充说明，同时进一步阐释自己的观点，即实验法的实际应用过程。在 S1 表明对 S3 观点表达和阐释的肯定后，S4 向 S3 提出疑问，到此阶段该小组的协作知识建构互动对话片段均为共享型对话，小组成员之间相互寻求观点、分享观点、阐

释观点和支持观点。面对 S4 提出的疑问，S3 指出了 S4 观点的不足，表明自己认为在当前小组研究中使用实验法不现实的看法，这段话语属于协商型对话中的产生冲突，推动了协作知识建构的深化和小组对该问题的认识。S4 随后提出替代性解决方案，S1 对 S4 的观点中的概念词汇进行纠正。随后，S4 进一步阐释了自己的观点，为自己的观点进行辩护。在 S2 表达自己的质疑态度后，紧接着 S1 提问质疑 S4 解决方案的不足之处，S3 表达对 S1 观点的认同后也向 S4 提出了问题质疑，这段对话中不同观点之间发生了强烈的碰撞和冲突。最后，S4 与 S1、S2、S3 形成共享理解并达成共识，在小组研究方法的选取中不再考虑实验法。

从对话的互动性上分析结构和中介要素，在 S4 提出问题后同 S3 进行了紧密的互动，直接表现在其对话上的词汇重复，句式衔接及简单肯定，说明 S4 的问题提出推动了小组成员对该观点的思考，引发小组内多视角的观点共享。随后 S1、S2、S3 的质疑是 S4 的思考基础，终结了 S4 的对话发展，促进了小组协作知识建构的深化和不同视角观点的协商与融合。

三　结果讨论

案例研究依据面向协作知识建构互动会话的观点挖掘框架，融合协作知识建构的观点分析与自然语言处理技术，从多层级、多视角探析和挖掘协作知识建构互动会话的观点演化过程。从词汇层级来看，以组成观点的词汇为分析对象，探寻关键性词汇的分布、相关程度及关联层级分布特征。如案例中的分析结果展示了可视化词云图中的"热词"，呈现了协作知识建构互动会话中组成观点的关键性词汇，在此基础上可归纳和离析出词汇间的逻辑关联，为观点句的分析提供支撑。此外，比较分析不同时间单元的"热词"分布能够归纳出小组讨论焦点的演化特征与趋势，为话题层级的分析提供补充与支持。

协作知识建构会话内容中词汇与知识图谱的相关度可以诊断学生当前讨论内容与领域知识、专业概念的关系。[①] 譬如，分析结果中基于相关度的特征可以将群组划分为"稳定高相关度""稳定中相关度""稳

---

① 王丽英等：《融合知识建构和机器学习的观点质量评价》，《现代教育技术》2020 年第 11 期。

定低相关度""上趋波动相关度""下趋波动相关度""反复波动相关度"六大类。研究将协作知识建构会话中的词汇与知识图谱中的概念进行比对和归类，并得到关联层级分布图，不同单元的关联层级分布能够分析互动会话的观点涉及的概念层次及其演化过程。

从话题层级来看，以词群为分析对象，从内容和强度演化两个维度揭示了协作知识建构互动会话中内隐的话题及其演化规律。话题本身反映了小组学习者在互动会话中关注的主题内容和讨论焦点，如研究案例采用可视化图表呈现不同小组的话题内容演化和强度演化，为解释观点句之间的关联关系以及不同观点与话题的从属关系提供基础。此外，研究中还发现，通过比较不同小组的话题—词汇语义间的映射差异，揭示出小组的协作知识建构认知投入的差异。从整体来看，词汇层级、观点层级、话题层级在挖掘协作知识建构互动会话的观点时各有侧重，能够彼此补充和支持。

第三节 研究结论与展望

本章探讨了如何融合协作知识建构互动会话的观点挖掘与自然语言处理技术，构建面向协作知识建构互动会话的观点挖掘框架，建立可视化分析结果与要素间的映射关系，制定观点自动化挖掘新方法与路径，最终揭示小组协作知识建构互动会话中体现出的群体认知投入特征。

一 基本结论

1. 观点挖掘框架是由词汇、观点、话题和语篇多层级构成

融合自然语言处理和互动会话分析的观点挖掘框架，遵循主体间性理论、协作知识建构理论和系统功能语言学理论指导，建立框架的结构和层级。主体间性理论强调协作知识建构互动会话分析的重点是关注参与者主体间的交互性，考察会话形成的"共同理解"和"共识"关系；协作知识建构理论强调协作知识建构过程分析应当以观点改善为核心目标，考察观点的共享、协商与升华过程；系统功能语言学理论则强调基于话语功能，从语境、语义和词汇语法多层面分析话语。基于上述理论指导，确立框架以观点为核心，包含词汇、观点、话题与语篇四个层级。

词汇层级重点对组成观点句的词汇短语进行分析，该层级下的分析要素揭示了组成观点的词汇分布与内容关联特征；观点层级重点对协作知识建构互动会话的观点信息进行识别、抽取与分析，隶属于该层级下的分析要素主要探析观点句子的基本特征与类别分布；话题层级着重对识别出来的观点进行簇聚类，并对话题及每个话题下对应的话题词群进行分析，其中的分析要素用于解释观点聚类的话题强度演化及内容演化趋势；语篇层级主要从会话整体层面对互动会话的情境、功能、结构等加以解释性分析。基于观点挖掘框架内四个层级之间的紧密关联与相互补充，实现对协作知识建构会话观点的挖掘与分析。

2. 观点挖掘的可视化表征是反映观点特征及动态演化规律的重要方式

观点挖掘的可视化表征方法从词汇、观点、话题多个层面揭示了会话的语义、分布演化特征和脉络。从观点语义方面来看，词汇层级的词云图可视化呈现出小组协作知识建构互动会话的关键性词汇，帮助解析和推断其词汇分布的逻辑关系与动态演化特征，一定程度上揭示了小组协作知识建构过程的潜在障碍与问题。从观点特征方面来看，词汇层级的相关度演化图体现了各个时间单元内互动会话与领域知识图谱之间的相关程度，同时，从观点层级的基本分布图中，研究者可以推论出小组的话轮转化次数，以及单个小组的观点基本分布的演化特征。从观点演化脉络来看，话题层级的强度演化折线图展现了某个话题在特定时间的受关注程度变化趋势，依据话题演化趋势和特征进行归类。此外，分析词汇层级和观点层级的其他要素时，从总体演化角度对互动会话及演化趋势进行了分析和阐述。

3. 面对面知识建构互动会话的基本特征为整体一致性、组间差异性和观点发展性

整体一致性指的是群组在协作知识建构活动中共同的会话演化趋势，具体体现在词汇分布演化图、观点分布演化图、话题内容演化图表等可视化表征中。首先，由词汇分布演化图分析小组整体的词汇分布演化趋势趋同，群组的互动会话基本围绕课程提供的核心问题展开，互动会话方式通常为紧扣问题中的部分关键词不断深入延伸和探讨。其次，从观点分布演化图中发现群组的观点分布动态趋势整体趋向为观点数量

更多，观点平均句长更短。最后，从话题内容演化图着手分析，可以发现真实课堂整体话题语义内容演化趋势稳定且具有较强的一致性，均围绕"核心议题"展开。

组间差异性表示小组之间的互动会话观点进行比较和分析时呈现出差异化特征，首先，从建构方式和认知水平两个维度将群组划分为四个类别，包括案例解释型、举例分析型、偏离问题型和直接整合型。其次，在相关度演化分析要素中不同小组存在差异，依据相关度演化的结构特征将不同小组的相关度进行归类，分为稳定高相关度、稳定中相关度、稳定低相关度、上趋波动相关度、下趋波动相关度和反复波动相关度六类。最后，从观点基本分布情况的分析中得出群组间的观点基本分布的差异呈两极化趋势，可以分为频繁交互型和沉思组织型两类小组。

观点发展性表示观点在复杂、多变、动态的真实课堂协作学习中，互动会话中呈现出持续发展、深入延伸的趋势。具体来讲，首先，通过分析不同小组的词汇分布演化图，可以得知小组间的知识建构观点丰富度、视角多样化存在差异，整体趋势趋向于观点更加丰富，视角更加多元化。其次，对小组的观点分布演化图中分析得出所有小组的观点句数量、总内容数均有大幅增长，合理推断随着时间的推移，小组一次讨论的时长普遍更长、观点视角更加丰富。

二 后续研究展望

1. 设计面向互动会话的观点描述结构

自然语言处理中针对属性级观点挖掘方法通常将非结构化文本内容抽取成结构化的五元组（观点评价的目标实体 e、实体属性 a、情感倾向 s、观点持有者 h、观点发布时间 t）。在汉语日常会话中，研究者也提出了对话行为标注体系。[①] 协作知识建构互动会话观点挖掘当前还缺少符合其意义的结构化描述体系。未来研究考虑探索协作知识建构话语体系下的观点描述结构体系，以将纷繁复杂的群组观点分解，实现机器自动化识别和分析。

2. 构建可持续更新的动态领域知识图谱

后续研究可探索构建动态的领域知识图谱，使知识图谱在实践应用

---

① 周强：《汉语日常会话的对话行为分析标注研究》，《中文信息学报》2017年第6期。

中能够不断加以改进，追踪学习者的知识掌握状态与观点的共享、协商与升华，实现对群体协作意义建构进行更深入且精准的分析。同时，基于文本挖掘和机器学习等技术自动化构建动态知识图谱，能够有助于改善观点挖掘的质量与效率。

3. 挖掘观点间的相互影响作用

在协作知识建构活动中，参与者在充分理解和思考的基础上，依据小组其他成员的观点联想、观点引发或观点修改、相互激发，共同推进主题讨论。未来研究可尝试从词汇、语法、结构以及语义等关键成分中找到观点之间建立联系的线索，关注连接词、指示代词、概念间的语义相似度、修辞模式等要素。

4. 设计并开发互动会话智能分析系统

本章提出的互动会话可视化呈现结果需要嵌入到学习系统中，以促进协作知识建构教学实践。研究中的观点挖掘框架、观点自动化挖掘路径以及可视化呈现等方法可以为深入分析和挖掘真实课堂情境下的协作知识建构互动会话的分布特征及动态演化趋势提供基础。因此，未来研究可以从系统的设计与开发着手，将本研究成果嵌入系统的开发中，构建互动对话智能分析与反馈的一体化系统，以推动群体协作知识建构进程，提升学生协作知识建构质量。

本章小结

面对面协作知识建构的会话分析面临的分析视角扩展、分析场景迁移以及分析方法改进的现实需求，本章采用第八章构建的观点挖掘框架，将协作知识建构会话分析与自然语言处理方法相结合，对真实课堂环境中的协作知识建构会话进行分析与挖掘。研究结论认为：知识建构会话内容挖掘重点聚焦于概念分布与关联、观点类别与演化以及话题演化三个层次；基本分析阶段分为层级确立、要素解构、数据映射、模型构建、可视表征五个阶段；未来研究可以关注两个问题：如何设计面向互动会话的观点描述体系来提升观点分类的精度和效率；如何将会话内容挖掘方法植入互动分析系统中，从而实现对知识建构互动会话内容的伴随式挖掘与反馈。

第三部分

协作学习投入的表征研究

第十章
行为参与模式分析的理论框架

引言

行为参与模式能够描述学习行为在时间上的先后序列与转换方向，从整体反映个体和学习群体的行为投入特征，识别不同学习群体的行为投入差异，诊断关键学习事件，预测学习绩效，对于增强群体成员对学习投入状态的感知具有重要价值。本章首先剖析了行为参与模式分析的含义与价值，以及对于协作学习的作用，其次从描述性、诊断性、预测性三个分析维度建立行为参与模式分析的理论框架，最后讨论了滞后行为序列分析、文本内容分析和聚类分析等行为参与模式分析的具体方法。

第一节 行为参与分析的含义与价值

传统学习行为投入分析方法通常将学习过程割裂成独立的行为操作单元，不利于从整体分析把握在线学习活动的过程与规律，表征群体成员的协作学习投入状态。行为参与模式可以理解为学习行为投入的序列，其能够从学习行为之间的时间序列与相互关系入手，旨在揭示个体和学习群体的学习行为投入特征。本节主要讨论行为参与模式分析的含义，并从行为模式的识别和分类、诊断和评价以及学习绩效的分析与预测三个方面分析其对协作学习投入的价值。

一 行为参与模式的含义

物理学家致力于发现和解释物质和能量转化模式，生物学家关心生命演进模式，而行为科学家则关注的是人类行为运作的模式。行为模式可以理解为达成特定目标所形成的行为操作序列。行为序列由单个行为操作单元及其顺序或转化关系构成。由于人在实现特定目标的过程中会反复进行行为操作，因此模式会反复出现，具备稳定性或重现性的特征。行为模式能够反映趋向特定目标的行为特征及变化规律，对于研究者深入理解行为目标、行为操作、行为结果三者之间的作用机制，探索特定群体的行为特征具有重要价值。

行为模式在学习领域中可以理解为学习行为的序列，是指为完成特定学习目标的行为转换序列，其能够描述学习行为在时间上的先后顺序和转换方向，从学习活动的整体角度反映学习者个体和群体的行为投入特征。如姜强运用贝叶斯网络方法挖掘行为参与模式，并发现行为参与模式能够预测学习者的学习风格[①]。进一步说，行为参与模式有助于研究者理解影响学习行为的关键因素及作用机制，进而能够实现更有效的学习效果预测、干预和学习投入状态感知。随着学习分析技术与在线学习行为研究的加速融合，有研究者提出一条新的行为研究路径：对学习行为间的转换关系进行分析与挖掘，形成行为操作序列，进而构建稳定的行为模式分析框架。

二 行为参与模式分析的价值

原有学习行为的研究路径普遍关注独立学习行为的特征和作用效果，将在线学习活动割裂成独立的行为操作单元。行为参与模式研究则注重对连续行为关系的分析与阐释，可以帮助教学相关者识别不同学习群体的行为投入差异，诊断关键学习事件，预测学习绩效，因此，对于系统全面揭示在线学习规律、预测学习绩效、增强群体成员对学习投入状态的感知具有重要价值。行为模式分析具备以下主要特征：首先，行为参与模式是将学习活动中的行为操作单元整合在一起，能够从整体的角度反映出学习活动的特征和规律。其次，行为参与模式体现了行为在时间序列上的转化关系，通过对不同时间节点中行为转化的分析与描述，能够探寻不同阶段学习行为转化的差异。最后，通过分析特定行为转换的过程，研究者能够发掘影响行为投入变化的因素。

---

① 姜强等：《基于网络学习行为模式挖掘的用户学习风格模型建构研究》，《电化教育研究》2012年第33期。

目前，国内外在线行为参与模式研究聚焦于行为模式的识别和分类、行为模式的诊断和评价以及学习绩效的分析与预测三个方面。在行为模式的识别和分类方面，一是可以通过行为参与模式的识别，发现学习过程中特定行为模式的特征，并将其反馈给教师及学习系统管理者，有助于实现对学习投入状态的监控管理，以及对系统平台以及教学过程的修正和完善。正如殷等的研究对英文文献在线阅读活动进行分析，通过提取学习者的行为序列构建行为参与模式，为数字教科书阅读系统的设计与优化提供建议[1]。二是在对行为参与模式的识别和分类，将学习者群体划分为不同的"小"群组，并归纳分析每个群组的特征。如李爽等基于开放大学 Moodle 平台上的系统日志数据，提取学习者在线学习产生的行为序列，根据行为序列的特征对学习群体进行聚类分类，进一步表征出五种具有不同行为特征的在线参与学习模式[2]。

在模式诊断和绩效评价方面，行为参与模式的分析能够对高低水平群体之间的行为模式进行差异分析，探寻影响学习者水平的重要影响因素，进而帮助教学设计者与实施者有针对性地对行为投入进行感知和干预，提升学习绩效。如有研究者对科学教育中角色扮演模拟游戏的行为模式进行分析，使用游戏流动量表测量学生的学习流动状态，进一步通过对高流量组与其他流量组学生的行为模式进行差异分析，得到其他流量组学生缺少的关键行为序列，精准识别游戏活动中影响学生表现的核心行为模式[3]。同时通过行为参与模式，研究者也可以分析不同教学方法对学习绩效的影响过程。如杨等研究者在一项编程能力提升的研究中，分别分析学习者在传统在线测试与新测试方法中的行为模式，揭示了新方法通过促进学习者的反思行为来提高学习者的编程能力，从而找

---

[1] Yin, C., et al., "Learning Behavioral Pattern Analysis Based on Students' Logs in Reading Digital Books", Proc. of the 25th International Conference on Computers in Education, 2017, pp. 549–557.

[2] 李爽等：《基于行为序列分析对在线学习参与模式的探索》，《中国电化教育》2017年第3期。

[3] Hou, H. T., "Integrating Cluster and Sequential Analysis to Explore Learners' Flow and Behavioral Patterns in a Simulation Game with Situated-learning Context for Science Courses: A Video-based Process Exploration", *Computers in Human Behavior*, 2015.

出了新测试方法对提高学习者学习绩效的内在作用机制①。

在学习绩效的分析和预测方面,学习行为参与模式的建立能够有效预测出特定学习结果的产生,教学设计者与实施者可以充分运用这些信息进行教学干预,从而避免不良学习结果的产生。如一项利用思维导图进行行为参与模式分析的研究中,研究者指出高低成绩组的行为模式差异,并绘制行为转换图,分析高水平行为参与模式的特征,实现对高水平学习行为的有效预测②。江波等根据学习者的行为参与模式筛选出有效预警行为序列,结合朴素贝叶斯方法构建学习效果预测模型。研究结论认为,在行为参与模式基础上建立的学习效果预测模型具有良好预测水平③。

第二节 行为参与模式分析框架

行为参与模式研究关注对于学习者操作行为序列的挖掘和提取,以识别和表征在线行为参与模式为基础,为学习环境和学习活动的设计与优化提供反馈。部分研究还进一步根据典型的学习行为序列构建预测模型,为预测学习绩效提供依据。

结合已有文献,参照毛刚等研究者提出的学习行为分析模型④,提出在线行为参与模式分析的三维框架,包括描述行为序列、诊断关键事件以及预测行为结果三个维度。描述性研究通过识别行为序列来表征行为参与模式的要素,完成行为模式的初步描述。诊断性研究在此基础上通过关键行为序列来揭示行为序列的关系及发展路径,揭示学习过程的环节与内在作用机制。预测性研究进一步将识别的关键行为序列作为自

---

① Yang, T., et al., "The Influences of a Two-tier Test Strategy on Student Learning: A Lag Sequential Analysis Approach", *Computers & Education*, Vol. 82, No. mar., 2015, pp. 366-377.

② Lai, C. L. & Hwang, G. J., "A Spreadsheet-based Visualized Mindtool for Improving Students' Learning Performance in Identifying Relationships between Numerical Variables", *Interactive Learning Environments*, Vol. 23, No. 2, 2015, pp. 230-249.

③ 江波等:《基于行为序列的学习过程分析与学习效果预测》,《现代远程教育研究》2018年第2期。

④ 毛刚等:《基于活动理论的小组协作学习分析模型与应用》,《现代远程教育研究》2016年第3期。

变量，构建预测学习结果的模型。行为参与模式分析在描述性分析、诊断性分析与预测性分析三方面相互联系，构成相互依赖、相互促进的三角循环，形成行为参与模式的三角分析框架，如图10-1所示。

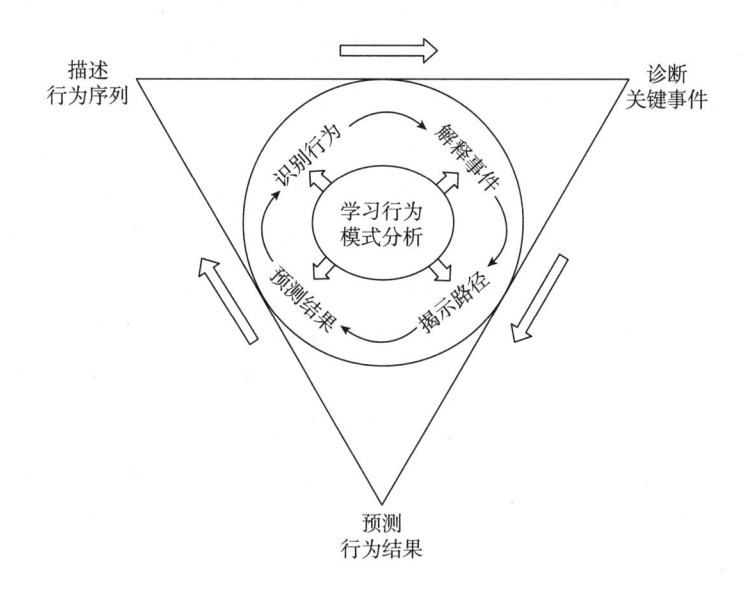

图10-1 行为参与模式分析框架

一 描述行为序列

行为参与模式分析的基本单位是行为序列。因此，行为序列的识别与提取应当作为行为参与模式分析的起点。目前常用的方法如滞后序列分析法（LSA），对行为序列出现的概率进行统计并进行显著性检验，能够提取显著行为序列，通过序列组合来建立行为模式。

行为序列研究通常有三种路径。一是研究者通过描述行为序列，从行为操作的角度描述在线学习的过程和状态。如研究者对学习者在云课堂平台上产生的行为数据进行量化分析，描述不同年级学习者的高频学习行为和活跃度，并描述不同模块访问行为的频次[①]。二是根据行为序

---

① Liu, S., et al., "Mining Learning Behavioral Patterns of Students by Sequence Analysis in Cloud Classroom", *International Journal of Distance Education Technologies*, Vol. 15, No. 1, 2017, pp. 15 – 27.

列特征对学习群体进行聚类分析，能够分类表征不同的行为特征。如侯等采用序列分析、聚类分析等方法，分类表征不同类型游戏玩家在大规模角色扮演教育游戏中的行为模式特征[1]。三是可以描述不同阶段的行为模式，进而分析教学干预前后学习者的行为变化。如杨现民等在协同内容编辑活动的研究中分为三个阶段提取学习者的行为序列，通过绘制三个阶段的知识建构行为转换图，分别描述学习者在三个学习活动阶段中的知识建构行为模式特征[2]。如在计算机支持的协同调节行为模式研究中，以周为单位，分别提取学习者每周的协作行为序列并绘制行为转换图，描述学习环境中协同调节行为随时间推移的发展与变化规律。

总体而言，在描述行为序列的研究中，研究者需要通过对学习行为序列的提取与表达，识别学习者特定的操作行为，解释特定群体的行为序列特征，并分析不同阶段学习行为序列的变化规律。这条研究路径有助于从行为转化的视角，来分析在线学习过程，从行为的时间序列、阶段特征等多方面把握学习投入状态、特征和学习路径等重要信息，为揭示学习规律、预测学习绩效、感知群体成员的学习投入状态提供必要的研究基础。

二 诊断关键事件

在诊断关键事件维度，研究者将目光聚焦到学习过程的优化和反馈上。哪些行为序列是影响学习绩效的关键行为序列？学习活动还需要做哪些设计和优化？为了回答这些问题，研究者需要识别在线学习过程中的关键行为序列，即关键事件。在具体研究中，通过绘制行为转换图分析行为序列之间的转换关系，存在多个顺序相关关系的行为序列可以被初步定义为关键事件。关键事件可以探索和解读学习者与学习环境交互的内在机制，并分析影响学习者绩效表现的重要事件。

诊断关键事件研究通常有三条路径。一是研究者通过识别学习活动中的高频转换行为序列，揭示学习过程中的关键学习事件。如殷等在数

---

[1] Hou, H. T., "Integrating Cluster and Sequential Analysis to Explore Learners' Flow and Behavioral Patterns in a Simulation Game with Situated-learning Context for Science Courses: A Video-based Process Exploration", *Computers in Human Behavior*, 2015.

[2] 杨现民等：《滞后序列分析法在学习行为分析中的应用》，《中国电化教育》2016年第2期。

字文献阅读研究中发现学习者添加书签的行为与多个行为存在转换关系，从而确定标记为文献阅读活动中的关键行为事件①。二是通过对行为序列与学习效果进行相关分析，定位学习过程中不可或缺的中间环节与关键事件。如李爽等对学生的行为序列与学业成绩进行相关分析，识别与学业成绩相关的行为序列和行为发生的具体活动与交互。研究进一步通过对不同水平学习群体间的行为序列来识别学习活动中的关键环节②。三是通过识别关键学习行为，揭示有效在线学习过程中的内在作用机制。如有研究发现新测试方法通过促进反思行为提高学习者的编程能力，进一步揭示反思环节是新测试方法促进学习者编程能力提高的关键路径③。

综上，诊断关键事件研究通过寻找高频行为转换序列、建立行为序列与绩效的关系，分析高、低水平学习群体的行为差异来识别关键事件，通过对学习活动中的关键事件与关键路径进行分析与解释，能够帮助教师明确学习活动中的核心环节，诊断学习过程，并分析造成高低绩效差异的内在因素。而对诊断的关键事件的概念的拓展和延伸，可以分析并研究学习过程中的学习者在整个学习群体中的社会交互地位，即通过对学习者的交互行为进行分析找出"关键人物"，且通过对关键人物的分析和对比，有助于发掘不同水平群体之间的行为投入差异，进而提供有利于教学决策的信息。如从学习分析的角度出发进行社会网络分析，分析群体社会网络的结构，以及学习者在社会交互网络中的地位这有助于探寻社会性网络下不同类别的学习者之间的行为投入差异，有助于减少网络边缘学习者的数量，增强学习群体之间的社会交互，利于学习者之间进行观点和概念之间的交流，从而有助于学习群体进行知识构建。

---

① Yin, C., et al., "Learning Behavioral Pattern Analysis Based on Students' Logs in Reading Digital Books", Proc. of the 25th International Conference on Computers in Education, 2017, pp. 549–557.

② 李爽等：《基于行为序列分析对在线学习参与模式的探索》，《中国电化教育》2017年第3期。

③ Yang, T., et al., "The Influences of a Two-tier Test Strategy on Student Learning: A Lag Sequential Analysis Approach", Computers & Education, Vol. 82, No. Mar., 2015, pp. 366–377.

三 预测学习结果

在预测学习结果阶段,关键学习事件与关键行为路径的诊断帮助研究者明确行为参与模式中重要的行为序列,一些研究尝试根据归纳出的典型行为序列来推断学习者未来可能出现的学习行为或学习结果。一方面,研究者试图通过归纳典型的行为模式特征预测网络学习绩效。如通过高低成绩组学习者的行为模式差异识别高水平行为参与模式特征,进一步通过典型行为模式特征建模实现对高水平学习行为的有效预测[①]。另一方面,通过整合学习分析技术和数据挖掘算法,结合预警序列构建预测模型。如宋涛基于贝叶斯网络、隐马尔可夫链模型提出行为序列的回归模型,试图解决预测性研究中静态协变量与动态行为序列隐变量相结合的复杂建模问题。研究显示预测模型能对不同学习行为序列进行分层回归,动态预测学习者的学业保持[②]。

预测学习结果分析的核心在于典型行为序列的挖掘与模型预测准确率的提高。由于行为序列挖掘过程中存在行为发生的偶然性与多变性,预测性研究较难建立起一条稳定的研究路径。但不可否认,预测性研究能够为教学相关者进行精准教学干预提供依据与支持,帮助教学相关者及时甄别存在学习风险的学习者。

第三节 行为参与模式分析方法

目前较为常见的在线行为参与模式分析方法有三种,即滞后行为序列分析、文本内容分析和聚类分析。本节将对这三种方法进行详细的阐释。

一 滞后行为序列分析

滞后行为序列分析(Lag Sequential Analysis,LSA)旨在评估系列

[①] Lai, C. L. & Hwang, G. J., "A Spreadsheet-based Visualized Mindtool for Improving Students' Learning Performance in Identifying Relationships Between Numerical Variables", *Interactive Learning Environments*, Vol. 23, No. 2, 2015, pp. 230–249.

[②] 宋涛:《学习分析的贝叶斯网络、隐马尔可夫链模型研究》,博士学位论文,首都经济贸易大学,2016年。

行为随着时间发生的概率①。进一步说，该方法主要用来检验某种行为发生之后另一种行为紧随发生的情况是否具有统计意义上的显著性，发现不同学习行为间的差异或是对关键事件、关键行为进行识别，进而为学习预测和干预提供基础②。滞后序列分析法作为一种最主要的分析方法被广泛应用于行为模式的分析与研究中。

运用滞后序列分析法来完成行为参与模式分析的基本操作步骤如图10-2所示：第一，学习行为记录环节。研究者应采用工具来记录学习活动中的具体行为。行为数据收集完毕后，研究者应通过数据清洗，筛选行为记录。第二，明确定义行为编码规则，界定行为（可以选择已经有的行为编码规则，或根据前人的研究修改形成新的编码方案）。第三，两位以上的专业研究人员进行编码，并进行评分一致性检验，保证编码的有效性。编码完成后将数据导入到软件当中分析行为序列，按要求格式输入所有行为编码，对行为编码进行滞后序列分析。第四，调整序列分析残差表，根据 Z-score 的值过滤有显著意义的行为序列，并绘制行为转换图，最后根据转换图来解释行为模式。

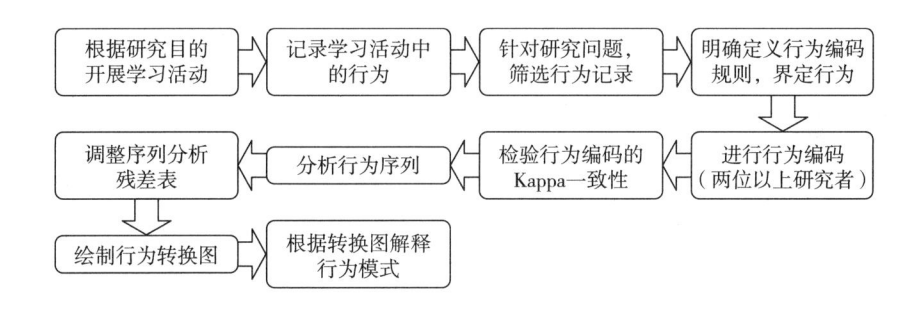

图 10-2 滞后序列分析基本操作流程

滞后序列分析法可以帮助研究者和实践者准确挖掘潜在的行为模式，探索特定的行为模式规律，有效指导后续教与学活动的设计与实

---

① Sackett, G. P., *Observing Behavior*: Ⅰ. *Theory and Applications in Mental Retardation*, Baltimore, University Park Press, 1978.
② Berk, R. H., et al., "Observing Interaction: An Introduction to Sequential Analysis", *Technometrics*, Vol. 34, No. 1, 1997, pp. 112-113.

施。其局限性主要体现在：滞后序列分析法在学习行为分析中提供的信息是有限的，需要结合其他方法配合使用，如问卷、测试和访谈等，以便从多角度解读行为模式[1]。滞后序列分析法需要通过细化采样时间段来实现对学习行为的细致描述。如侯等研究者发现滞后序列分析难以探索行为模式序列的渐进转换过程，可以进一步采用循序渐进的序列分析，探究行为之间是如何相互关联的[2]。

在滞后行为序列分析中，目前常用的软件是 GSEQ（General Sequential Querier）[3]。GSEQ 是专用于定量分析行为和时间事件的软件，通过分析行为转化频率、持续时间等，探索行为路径。GSEQ 包含用于评估行为和时间事件编码一致性协议，也具有数据绘图功能，可用于绘制行为转化路径，生成结果文件可进一步深度分析。研究者可以借助该软件计算行为转换频率表和调整后残差表，根据调整后的残差表筛选具有显著意义的行为序列，并绘制行为转换图。行为转换图可呈现某一行为后发生另一行为的概率，既可用于刻画学习者的学习路径、行为选择偏好，也可用于行为预测等[4]。

二 共现分析方法

共现分析作为一种相关性分析方法[5]，最早是由法国计量学家在 20 世纪 70 年代提出的，其思想来源于引文耦合与引文共被引。到了 20 世纪 90 年代，共词分析已经成为内容分析法之一，发展较为成熟，并应用于不同领域，拥有较多的研究成果[6]。目前，共词分析在具体处理词相关矩阵时所应用的统计分析方法主要有共词聚类分析法、共词关联分

---

[1] 杨现民等：《滞后序列分析法在学习行为分析中的应用》，《中国电化教育》2016 年第 2 期。

[2] Hou, H. T., "Exploring the Behavioural Patterns in Project-Based Learning with Online Discussion: Quantitative Content Analysis and Progressive Sequential Analysis", The Turkish Online Journal of Educational Technology, 2010.

[3] Bakeman, R. & Quera, V., *Analyzing Interaction: Sequential Analysis with SDIS and GSEQ*, Cambridge: Cambridge University Press, 1995.

[4] 菅保霞：《基于脑偏好风格的在线学习行为序列差异研究》，硕士学位论文，东北师范大学，2019 年。

[5] 王林等：《学术论文的关键词与引文共现关系分析及实证研究》，《情报理论与实践》2012 年第 2 期。

[6] 肖明等：《时间序列下关键词多词共现分析及研究热点预测——以我国图情领域核心期刊为例》，《情报探索》2019 年第 11 期。

析法、共词词频分析法和突发词检测法①。从本质上讲,共现分析主要被用于分析相关性。当将共现分析用于主要行为参与模式时,共现分析研究的价值在于可以揭示行为的共现频率。

在行为参与模式分析时,第一,需要采集学习者的学习行为。在线行为可以由平台后台记录,或进行视频录像记录。第二,构建行为编码框架,用于对行为的识别判断,如根据行为功能进行划分。第三,按照行为编码框架对整体学习过程按照时间序列进行编码,形成行为序列。在编码过程中,会存在一些无意义的数据,按照研究原则应识别行为噪声并予以剔除。同时也要保证评分一致性检验,保证编码的有效性。第四,统计学习者每一次上线记录中的各行为编码的共现次数并对其进行共现分析,可以从中发现学习者在一次线上学习过程中,哪几类行为更倾向于同时出现,并可以形成可视化的共现关系。共线图中顶点间边的长度表征编码间的共现关系,两个编码同时出现的频率越大,顶点间边的长度越小,两个顶点的距离越近[②]。

三 数据挖掘方法

数据挖掘方法是一种基于大数据挖掘数据背后隐藏信息的分析方法。数据挖掘进入教育领域相对较晚,研究者的兴趣主要集中在开发研究与分析教育情境下的海量数据的技术工具。通过数据挖掘对行为数据进行建模,挖掘行为参与模式与关联结构,为学习提供及时的干预与反馈支持[③]。

在行为参与模式分析时,第一,需要采集大量的行为数据。数据是数据挖掘的必要基础,数据数量与质量对分析结果起决定性作用。第二,进行数据建模。在实现自下而上的行为数据特征提取、分类、存储与索引基础上,建立行为特征数据库。第三,构建行为参与模式研究模型。对学习行为因素进行筛选与分类,建立有效的特征子集,适当增加学习特征因素提取的层数提高分析精度。通过这一系列的数据清理、标准化转换、整合、离散化、规划化的预处理,分析得到行为特征数据库

---

① 李纲等:《共词分析过程中的若干问题研究》,《中国图书馆学报》2017 年第 4 期。
② 乐惠骁等:《优秀的慕课学习者如何学习——慕课学习行为模式挖掘》,《中国电化教育》2019 年第 2 期。
③ 胡艺龄等:《在线学习行为分析建模及挖掘》,《开放教育研究》2014 年第 2 期。

中各行为及因素之间的关联与内涵的探究[①]。

在现有研究中，数据挖掘更多地被应用于解决重复性编码任务，减轻研究者的负担。因此，研究者往往采用行为滞后序列分析与数据挖掘相结合的方法进行行为参与模式的探究。

本章小结

行为参与模式分析能够反映趋向特定学习目标的行为投入特征及变化规律，对于研究者深入理解行为目标、行为操作、行为结果三者之间的作用机制，探索行为投入特征具有重要价值。本章侧重于在线行为参与模式分析的理论架构，剖析了行为参与模式分析的含义与价值；根据已有研究，提出了行为参与模式分析的三维框架，包括描述行为序列、诊断关键事件以及预测行为结果三个维度，并分析了滞后行为序列分析等行为参与模式分析的具体方法，为行为参与模式分析与实证研究提供基础。

---

① 胡艺龄等：《在线学习行为分析建模及挖掘》，《开放教育研究》2014 年第 2 期。

第十一章

行为参与模式分析应用研究

引言

第十章从行为参与模式分析的含义与价值、研究框架以及方法等角度进行分析与阐述,为行为参与模式分析实践提供了理论与方法基础。为了进一步梳理行为参与模式分析的思路与方法,揭示分析路径,本章将以Wiki协作编辑行为模式作为案例研究对象,探索基于Wiki的协作编辑行为参与模式,分析高低成就小组之间的行为模式差异,并通过归纳高水平学习者典型的行为模式特征,提取协作编辑预警行为序列,为协作编辑行为投入预测提供依据。

第一节 协作编辑行为模式研究设计

案例所涉及的协作编辑学习活动主要针对参与线上线下混合课程并使用Wiki学习平台的学习者进行设计。案例采用协作编辑中的知识建构行为分析工具,并构建基于Wiki的协作编辑知识建构编码框架,将协作编辑分为知识共享、知识联结、知识收敛三个阶段进行编码与解释。之后对研究数据进行分析,其过程包括数据预处理、模式探索和模式分析三个阶段。

一 研究对象与问题

以东南某高校教育技术专业16级本科学生为研究对象,共计60名学生,以参与线上线下混合课程"多媒体课件设计"中在Wiki学习平台上产生的协作编辑数据为样本。在课程的线上学习阶段,学习者利用Wiki平台通过协作完成课件设计脚本。课件脚本编辑活动分为两个阶段:第一阶段,4—5名学习者组成一个小组,学习者通过协作编辑、修改、评论等过程完成编辑任务;第二阶段,每位学习者根据教师提供的评价指标开展协作编辑修改活动,对协作编辑内容进行修改与完善,整体教学活动持续8周时间。提出的主要研究问题如下:

问题1:在基于Wiki的协作知识建构学习过程中,小组知识建构行为参与模式有何特征?问题2:知识建构高低水平小组间的行为参与模式差异是什么?问题3:是否存在预测高水平协作编辑行为的典型行为序列?

二 研究工具与方法

为了能够对学习者在协作编辑活动中的行为参与模式进行处理和分析,本节以协作知识建构模型编码框架为基础,结合Wiki辨析行为数据特点,构建了基于Wiki的协作编辑知识建构编码框架[①][②]。在本编码框架中,协作编辑活动主要划分为三个阶段:知识共享、知识联结、知识收敛。其中,知识共享主要是小组成员通过自身内在知识结构或者外部引入,而针对活动主题,在Wiki协作编辑平台内进行知识与资源的共享。知识的联结主要是通过组内讨论对已有的Wiki编辑内容进行自我完善或相互完善。知识的收敛则主要是对小组Wiki协作编辑成果进行凝练与优化。三个阶段的具体行为以及相应解释与编码如表11-1所示。

表11-1 滞后行为序列分析编码

协作编辑阶段	Wiki操作行为意义	解释说明	编码
知识的共享PI	新增共享	在Wiki页面内新增与主题相关的内容与图片等	PIA
	完善共享	在未与组员进行交流讨论情况下,对自己在Wiki页面内添加的内容或图片进行二次加工,包括补充内容与调整结构、解释相关概念等	PIB

[①] Harasim, L. M., "Online Education: An Environment for Collaboration and Intellectual Amplification", in Harasim, L. M., *Online Education: Perspectives on a New Environment*, New York, NY: Praeger Publishers, 1990.

[②] Roschelle, J., "Learning by Collaborating: Convergent Conceptual Change", in Koschmann, T., *CSCL: Theory and Practice of an Emerging Paradigm*, Mahwah, NY: Lawrence Erlbaum Associates, 1996, pp. 209–248.

续表

协作编辑阶段	Wiki操作行为意义	解释说明	编码
知识的 联结PII	论证完善	回应同伴质疑与异议,对Wiki中自己编辑的内容或图片进行完善,如澄清概念,补充解释说明与证据等	PIIA
	补充修改	对Wiki中他人编辑内容中的观点或概念、图片作进一步解释说明,或补充更多论据或案例等	PIIB
	精炼修改	在保持原有观点情况下,对Wiki中他人编辑内容进行语句精炼加工,或对图片进行精炼调整	PIIC
	自我修正	回应同伴质疑与异议,对Wiki中自己编辑的内容进行有关观点或概念的修正,或对自己添加的图片进行完善	PIID
	质疑修改	质疑Wiki中他人编辑内容的观点或图片从而对其进行修改	PIIE
	反对修改	消除他人对Wiki中已有内容中涉及观点或概念改变的修改	PIIF
知识的 收敛PIII	综合观点	组织、综合Wiki中多人观点,对其进行提炼、概括和总结	PIIIA
	结构优化	对Wiki中多人编辑内容进行结构优化调整	PIIIB
	反思迁移	对相关协作知识建构有关过程、方法或结果进行反思,总结有效策略及规律等,应用于新情境	PIIIC

三 研究数据分析过程

行为参与模式分析的流程包含数据预处理、模式探索和模式分析三个阶段[①]。数据预处理阶段是指解析学习者日志数据,根据具体研究目的识别用户行为数据,清理无关数据,将在线学习过程中学习者的底层交互操作区分为不同的行为类型,确定编码粒度。模式探索阶段是指根据编码后的行为数据,按照时间序列排列的行为链,以此表征学习过程和在线行为参与模式。模式分析阶段是指对在线行为参与模式进行分

---

① Chatti, M. A., et al., "A Reference Model for Learning Analytics", *International Journal of Technology Enhanced Learning*, Vol. 4, No. 5–6, 2012, pp. 318–331.

析、验证与解释。研究的具体流程如下：

（一）数据预处理阶段

收集学习者在 Wiki 学习平台上产生的大规模学习行为数据，针对研究问题，筛选能够表征知识建构行为的操作行为记录，保留学习者诸如添加内容、删除内容、修改内容、评价文档、批注文档等有意义的操作数据，剔除学习者诸如调整页面大小、调整段落格式等与知识建构行为无关的操作数据。

学习者操作行为数据初步筛选完成后，采用李爽等研究者提出的 Wiki 知识建构行为分析框架对有效操作行为数据进行编码[①]。该分析框架将学习者在 Wiki 协作编辑平台上的操作行为分为知识共享（PI）、知识联结（PII）与知识收敛（PIII）三个阶段，并进一步分为 11 种具体行为。具体行为包括：新增共享（PIA）、完善共享（PIB）、论证完善（PIIA）、补充修改（PIIB）、精炼修改（PIIC）、自我修正（PIID）、质疑修改（PIIE）、反对修改（PIIF）、综合观点（PIIIA）、结构优化（PIIIB）和反思迁移（PIIIC），如表 11 – 1 所示。

操作行为数据编码工作由两位助教协作完成，编码前首先对编码表中各项行为的具体解释进行一致性协商。编码过程中，两位助教先随机抽取原始样本中 40% 的行为数据，同时对其进行编码，编码完成后进行编码结果一致性检验。若 Kappa 一致性系数不符合要求则两者重新协商确定行为编码。

（二）模式探索阶段

模式探索阶段采用滞后序列分析法分析学习者的行为参与模式。采用 GESQ5.1 软件对行为编码进行滞后序列分析，得到相应的行为转换频率表以及调整后的残差表，根据后者选择具有显著意义的行为序列绘制行为转换图，分析并解读行为参与模式和行为特征。通过进一步绘制高低成就组的行为参与模式转换图，分别解读高低成就组的协作知识建构行为投入特征。

（三）模式分析阶段

综合分析整体行为参与模式转换图与不同成就组别行为参与模式转

[①] 李爽等：《基于行为序列分析对在线学习参与模式的探索》，《中国电化教育》2017 年第 3 期。

换图,对知识建构行为参与模式进行分析与解释。整体行为参与模式转换图旨在分析基于 Wiki 的协作知识建构行为参与模式;不同成就组别行为参与模式转换图旨在分析高低成就小组知识建构的水平,深入探索高低成就小组的知识建构行为参与模式差异,找出影响学习者学业表现的关键行为序列,并进一步根据典型的高水平协作编辑行为序列构建预测模型,为协作编辑效果的预测和干预提供依据。

第二节 协作编辑的行为参与模式描述

协作编辑行为分析的主要对象是 Wiki 协作编辑平台上的行为数据,通过对活动过程中学习者总体行为序列、两次活动过程中行为序列及其差异,以及对不同成就组别行为序列特征及其差异进行分析,以期能够较为全面、客观地描述活动过程中的行为序列。根据编码框架可知,学习者的操作行为主要分为 11 种:新增共享(PIA)、完善共享(PIB)、论证完善(PIIA)、补充修改(PIIB)、精炼修改(PIIC)、自我修正(PIID)、质疑修改(PIIE)、反对修改(PIIF)、综合观点(PIIIA)、结构优化(PIIIB)、反思迁移(PIIIC)。

一 协作编辑行为参与模式描述

通过对协作编辑行为数据及内容进行编码分析,得到的行为频率如表 11-2 所示。

表 11-2 行为频率

阶段	行为意义	频次	频率分布(%)	占比(%)
知识的共享 PI	新增共享 PIA	370	26.77	36.61
	完善共享 PIB	136	9.84	
知识的联结 PII	论证完善 PIIA	221	15.99	32.20
	补充修改 PIIB	118	8.54	
	精炼修改 PIIC	40	2.89	
	自我修正 PIID	65	4.7	
	质疑修改 PIIE	1	0.07	
	反对修改 PIIF	0	0.00	

续表

阶段	行为意义	频次	频率分布（%）	占比（%）
知识的收敛 PIII	综合观点 PIIIA	230	16.64	31.19
	结构优化 PIIIB	201	14.54	
	反思迁移 PIIIC	0	0	

在三阶段的具体行为中，新增共享（PIA）出现的频率最高，其次是综合观点（PIIIA）、论证完善（PIIA）和结构优化（PIIIB），质疑修改（PIIE）、反对修改（PIIF）和反思迁移（PIIIC）出现的频率最低。

为了进一步分析整体的协作知识建构行为参与模式，通过 GSEQ 滞后序列软件对上述行为进行编码，得到的调整后的残差如表 11-3 所示。Z 分数（Z-score）大于 1.96 的行为为显著性行为序列，表明初始行为和后续行为在行为序列的连续性达到了统计学上的显著水平。

表 11-3　　　　　　　　　调整后的残差

Given	PIA	PIB	PIIA	PIIB	PIIC	PIID	PIIE	PIIF	PIIIA	PIIIB	PIIIC
PIA	**32.1**	-2.66	-9.28	-5.12	-1.77	-4.86	1.63	0	-10.14	-9.29	0
PIB	-2.65	**21.29**	-2.27	-2.64	-2.08	-2.57	-0.32	0	-4.38	-3.34	0
PIIA	-9.45	-1.76	**29.23**	-3.9	-1.53	2.22	-0.44	0	-7.31	-6.49	0
PIIB	-6.28	-2.95	-3.77	**28.84**	4.65	-2.33	-0.29	0	-4.86	-4.45	0
PIIC	-3.37	-1.94	-1.98	5.22	**19.89**	-1.25	-0.16	0	-2.61	-2.39	0
PIID	-4.82	-1.51	1.39	-2.53	-1.45	**25.31**	-0.23	0	-3.73	-2.34	0
PIIE	0	0	0	0	0	0	0	0	0	0	0
PIIF	0	0	0	0	0	0	0	0	0	0	0
PIIIA	-9.66	-4.11	-7.09	-5.07	-2.9	-3.58	-0.45	0	**29.08**	-0.66	0
PIIIB	-8.89	-4.1	-6.53	-4.67	-2.67	-3.3	-0.42	0	0.32	**27.75**	0
PIIIC	0	0	0	0	0	0	0	0	0	0	0

根据残差表绘制行为序列转换图，结果如图 11-1 所示。

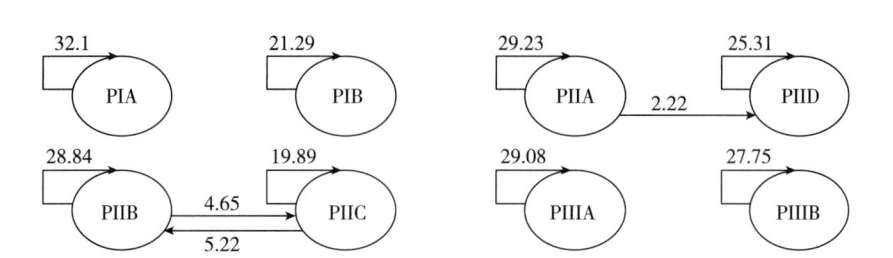

```
  32.1              21.29                29.23              25.31
  ┌─┐              ┌─┐                  ┌─┐                ┌─┐
  │PIA│ ──────→ │PIB│               │PIIA│ ──2.22──→ │PIID│

 28.84              19.89                29.08              27.75
  ┌─┐    4.65     ┌─┐                  ┌─┐                ┌─┐
  │PIIB│ ←──────→ │PIIC│              │PIIIA│             │PIIIB│
         5.22
```

图 11 –1　总体行为序列转换

从总体行为序列转换图可以看出，在基于知识建构的协作编辑过程中，学习者倾向于在一段时间内不断重复某一行为，如不断增加共享（PIA – PIA Z – score = 32.1）、完善共享（PIB – PIB Z – score = 21.29）等。整体编辑行为会出现补充修改与完善修改的行为循环，表现为学习者在对他人编辑内容进行补充、添加内容操作后，会进一步对他人的编辑内容进行精炼修改（PIIB – PIIC Z – score = 4.65）。精炼修改完成后，学习者倾向于再次进行内容的补充完善操作（PIIC – PIIB Z – score = 5.22）。整个行为循环表明内容的补充与精炼是一个交替出现的过程，学习者通过不断添加内容与不断精炼修改的循环，形成学习内容之间的有效联结与深度凝练。论证完善后的自我修正表明学习者可能会及时在学习内容修正完善后进行自我修改与反思（PIIA – PIID Z – score = 2.22）。

上述行为转换也揭示了 Wiki 知识建构活动中的潜在问题。从知识建构的角度来看，学习者缺少与知识建构水平有关的重要行为序列，如观点综合过后的结构优化（PIIIA – PIIIB）以及结构优化过后的观点综合（PIIIB – PIIIA）等。这些行为序列的缺失表明学习者在对观点内容进行综合完善后，很少进行整体结构的优化，导致可能会割裂观点内容与结构。由此看来，教师应当为学习者提供观点结构改进与优化训练，借以帮助其将内容与结构进行联系，促进学习者的深度知识建构与协作学习投入状态的改善。

二　不同活动阶段的行为参与模式描述

为了探究学习者在两次编辑行为活动阶段中的行为序列特征及差异，针对不同活动阶段所产生的 Wiki 平台操作记录，进行了分类整理，如表 11 –4 所示。

表 11-4　　　　　　　　不同活动阶段行为描述行为频率

阶段	行为意义	第一轮活动			第二轮活动		
		频次	频率分布（%）	占比（%）	频次	频率分布（%）	占比（%）
知识的共享 PI	新增共享 PIA	370	26.77	36.61	5	0.58	11.45
	完善共享 PIB	136	9.84		93	10.86	
知识的联结 PII	论证完善 PIIA	221	15.99	32.20	214	25.00	38.20
	补充修改 PIIB	118	8.54		41	4.79	
	精炼修改 PIIC	40	2.89		7	0.82	
	自我修正 PIID	65	4.7		65	7.59	
	质疑修改 PIIE	1	0.07		0	0.00	
	反对修改 PIIF	0	0.00		0	0.00	
知识的收敛 PIII	综合观点 PIIIA	230	16.64	31.19	230	26.87	50.35
	结构优化 PIIIB	201	14.54		201	23.48	
	反思迁移 PIIIC	0	0		0	0.00	

从表 11-4 可知，在第一轮活动中，学习者在协作编辑平台上知识共享的相关行为占总行为频次的 36.61%，知识联结行为仅为 32.20%，而知识收敛的相关行为为 31.19%。第二轮活动的行为则主要是以知识收敛和知识联结为主，相关行为频率分别为 50.35% 和 38.20%，而知识共享的行为频率仅为 11.45%。

通过对两轮活动行为频率对比分析，我们可以得出以下结论：第一，两轮活动的知识建构所处阶段不同，第一轮活动以知识共享为主，第二轮活动则以知识收敛行为为主，这可能反映了第二轮活动知识建构的质量有所提升；第二，两轮活动的知识共享行为取向不同，第一轮活动倾向于新增共享，第二轮活动中则是集中完善共享。这表明随着互动的开展，学习者更倾向于对自身已经编辑的脚本内容进行反思、完善。

为了进一步探究学习者在两次活动的行为特征及行为参与模式，了解具体行为发生的先后次序及操作序列，运用 GSEQ 滞后序列分析软件对两次活动的行为序列进行分析，得到的结果如表 11-5 所示。在表中，当 Z 分数（Z-score）大于 1.96 的行为为显著性行为序列，表明初始行为和后续行为在行为序列的连续性达到了统计学上的显著水平。

表 11-5　　　　　　　　　第一轮活动行为序列残差

Given	PIA	PIB	PIIA	PIIB	PIIC	PIID	PIIE	PIIF	PIIIA	PIIIB	PIIIC
PIA	**16.63**	-3.18	-3.42	-13.09	-7.12	0	0.62	0	0	0	0
PIB	-3.48	**10.02**	-0.77	-1.82	-1.71	0	-0.29	0	0	0	0
PIIA	-3.84	-0.82	**9.36**	2.01	-0.82	0	-0.12	0	0	0	0
PIIB	-12.7	-2.24	1.17	**15.82**	2.92	0	-0.4	0	0	0	0
PIIC	-7.71	-1.65	1.04	3.17	**11.28**	0	-0.24	0	0	0	0
PIID	0	0	0	0	0	0	0	0	0	0	0
PIIE	0	0	0	0	0	0	0	0	0	0	0
PIIF	0	0	0	0	0	0	0	0	0	0	0
PIIIA	0	0	0	0	0	0	0	0	0	0	0
PIIIB	0	0	0	0	0	0	0	0	0	0	0
PIIIC	0	0	0	0	0	0	0	0	0	0	0

根据残差表绘制行为第一轮活动序列转换图，结果如图 11-2 所示。

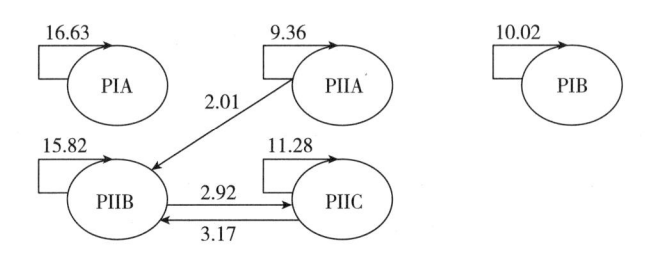

图 11-2　第一轮活动行为转换

滞后序列分析法也同样应用了第二轮活动的行为序列分析过程，通过 GSEQ 得到的第二轮活动的行为残差表及行为转换图如表 11-6 和图 11-3 所示。

表 11-6　　　　　　　第二轮活动行为序列残差

Given	PIA	PIB	PIIA	PIIB	PIIC	PIID	PIIE	PIIF	PIIIA	PIIIB	PIIIC
PIA	**6.31**	**2.46**	0.03	-0.44	-0.19	-0.56	0	0	-1.23	-1.12	0
PIB	**5.04**	**18.6**	-2.73	-1.64	-0.92	-2.78	0	0	-5.09	-3.94	0
PIIA	-1.3	-2.15	**22.98**	3.29	0.2	0.26	0	0	-10.29	-9.13	0
PIIB	-0.49	-1.72	-3.19	**26.38**	1.23	-1.77	0	0	-3.88	-3.52	0
PIIC	-0.17	-0.8	-1.27	1.65	**19.38**	-0.63	0	0	-1.38	-1.25	0
PIID	-0.65	-1.73	-0.47	-1.83	-0.77	**19.74**	0	0	-5.12	-3.72	0
PIIE	0	0	0	0	0	0	0	0	0	0	0
PIIF	0	0	0	0	0	0	0	0	0	0	0
PIIIA	-1.37	-4.75	-9.93	-3.85	-1.62	-4.9	0	0	**22.18**	-4.25	0
PIIIB	-1.25	-4.65	-9.05	-3.51	-1.48	-4.47	0	0	-3.4	**21.15**	0
PIIIC	0	0	0	0	0	0	0	0	0	0	0

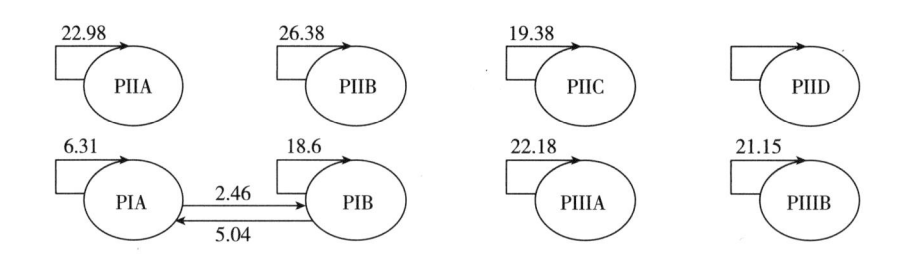

图 11-3　第二轮活动行为转换

从上述行为转换图 11-3 可以看出：学习者在某一特定时间内不断重复知识共享行为，包括新增共享（PIA - PIA Z - score = 16.63）和完善共享（PIB - PIB Z - score = 10.02），此时学习者刚接收到协作脚本编辑任务，通过搜索和分享可以接触到的资源内容，不断地吸取他人的意见，来完善自身的脚本。在学习者对脚本及其相关知识有了理解的基础上，学习者将会基于理解，对现有编辑内容进行反思，并对其进行不断论证和完善（PIIA - PIIA Z - score = 9.36）。

在第二轮活动中，学习者行为的重复率很高，如在一段特定时间内，不断地进行自我的论证完善（PIIA - PIIA Z - score = 22.9）与自我修正

（PIID – PIID Z – score = 19.74），补充修改（PIIB – PIIB Z – score = 22.3）和精炼修改（PIIC – PIIC Z – score = 19.3），以及对小组集体成果的观点综合（PIIIA – PIIIA Z – score = 22.1）和结构优化（PIIIB – PIIIB Z – score = 21.1）。另外，在第二轮活动中出现了个人不断新增共享（PIA – PIA Z – score = 6.31）、完善共享（PIB – PIB Z – score = 18.6）以及两种行为之间的互相转换序列（PIA – PIB Z – score = 2.46；PIB – PIA Z – score = 5.04）。

总体而言，通过解读上述行为转换图也发现了 Wiki 知识建构活动中潜在的问题。从知识建构的角度入手，有几条重要的行为序列没有显著出现。如在对集体成果进行观点综合后的结构优化（PIIIA – PIIIB）以及对集体成果结构优化后的观点综合（PIIIB – PIIIA）等。这就需要在后期活动中通过设置相应的引导、干预措施，如课程教师提供相应的反馈或小组开展相关修改主题讨论等，来促进学习者在协作学习投入过程中的深度思考，在交流与讨论中提升自己对脚本的理解与认识，提高自身教学设计能力，增强其反思能力。

第三节　协作编辑行为参与模式差异分析

本节将所有协作学习小组划分为高成就组和低成就组两类，对其协作编辑行为参与模式的差异进行分析，进一步归纳高水平学习者典型的行为参与模式特征。

一　不同组别行为参与模式的差异分析

不同组别的行为参与模式差异可以揭示小组的知识建构的行为投入特征，深入理解知识建构行为模型对最终学习结果的内在作用机制。依据最终的作品质量将所有小组划分为两类：高成就组和低成就组。高低成就组行为频次汇总分析如表 11 – 7 所示。

表 11 – 7　　　　　高低成就组行为频次汇总分析

分类	阶段	行为	频次	频率分布（%）	占比（%）
低成就组	知识共享	新增共享 PIA	79	24.61	30.22
		完善共享 PIB	18	5.61	

续表

分类	阶段	行为	频次	频率分布（%）	占比（%）
低成就组	知识联结	论证完善 PIIA	113	35.20	69.78
		补充修改 PIIB	92	28.66	
		精炼修改 PIIC	19	5.92	
		自我修正 PIID	0	0.00	
		质疑修改 PIIE	0	0.00	
		反对修改 PIIF	0	0.00	
	知识收敛	综合观点 PIIIA	0	0.00	0.00
		结构优化 PIIIB	0	0.00	
		反思迁移 PIIIC	0	0.00	
高成就组	知识共享	新增共享 PIA	291	27.43	38.55
		完善共享 PIB	118	11.12	
	知识联结	论证完善 PIIA	108	10.18	20.83
		补充修改 PIIB	26	2.45	
		精炼修改 PIIC	21	1.98	
		自我修正 PIID	65	6.13	
		质疑修改 PIIE	1	0.09	
		反对修改 PIIF	0	0.00	
	知识收敛	综合观点 PIIIA	230	21.68	40.62
		结构优化 PIIIB	201	18.94	
		反思迁移 PIIIC	0	0.00	

从表11-7可知，低成就组学习者在协作脚本编辑过程中的行为主要以知识联结为主，相关行为占总行为频率的69.78%，这说明低成就组的学习者在整个脚本写作活动中主要是不断对个人和他人进行补充完善和修改。低成就组学习者知识收敛行为所占比为0，表明学习者在活动过程中没有对小组成果内容进行观点综合与结构优化。

具体到低成就组三阶段下的具体行为。在知识共享阶段，新增共享（PIA）的行为频率为24.61%，完善共享（PIB）的行为频率为5.61%，这表明低成就组的学习者主要不断完善自己添加的内容。在知识联结阶段，论证完善（PIIA）和补充修改（PIIB）的行为频率分别为 35.20% 和 28.66%。论证完善和补充修改均指对自身或他人已有内容的补充，这一行为数据的偏高表明低成就组学习者在活动中倾向于根据自身知识以及外部知识添加相应的内容。与此相比，精炼修改（PI-IC）的频率仅占 5.92%，这一行为数据的偏低表明低成就组学习者普遍缺乏对于已有内容的精炼与修正。

高成就组学习者在协作脚本编辑过程三阶段中的行为分布较为均匀，主要集中在知识共享和知识收敛阶段，其所占频率分别为 38.55% 和 40.62%，表明高成就组能够深入推进知识联结与收敛，知识建构的水平逐渐深入。

具体到高成就组三阶段下的具体行为。在知识共享阶段，新增共享和完善共享的行为频率分别为 27.43% 和 11.12%，与低成就组相似。在知识联结阶段，高成就组的行为主要集中在论证完善（10.18%）和自我修正（6.13%）。论证完善和自我修正主要是对个人编辑内容的补充与修改，这一行为量偏高说明在进行小组讨论后，学习者个人会积极反思并听取小组意见进而对编辑内容的不足之处进行及时的修改，显示组内协作水平比较高，学习者的反思水平更加深入。研究者绘制了高低成就组的行为参与模式转换图，如图 11-4、图 11-5 所示，以便更深层次地探索高低成就组在协作编辑行为参与模式上的特征与差异。

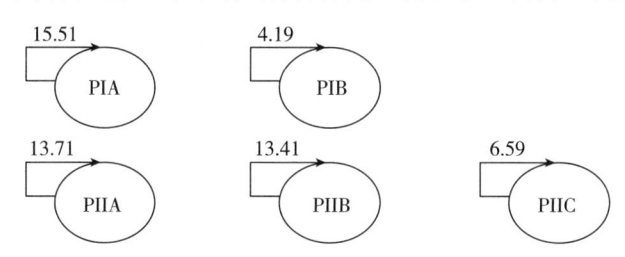

图 11-4 低成就组行为转换

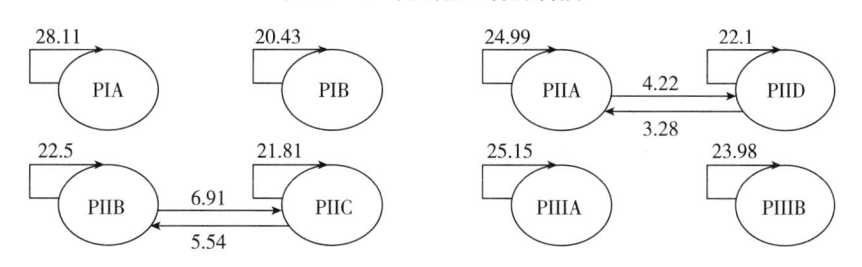

图 11-5 高成就组行为转换

从图 11-4 可见，低成就组学习者的行为以不断重复某一具体行为为主，如新增共享（PIA - PIA Z - score = 15.51）、论证完善（PIIA - PIIA Z - score = 13.71）和补充修改（PIIB - PIIB Z - score = 13.41），具体行为之间缺乏相应的序列转换，这说明低成就组学习者在活动中各个行为之间缺乏有效的连接，没有形成有效的知识建构层级发展。

高成就组学习者在知识联结阶段，针对个人编辑内容，出现了不断论证完善（PIIA - PIIA Z - score = 24.99）、自我修正（PIID - PIID Z - score = 22.1）以及两种行为之间的互相转换序列（PIIA - PIID Z - score = 4.22；PIID - PIIA Z - score = 3.28）。小组讨论过后，学习者倾向于对自我编辑内容进行补充，紧接着可能会继续对个人编辑内容进行修正，如精炼语言等。结合具体编辑内容，学习者在不断地自我修正过后，意识到了自身的不足之处，则倾向于对自我内容进行补充。针对小组成员的编辑内容，高成就组的学习者在不断对其进行补充完善（PIIB - PIIB Z - score = 22.5）后，可能会对已有内容的准确性进行思考，进而对他人内容进行进一步的凝练总结（PIIB - PIIC Z - score = 6.91），如概括总结某段落的含义，并用简洁的话语表述。之后再进行不断地精炼修改（PIIC - PIIC Z - score = 21.81），还可能继续对他人已有内容进行细节性的补充（PIIC - PIIB Z - score = 5.54），完善他人的编辑成果。这说明高成就组学习者在学习过程中形成了有效的行为联结，能够表现出更高层次的协作编辑行为（PIIIA, PIIIB），知识建构水平也更加深入。

二 高水平协作编辑行为预测

上述行为参与模式分析表明，影响学习者学业表现的关键行为在于协作编辑活动中是否出现高层次的知识建构行为，以及是否表现出行为之间的关联与转化。与低成就组的知识建构行为参与模式相比，高成就组学习者在协作知识建构学习中表现出了特有的行为序列，如内容补充与精炼的循环（PIIB - PIIC）、论证与自我修正的循环（PIIA - PIID）、不断重复的综合观点（PIIIA）与不断重复的综合优化（PIIIB）。这些反复出现的行为序列能够促进知识的联结和收敛，促使高成就组的协作知识建构水平逐渐提升。在后续活动中，可以将这四组高成就组特有的行为序列如图 11-6 所示，作为高水平协作编辑行为的典型序列构建预测模型，预测学习者的学习绩效和协作学习投入状态。

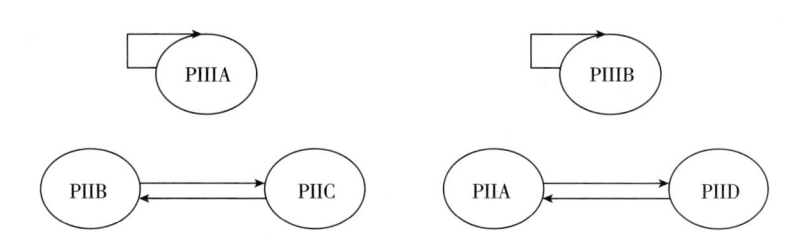

图 11-6　四种高水平协作编辑行为序列

若在协作编辑活动中监测到学习者一直重复某些单一行为，或一直未表现出高水平协作编辑行为序列，则说明这一阶段学习者的协作知识建构水平还不够深入，如果继续按照现有的学习路径，知识建构的质量可能较低。教师需要及时对此类学习者采取一定的教学干预，促进典型行为序列的发生，帮助学习者逐渐提升协作知识建构水平，改善协作学习投入状态。

三　两轮活动中的行为差异

通过比较两轮活动的行为转换图，如图 11-7、图 11-8 所示，可以明确两轮活动间存在明显的差异性，具体的差异如下：

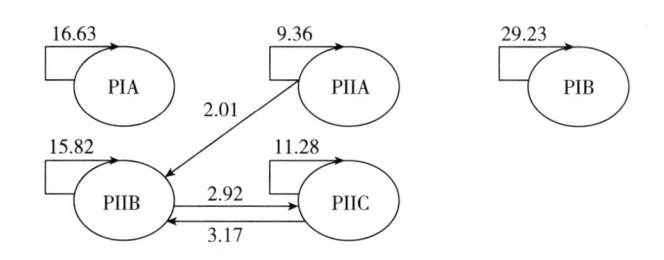

图 11-7　第一轮活动行为转换

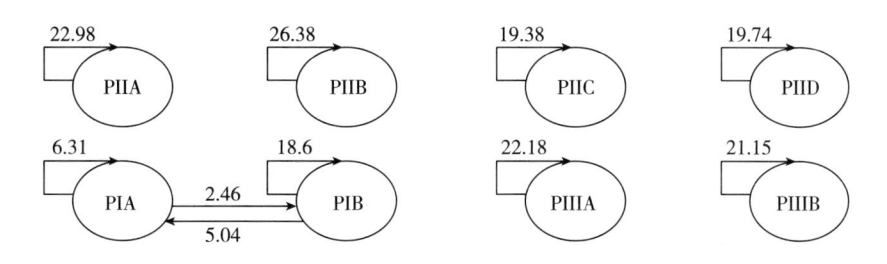

图 11-8　第二轮活动行为转换

第一轮活动所涉及行为数量为5个，分别是新增共享、完善共享、论证完善、补充修改、精炼修改。而第二轮活动涉及的行为数量为8个，分别是新增共享、完善共享、论证完善、补充修改、精炼修改、自我修正、综合观点和结构优化。数量的增长意味着学习者能够熟练地使用 Wiki 协作编辑平台，进行各种行为操作，而不局限于在自身页面进行单纯的添加、修改、删除。另外，行为水平从知识建构水平较低的层级转换成知识建构水平较高的层级，这一水平的提升表明教师之间协作建构能力的提高。

综观两轮活动的行为转换图，除了某些行为的不断自我重复之外，第一轮活动中有一条比较显著行为转换关系序列：PIIA—PIIB—PIIC—PIIB，即论证完善—补充修改—精炼修改—补充修改。相较而言，第二轮活动中的显著行为转换关系序列是 PIA—PIB—PIA，即新增共享—完善共享—新增共享。两轮活动显著序列存在明显的差异。

考虑到学习群体的差异性和学习行为的偶发性与复杂性，以及时间序列的采样方法，现阶段形成的预测模型可能无法精准预测学习者的学业表现。随着研究的不断深入，后续可通过以下方式修正预测行为序列：①通过反复挖掘和提取不同学习群体的典型协作编辑行为序列，逐步迭代和优化，并尝试将其推广至不同学习情境中进行修正，以提高模型的普适性；②根据不同采样频率多次采集时间序列行为数据构建预测模型，通过模型比对，筛选出拟合程度较高的模型作为高水平协作编辑行为的典型预测模型，逐步完成模型优化。

第四节　总结与后续研究展望

本章采用行为参与模式分析的框架与方法，针对三个阶段的 Wiki 知识建构行为参与模式进行分析，主要结论如下：在基于 Wiki 的知识建构行为中，最为显著的行为在于学习者倾向于不断重复编辑。主要的行为序列为学习者补充修改与精炼修改的循环，这表明学习者会不断就补充修改的内容进行精炼与完善。学习者欠缺的行为参与模式在于提炼总结观点后对他人观点进行质疑。针对高低成就组之间的行为参与模式差异，相对低成就组，高成就组会表现在知识联结与知识收敛等高层次的知识建构行为。此外，高成就组成员会反复进行补充修改与精炼、论证与自我修正两个环节，这表明知识建构行为之间的关联与转化以及高层次知识建构行为的出现是高成就组知识建构水平更加深入的关键。最后在高水平协作编辑行为预测方面，本研究识别和提取出四种高水平协作编辑的典型行为序列初步构建预测模型。通过后续研究不断完善和优化预测模型，逐步为高层次知识建构行为的预测和教学相关者采取教学干预提供精准支持①。在对行为参与模式分析研究框架进行初步实证和探索后，后续还可以从以下几个方面进一步展开探究。

一 基于 N 阶序列的行为参与表征

本章采用一阶行为序列描述学习者的协作知识建构行为参与模式特征。一阶行为序列是一种行为向另一种行为的转换，常用两种行为的编码组合来表示。尽管一阶行为序列能够描述学习者的行为参与模式及特征，但在复杂交互行为分析方面还存在局限。有研究者提出采用 N 阶行为序列可以更精确地刻画行为参与模式，并在研究中提出利用 N-gram 滑动模型自动抽取 N 阶行为序列的方法②。N 阶行为序列可以描述多个行为之间的转换关系，捕捉连续的行为序列，使数据分析的粒度更小、更精确。后续研究可尝试提取 N 阶行为序列，解决复杂协作知识建构交互的行为建模与表征问题。

二 混合式研究路径的整合

已有研究通过量化分析形成的行为参与模式转换图，来揭示不同群组的关键行为序列差异。行为参与模式图仅关注了行为参与模式转换的外在表现，尚未揭示造成行为差异的内在因素。有研究者揭示了学习投入可能是影响行为差异的内在因素③。如学习者的认知和情感投入会影响学习行为，进而影响学习效果④。因此，为了深入探寻影响高低成就

---

① 马志强等:《学习分析视阈下在线学习行为模式研究》,《现代远距离教育》2019 年第 11 期。
② 徐志明等:《N-gram 语言模型的数据平滑技术》,《计算机应用研究》1999 年第 7 期。
③ 武法提等:《学习行为投入：定义、分析框架与理论模型》,《中国电化教育》2018 年第 1 期。
④ 马志强等:《学习分析视域下的学习者模型研究脉络与进展》,《现代远距离教育》2016 年第 4 期。

组行为参与模式差异的内在投入因素，后续研究中还需要整合混合式研究方法，在行为参与模式分析的基础上融入认知与情感投入分析，从量性和质性两个角度分析影响行为差异的内在因素，为教学相关者采取教学干预提供更加精准、更具有针对性的支持。

三 参与模式分析方法创新

本章主要采用滞后序列分析法分析学习者的行为参与模式。滞后序列分析法需要对采集到的行为数据进行编码，行为数据的编码是一个复杂的过程，随着数据分析与挖掘技术的发展，一些新的数据挖掘算法被用来挖掘学习者的行为参与模式，如欧阳嘉煜等提出利用特征工程技术识别行为参与模式的方法。特征工程是机器学习领域的重要方法，能够基于底层的数据分析，通过设计符合数据特点和学习情境的特征集探测典型的行为参与模式①。这类模式分析方法不仅大大缩短了研究周期，还能提升研究的信效度。后续研究可以在行为参与模式分析框架中融入基于数据挖掘算法的新型模式分析方法。通过新型模式分析方法探测更多高水平协作编辑行为参与模式构建预测模型，进一步提高模型的预测效率，动态预测学习者的学习绩效。

本章小结

本章以协作编辑行为参与模式为例，进一步对在线行为参与模式进行分析。案例中运用滞后序列分析法、内容分析法以及访谈法对收集到的 Wiki 协作编辑行为数据进行分析，揭示参与 Wiki 协作知识建构的群体的学习行为投入特征，识别不同学习群体的行为投入差异，诊断学习活动中的关键学习行为事件并预测学习绩效，以增强群体成员对学习投入状态的感知。结果表明，Wiki 协作知识建构过程中学习者倾向于不断精炼、补充修改内容。在知识联结、知识收敛等高层次的知识建构行为中，高低成就组存在重要差异。在此基础上研究进一步凝练关键行为序列建立预测行为序列集，为预测高水平协作编辑绩效提供支持。研究

---

① 欧阳嘉煜等：《特征工程：学习分析中识别行为模式的重要方法》，《现代教育技术》2018年第28期。

结论表明，整合了描述性研究、解释性研究和预测性研究的行为参与模式分析框架对于探索在线学习行为规律、预测学习绩效、感知学习投入状态具有重要价值。

第十二章

社会认知网络分析的理论框架

引言

协作学习投入关系表征的实质是从横向的关系构成与纵向的关系演化两个角度剖析小组内部成员的相互作用关系,开展面向多维关联的交互关系表征。社会认知网络分析是将社会关系网络与群体认知网络进行叠加,能够从社会认知网络结构与演化的角度对协作交互过程进行多维、关联、动态化的表征和分析[①]。本章从社会认知网络分析的内涵、特征以及对协作学习投入的价值入手,构建社会认知网络分析框架与具体指标,并从节点层、关系层以及网络层三个层面来分解表征。最后,梳理基于社会认知网络的协作交互分析的四个基本步骤,分别是分析目标及编码框架的确定,数据的整理与编码,多重社会认知网络的构建以及社会认知网络的结构分析。

第一节 社会认知网络分析的内涵与价值

协作交互关系是协作学习投入的外化表征,多维关联的协作交互表征尚面临诸多挑战,现有研究难以深度剖析交互关系、难以分析交互的动态变化。社会性认知网络对于表征协作学习参与者之间的社会网络关系以及参与者与认知节点的认知网络关系具有重要价值。本节主要讨论社会认知网络分析的基本内涵及其多维性、关联性以及动态性的特征,

---

① 马志强等:《面向多维关联的社会认知网络分析——协作学习交互研究的新进展》,《远程教育杂志》2020 年第 6 期。

第十二章 社会认知网络分析的理论框架

并剖析其对协作学习投入研究的价值与作用。

一 认知网络分析的内涵与特征

社会网络与认知网络均是剖析协作学习交互关系的重要方法，同时也是表征协作学习投入关系的重要途径。社会网络分析的对象是人际社交网络，缺乏对交互内容的足够关注[1][2]。认知网络分析依据交互中涉及的知识、技能、价值、决策过程等要素，建立个人或群体的认知框架模式，缺乏对交互角色、子社群等人际社交网络特征的足够关注[3]。因此，有研究者提出将两者融合，兼顾社会网络分析与认知网络分析的优势，建立新的协作交互分析视角——社会认知网络分析[4]。社会认知网络的内涵是将社会网络分析中学习者之间的社会关系网络，与认知网络分析中的群体认知网络进行叠加[5]，以参与者和认知要素（交互内容中体现出的认知加工的关键环节）为节点，以"人—认知要素""认知要素—认知要素"等节点间的连线表征互动关系，并作为不同网络间相互关联匹配的通道和桥梁[6]。社会认知网络能够以指标数据与图形化表征结合的方式，直观地呈现社会网络与认知网络的相互关联[7][8]，并借

---

[1] Wooldridge, A. R., et al., "Quantifying the Qualitative with Epistemic Network Analysis: A Human Factors Case Study of Task – allocation Communication in a Primary Care Team", *IISE Transactions on Healthcare Systems Engineering*, Vol. 8, No. 1, 2018, pp. 72 – 82.

[2] 陈向东等：《基于社会网络分析（SNA）的共享调节学习评价：概念框架与解释案例》，《远程教育杂志》2020年第2期。

[3] Andrist, S., et al., "Look Together: Analyzing Gaze Coordination with Epistemic Network Analysis", *Frontiers in Psychology*, No. 6, 2015, p. 1016.

[4] Swiecki, Z., Shaffer, D. W., "iSENS: An Integrated Approach to Combining Epistemic and Social Network Analyses", In Proceedings of the Tenth International Conference on Learning Analytics & Knowledge (LAK'20), Association for Computing Machinery, New York, USA, 2020, pp. 305 – 313.

[5] Duan, J., et al., "Exploring a Personal Social Knowledge Network (PSKN) to Aid the Observation of Connectivist Interaction for High – and Low – performing Learners in Connectivist Massive Open Online Courses", *Br J Educ Technol*, No. 50, 2019, pp. 199 – 217.

[6] 段金菊：《基于社会性知识网络的cMOOC学习设计》，《电化教育研究》2017年第11期。

[7] 陈向东等：《基于社会网络分析（SNA）的共享调节学习评价：概念框架与解释案例》，《远程教育杂志》2020年第2期。

[8] 王志军等：《认知网络分析法及其应用案例分析》，《电化教育研究》2019年第6期。

助多轮次模型，对比分析群体协作交互关系发展的过程与规律①②③，表征群体的协作学习投入状态。

社会认知网络具备三个基本特征，即多维性、关联性以及动态性。多维性是指社会认知网络可以从认知与社会性交互维度，表征协作交互的基本特征。具体来讲，社会认知网络能兼顾分析协作交互中的社会性与认知互动关系，即关注"人—人""人—认知要素"以及"认知要素—认知要素"间的相互关系④。关联性是指社会认知网络能够反映社会性互动与认知互动之间的相互关联⑤，主要含义包括三个方面：参与者间的互动关系可以表征参与者节点间的相互关联，借此表现协作交互过程中个体的角色及其在群体中的位置；认知要素间的互动关系，即对协作交互过程中认知要素间的共现关系进行表征；参与者与认知要素的关系，即反映参与者与认知要素的共现共变关系。动态性则从空间与时间两个维度来理解，在空间维度上是指社会认知网络能够反映协作交互过程中参与者和认知要素在网络空间位置上的相对变化；在时间维度上是指社会认知网络随时间推移而发生的节点、关系与网络结构的变化。

二 社会认知网络分析的价值

为了能够充分结合社会网络和认知网络分析的优势，从新的分析视角对协作学习中的群体交互进行多维的、关联的、动态化差异分析，社会认知网络以分布式认知理论、社会性认知理论以及社会性交互理论为指导，将社会网络分析与认知网络分析相融合，来表征协作学习投入。

三种理论对交互分析的基本观点如下：首先，分布式认知理论强调，认知是分布在小组成员、活动系统与事件中的⑥，因此，应当在小

---

① 钱璇：《知识论坛中学习共同体的社会认知网络演化机制研究》，硕士学位论文，华中师范大学，2019 年。
② 徐刘杰等：《学习者知识建构的社会认知网络》，《开放教育研究》2017 年第 5 期。
③ 段金菊：《基于社会性知识网络的 cMOOC 学习设计》，《电化教育研究》2017 年第 11 期。
④ 余胜泉等：《基于学习元的双螺旋深度学习模型》，《现代远程教育研究》2016 年第 6 期。
⑤ 余胜泉等：《基于学习元的双螺旋深度学习模型》，《现代远程教育研究》2016 年第 6 期。
⑥ 刘俊生等：《分布式认知研究述评》，《远程教育杂志》2012 年第 1 期。

组成员与活动及事件的关联中分析交互;其次,协作学习是一种社会性交互互动①,其核心在于通过交互实现学习者之间的共享理解,进而完成学习任务;最后,交互过程中参与者、环境以及行为之间会相互影响作用②,进而实现知识的建构、迁移以及动态变化。

而运用社会认知网络分析表征协作学习投入时,其价值则在于:社会认知网络能够在传统社会网络表现个体以及群体的社会关系网络的同时反映参与者的内在认知发展③;认知网络分析所反映出的认知广度和深度可以和社会网络的互动相结合,反映出参与者在协作学习过程中的认知交流广度和深度,有利于分析参与者之间的社会性认知交互情况④;认知网络与社会网络的分析结果之间可以相互佐证。因此,社会认知网络进行分析有助于更为全面地了解参与者的协作学习投入程度以及知识建构情况,明确参与者在协作学习的过程中所扮演的角色和所做出的具体贡献⑤。

第二节 社会认知网络分析的基本框架

在充分理解社会认知网络内涵及其对协作学习投入分析价值的基础上,研究者需要掌握社会认知网络分析框架与具体指标⑥⑦⑧⑨。一般而

---

① Baylor, Y. K. A. A., "A Social-Cognitive Framework for Pedagogical Agents as Learning Companions", Educational Technology Research & Development, Vol. 54, No. 6, 2006, pp. 569–596.
② 伍尔福克:《教育心理学》,江苏教育出版社 2005 年版。
③ 刘倩等:《认知社会网络:社会网络研究领域的新视角》,《管理学报》2012 年第 5 期。
④ 吕鸿江等:《知识交流深度与广度的匹配对知识网络交流效率的影响:基于整体知识网络结构特征的分析》,《管理工程学报》2018 年第 1 期。
⑤ 崔京菁等:《基于社会认知网络的翻转课堂教学模式研究》,《现代教育技术》2016 年第 11 期。
⑥ 刘军:《整体网分析讲义:UCINET 软件实用指南》,上海人民出版社 2009 年版。
⑦ 马振萍:《整体网的网络结构研究》,《江苏科技信息:学术研究》2010 年第 12 期。
⑧ 蒋侃等:《大学生创业网络结构特征及其关联社会关系网络研究》,《创新与创业教育》2016 年第 1 期。
⑨ 吴江:《社会网络的动态分析与仿真实验:理论与应用》,武汉大学出版社 2012 年版。

言，社会认知网络可以从节点层、关系层以及网络层三个层面来分解表征，如图12-1所示。

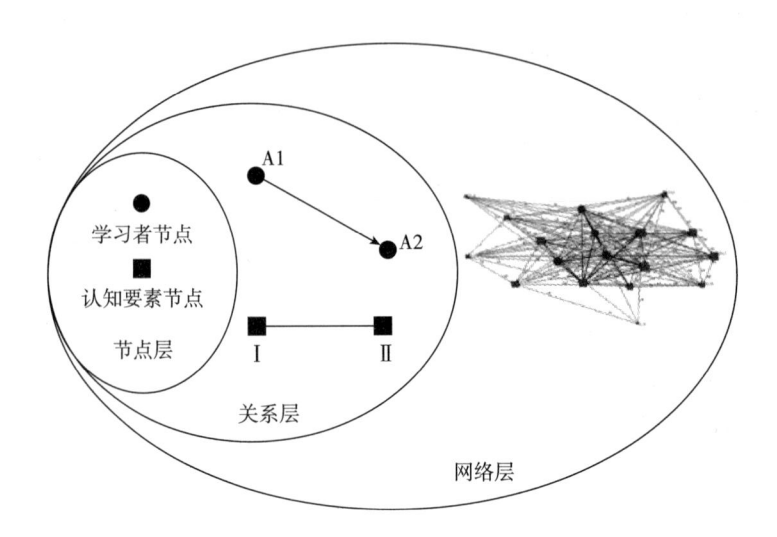

图12-1 社会认知网络分析框架

一 节点层分析维度

节点层分析对象为学习者节点和认知要素节点，主要分析其基本分布情况、节点大小等。节点层指标包括节点类型、出入度和度数中心性。节点类型是指社会认知网络中协作交互的参与者节点和认知要素节点。选择这两种节点来构成网络是因为协作交互的核心过程就是社会交互和认知交互。认知交互以认知要素节点为基础，反映交互内容中多维认知要素间的相互关联；社会交互则以参与者为节点，反映参与者的角色、互动关系[1]。因此，为了兼顾分析两种交互，我们选择以参与者和认知要素为社会认知网络中的节点。出入度则是指在协作交互过程中节点发出和接受交互的频次，频次越高代表节点与其他节点间的关联度越高，能够反映节点在网络中的活跃程度[2]。度数中心性指标仅可用来描

---

[1] 王志军等：《联通主义学习行为分析方法体系研究》，《开放教育研究》2019年第4期。

[2] 蒋侃等：《大学生创业网络结构特征及其关联社会关系网络研究》，《创新与创业教育》2016年第1期。

述社会网络向某个点集中的趋势,但不能表征出节点对其他节点是否有控制作用。

二 关系层分析维度

关系层着重分析节点间的互动关系,从参与者的互动关系、认知要素的互动关系以及两种互动关系间的关联这三个角度出发,分析指标包括交互强度、交互方向以及平均度。交互强度运用节点间连线的粗细进行表征[①],代表着不同节点间连接的强弱,表征了不同节点间的关联强度,即节点之间的共现关系。交互方向是指在两两相互关联的节点之间的连线末端,会用箭头标注出交互的方向,由交互的发出者指向接收者。需要注意的是,认知要素节点间的连线指向无意义,这是由于认知要素之间主要是共现关系,不能根据认知要素节点的先后顺序来断定相互之间的因果关系。平均度主要表明社会网络中的整体交互频繁程度,是指网络中所有交互强度的平均值,能够代表网络的平均交互水平[②][③]。网络层一方面可以反映整体网络结构的稳定性、节点的分布情况以及网络的动态变化趋势;另一方面可以识别网络中占据重要地位的节点,如占据重要信息资源和人脉资源的结构洞,或是在三方关系中起到调节作用的中间人。

三 网络层分析维度

网络层的指标,主要包括质心、特征向量、密度以及中心性:①质心是指用"边权重"算法获得算数平均值,表示所有节点及节点间关系所形成的网络在空间中的位置,是描述网络结构的标志性特征值。质心可与物体的重心类比,在物理空间中可以将物体看作一个具有一定质量的点[④]。该指标从整体上代表不同小组网络结构的中心。②特征向量主要是用来识别网络中最为核心的成员,根据网络中不同维度上的特征

---

① 蒋侃等:《大学生创业网络结构特征及其关联社会关系网络研究》,《创新与创业教育》2016年第1期。
② 朱先永:《基于社会网络分析的SPOC课程论坛中的交互行为研究》,硕士学位论文,江西财经大学,2016年。
③ 刘军:《整体网分析讲义》,格致出版社2009年版。
④ Shaffer, D., et al., "A Tutorial on Epistemic Network Analysis: Analyzing the Structure of Connections in Cognitive, Social, and Interaction Data", *Journal of Learning Analytics*, No. 3, 2016, pp. 9–45.

值整合而成，表征网络中最为核心的成员的中心度以及整体网络的中心势，能够作为网络的一种特征值①，便于对不同社会认知网络进行差异和影响作用的检验。③密度是指社会认知网络中节点间的紧密程度，其取值范围是0—1，0代表两个节点之间没有连线，没有联系；1则代表网络中所有节点之间都有连线②③。④中心性是指在社会网络中地位和权利的集中发展趋势，包括度数中心性、中介中心性以及接近中心性④⑤。由于中介中心性对社会网络和认知网络同时具有较大的意义和价值，在此，将中介中心性指标数值来作为整体网络的中心性数值。中介中心性主要用来描述网络中是否会形成核心领导者对其他成员进行控制，代表着网络中介节点的数量和效果。即中介中心性越强，代表整体网络中能够促进节点间相互联系的中介节点越多，且连接作用强。该指标有助于识别需要重点关注的节点，结合重要节点与其他节点之间的连接关系，可以在一定程度上反映协作交互过程中的社会交互水平或认知交互水平⑥。因此，运用中介中心性能够很好地反映社会认知网络的结构中心性，从而反映协作交互过程中社会性认知交互的紧密性。

综合从认知网络以及社会网络所筛选出的指标，从节点层、关系层和网络层三个角度出发，我们对相关指标进行归类和汇总，最终形成了社会认知网络的分析指标框架，如表12-1所示。

---

① 刘军：《整体网分析讲义》，格致出版社2009年版。
② Gašević, D., et al., "SENS: Network Analytics to Combine Social and Cognitive Perspectives of Collaborative Learning", *Computers in Human Behavior*, No. 92, 2019, pp. 562–577.
③ 梁云真等：《网络学习空间中交互行为的实证研究——基于社会网络分析的视角》，《中国电化教育》2016年第7期。
④ 朱先永：《基于社会网络分析的SPOC课程论坛中的交互行为研究》，硕士学位论文，江西财经大学，2016年。
⑤ 刘军：《整体网分析讲义》，格致出版社2009年版。
⑥ 钱璇：《知识论坛中学习共同体的社会认知网络演化机制研究》，硕士学位论文，华中师范大学，2019年。

表 12 – 1　　　　　　　社会认知网络的分析指标框架

分析层面	指标	含义
节点层	类型	参与者与认知要素
	出入度	节点发出和接受交互的频次
	度数中心性—出度	有直接关联的节点数量
	度数中心性—入度	
关系层	交互强度	两节点之间的共现（互动关系出现的）频次
	交互方向	互动关系的指向
	平均度	节点之间交互的（互动关系出现的）平均次数
网络层	质心	认知网络的特征值
	特征向量	整体网络的凝聚力
	密度	网络结构的稳定性
	中心性	网络整体向某节点集中的趋势

第三节　社会认知网络分析的基本思路

社会认知网络分析可分为四个基本步骤，如图 12 – 2 所示：首先，分析并确定研究目标及相应理论框架，主要包括确定研究的主要分析对象、甄别认知要素、确定编码框架；其次，对收集到的协作交互过程数据进行整理和编码；再次，构建社会认知网络模型，对认知网络与社会网络进行编码并建立各要素之间的关联；最后，进行模型分析，从描述性、差异性以及网络动态变化趋势等角度进行分析。

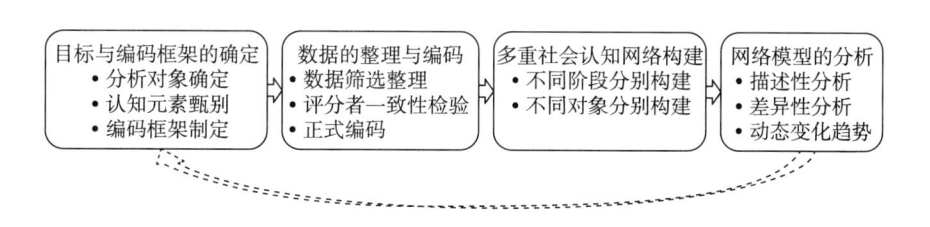

目标与编码框架的确定	数据的整理与编码	多重社会认知网络构建	网络模型的分析
• 分析对象确定 • 认知元素甄别 • 编码框架制定	• 数据筛选整理 • 评分者一致性检验 • 正式编码	• 不同阶段分别构建 • 不同对象分别构建	• 描述性分析 • 差异性分析 • 动态变化趋势

图 12 – 2　社会认知网络分析思路

一 目标及编码框架的确定

首先,确定运用社会认知网络分析法对协作学习投入进行分析的研究目的。运用社会认知网络分析对协作学习投入过程中小组成员之间的协作交互进行分析,同时兼顾认知交互和社会交互,并运用可视化的方式进行表征,有助于揭示协作学习投入过程中不同类型社会认知网络的结构关系特征、不同类型网络之间的差异分析,以及不同类型小组的社会认知网络的演化过程。其次,确定对应分析编码框架。对于协作学习投入过程中的认知交互需以认知网络分析的相关方法作为数据处理分析的指导,形成相应的认知网络编码表;对于协作学习投入过程中的社会交互则主要以社会网络编码矩阵的形式,来对交互过程的发出者、接收者以及交互的频次进行记录;而对于认知和社会交互同时进行可视化的表征和分析,需要将认知网络分析的编码表与社会网络分析形成的矩阵相融合,形成社会认知网络分析编码矩阵表,最终通过对社会认知网络编码矩阵表的处理和进一步分析实现网络图形的构建以及对比分析。

在分析目标及编码框架的确定中,最重要的步骤是选择理论框架作为数据编码的依据,识别研究问题或主题中涉及的关键认知要素,形成编码方案。我们可以采用内容分析法来凝练关键词,并形成编码方案,确定内容中的重要认知要素[1]。需要注意的是,编码的含义和解释要明确清晰,避免产生歧义,而影响编码质量。

二 数据的整理与多重编码

针对协作学习投入的数据收集完成后,需要对讨论文本以及录音进行筛选、整理和编码,将协作学习过程形成的文本、音频、视频等过程性数据转换成数据流,便于进一步处理和分析。首先,为了保证能够对小组协作学习投入过程中形成的社会认知网络相关指标以及结构特征等进行有效的分析,需要针对具有相同规模的小组数据进行分析,且小组成员不能有某一编码时段的空缺,因此需要对收集到的原始数据进行筛选、预处理等操作,减轻编码人员的工作负荷,保证能够最大限度地获

---

[1] Cai, Z., et al., "Epistemic Network Analysis and Topic Modeling for Chat Data from a Collaborative Learning Environment", Proceedings of the 10th International Conference on Education Data Mining, 2017, pp. 104 – 111.

取有效数据。其次，在编码过程中，需注意按时间顺序对数据进行筛选、处理与分阶段编码，这样便于对社会性认知交互过程进行基本描述并获得在时间上的动态变化趋势[①]。同时，也要采用软件对音频进行降噪等处理，保证数据有足够的清晰度和完整度实现编码。最后，在正式编码前，需要进行评分者一致性检验，即两位以上的编码人员对部分数据进行编码，之后测算评分者一致性信度，且需对不一致的编码进行协商并最终达成一致，从而降低编码人员主观因素的影响，保证编码质量。

三 多重社会认知网络的构建

多重社会认知网络构建的核心任务在于对讨论文本以及录音进行编码，并融合形成社会认知网络编码矩阵表，运用 ENA webkit 以及 Ucinet6 软件进行进一步操作和处理，能够得到对应的观测指标数值、认知网络图、社会网络图、个人社会认知网络图以及社会认知网络图。

在社会认知网络构建阶段，根据研究目标，可以从个体、小组、群体三个层次，对特定时间节点的网络进行建模。个体、小组以及群体之间的网络是相互支撑的关系，个体网络和小组网络不断叠加形成群体的社会认知网络[②]。个体的社会认知网络，主要体现了个人的社会性认知交互情况，能够表征出学习者个体的认知结构；而小组的社会认知网络则是在个体的基础上，融入了其他小组成员的交互属性，这正是本章中所指的社会认知网络图；群体层次的社会认知网络的构建，则是整体反映群体学习者在协作交互过程中形成的社会认知网络结构。对于时间阶段的划分则是为了能够了解社会性认知网络的动态演化过程，在具体的实践当中可以按照任务、单元、活动主题等协作事件来划分时间节点。

四 社会认知网络的结构分析

在社会认知网络的结构分析阶段，可以从描述性、解释性与预测性三个角度探索协作学习投入中的交互过程，完成个体、小组及群体网络

[①] Csanadi, A., et al., "When Coding-and-counting is not Enough: Using Epistemic Network Analysis (ENA) to Analyze Verbal Data in CSCL Research", *International Journal of Computer-Supported Collaborative Learning*, Vol. 13, No. 4, 2018, pp. 419–438.

[②] 刘禹等：《基于网络的大规模协作学习研究》，《远程教育杂志》2013 年第 2 期。

结构间的对比，进而为交互结果的预测和干预提供依据[①]。具体来讲，描述型研究主要是对协作交互过程以及网络结构特征进行探究，旨在描述协作交互过程中形成的社会认知网络结构特征。通过对各指标数值以及网络图形的分析与观测，将协作学习投入过程中的小组进行分类，再选出各种类型社会认知网络对应的典型小组，从节点层、关系层以及网络层三个角度进行描述性分析，充分展现不同类型小组的社会认知网络的结构、关系等基本特征，即表征不同类型小组对应协作学习投入过程中的认知交互水平、社会交互水平以及所形成的社会认知网络结构的稳定性等具有代表性的基础特征。

解释型研究主要是对协作交互过程以及相关影响因素进行研究和分析，以探索影响交互过程的核心因素。运用结构洞以及中间人的相应指标和数值对网络中的重要节点进行识别，并分析重要节点的相互关联以及在网络中的所扮演的角色和作用，从而对不同类型小组进行组内以及组间差异分析，进一步揭示不同类型小组的共性特征和差异特征。其中，结构洞节点是对不同类型小组在交互过程中占据重要信息资源和人脉资源的认知要素节点和学习者节点进行识别。中间人则是识别在不同类型小组的协作交互中出现的三方关系中，起到重要调节作用的中间认知要素节点。分析与这两种重要节点的相互关联和影响的节点、关系以及网络，进一步表现不同类型小组的深层次差异特征。

预测型研究则是预测协作交互效果，为后续的干预以及教学决策提供辅助信息，实现对协作交互过程的预测与干预。其中，对认知网络随时间变化的分析能够反映出，不同类型小组的认知交互水平以及认知交互丰富性随时间的变化情况；社会网络随轮次的推移过程能够反映出不同类型小组的学习者地位以及关系聚拢情况的变化与差异；而社会认知网络随时间的变化则能够反映出，不同类型小组对应的节点的分布情况，以及网络结构随时间变化的稳定性。

[①] 戴心来等：《基于学习分析的虚拟学习社区深度交互研究》，《现代远距离教育》2019年第5期。

第十二章 社会认知网络分析的理论框架

本章小结

社会认知网络分析能够表征协作学习参与者之间的社会网络关系以及参与者与认知节点的认知网络关系，有助于更为全面系统了解参与者的协作学习投入程度，明确参与者在协作学习的过程中所扮演的角色和所做出的贡献[①]，为协作学习中群体交互的相关研究提供了新的分析视角。本章侧重于阐释社会认知网络分析的理论框架，剖析了社会认知网络分析的内涵、特征与价值，在其基础上构建了社会认知网络分析框架与具体指标，包括节点层、关系层以及网络层三个分析层面。在此基础上，梳理基于社会认知网络的协作交互分析的四个基本步骤，为社会认知网络分析的实证研究提供基础条件。

---

① 崔京菁等：《基于社会认知网络的翻转课堂教学模式研究》，《现代教育技术》2016年第11期。

第十三章

基于社会认知网络的协同观点论证分析

引言

协同观点论证以问题解决与观点生成为核心目标，对于发展学生的批判性思维、问题解决能力均有重要价值。这部分采用社会认知网络分析框架与方法来可视化呈现协同观点论证过程，探索协同观点论证中社会认知网络的基本特征，不同类型网络的差异以及演化过程。研究发现根据社会认知网络特征可以将协同观点论证小组分为观点分散型、观点整合型、观点堆砌型以及深度探讨型；随着协作进程推进，各小组中低阶认知要素节点占据网络的中心位置，而高阶认知要素节点出现的频次相对较低，且相对更多处于边缘化的位置，社会认知网络会朝向部分参与者节点以及认知要素节点聚拢。

第一节 基于社会认知网络的协同论证分析

社会认知网络分析是将社会网络分析中参与者之间的社会关系网络，与认知网络分析中的参与者的群体认知网络进行叠加，能够从社会认知网络结构与演化的两个角度对协作互动过程进行多维、关联、动态化的表征和分析，对于剖析小组内部成员的相互作用关系，开展面向多维关联的互动关系表征具有重要价值。这部分结合社会认知网络的分析框架与方法，以协同观点论证过程为分析对象，开展社会认知网络分析应用。

论证是用理由（即证据）去证明某些观点的过程，是探究问题的一种方法。在韦氏词典当中的定义则是："论证是通过辨别、推理以及讨论得出结论的过程"。协同观点论证以问题解决与观点生成为核心目标，着重引导学习者对问题从多个维度进行观点分享、质询、协商和共识，从而实现知识的增长①。其中观点结论形成的过程可以看作知识建构推进的过程。

在已有的协同观点论证分析中，论证的切入过程，如何影响论证结果成为研究者关注的焦点。从过程要素来看，协同观点论证过程主要从论证分析和协作知识建构两个角度展开分析。从论证分析角度，图尔敏认为一项完整的论证应该具备下列要素：资料（data）、根据（warrant）、主张（claim）、支持（backing）、反驳（rebuttal），各要素在论证中都发挥着重要作用。其中，资料、根据和主张是论证的核心部分，任何一个论证都必须具备这三个要素。从知识建构论证协商的角度，古德纳瓦德纳等提出论证的五个过程阶段，包括观点分享、探索发现、意义协商、验证改进和应用建构。该框架从知识建构的观点论证角度给出了观点论证的一般流程。基于上述两项协同观点论证的过程分析，有研究者提出了包含陈述观点、提出证据、提出论证链、完整论证等环节结合的协同观点论证行为编码表，为协同过程论证过程分析提供了基础工具，如表 13-1 所示。

表 13-1　　　　　　　　　论证过程行为的编码框架

层级	建构	批判	描述	呈现形式
0			对论证过程无意义的话语	
0a	陈述观点		学习者表述观点	C
0b		观点评估	学习者评估同伴的观点	C R E
0c	提出论据		学习者提出支撑观点的论据	C R E

---

① 张振虹等：《在线协作分析论证的中英比较研究——基于中英项目（eChina - UK）的案例分析》，《中国电化教育》2010 年第 10 期。

续表

层级	建构	批判	描述	呈现形式
1a	论证链		学习者阐明观点与证据间的合理联系	
1b		证据链评估	评估他人证据链的合理性	
1c	完整论证		学习者表达观点、提供支撑论据，并解释证据与观点之间的合理联系	
1d		替代性观点论证	学习者提出能够替代他人观点的论证	
2a		竞争性观点	学习者批判他人观点，阐明观点中的缺陷，并运用证据证明	
2b	单方面比较论证		学习者支持对立观点中的一方，但没有理由证明另一种观点的不足	
2d	正反观点对比论证		学习者对正反观点进行评价对比，证明某一方观点更有说服力	
2c		观点反驳与批判	对两种观点进行比较分析并总结形成新的更深层次的论证	

注：C 为观点；R 为联系；E 为论据。

一 研究缘起

目前，已有关于协同观点论证过程分析割裂为社会网络分析与认知网络分析两种路径，亟须整合。社会网络分析将协作互动过程的人际关系网络作为分析的对象，以协作交互参与者为节点，运用连线来表征参与者之间的关系及交互强度，旨在分析协同观点论证过程中社会关系的

第十三章 | 基于社会认知网络的协同观点论证分析

形成与发展，呈现协作互动的个体与群体所构成的社会关系结构[①][②]。社会网络分析的对象包括：关于论证过程群体感知；参与者的角色；参与者之间的互动模式和社会网络关系；参与群体的社会关系网络的演化[③][④][⑤]。认知网络分析选取协作交互内容中的认知要素为分析对象，对话语、文本等内容当中的重要元素进行识别并按照时间顺序进行编码和量化，进而运用可视化的表征方式来动态化呈现要素之间的连接和结构关系[⑥]。认知网络分析的对象包括：协作互动参与者思维要素之间的变化和联系[⑦]；不同认知网络结构之间的联系与差异[⑧]；协作互动参与者的学习状态以及认知能力等[⑨]，同时也能够对参与者的认知能力和水平提供评价[⑩]。

然而，社会网络分析仅对参与者在协作学习过程中的社会关系来进行分析，难以表现参与者在认知层面的交互、难以识别参与者之间的交互内容及深度等。认知网络仅是从认知层面对协作交互参与者所表现出的认知能力及水平进行分析，难以反映协作交互参与者之间的社会性关系，也难以识别协作交互参与者在交流过程中所扮演的角色和作用以及

[①] 石月凤等：《基于社会网络分析的在线学习行为分析实证研究》，《中国教育信息化》2019年第1期。

[②] 祁玉娟等：《网络学习空间中社会网络关系演化过程研究》，《中国教育信息化》2018年第24期。

[③] 陈向东等：《基于社会网络分析（SNA）的共享调节学习评价：概念框架与解释案例》，《远程教育杂志》2020年第2期。

[④] 王慧敏等：《cMOOC 微信群社会网络特征及其对学习者认知发展的影响》，《中国远程教育》2019年第11期。

[⑤] 祁玉娟等：《网络学习空间中社会网络关系演化过程研究》，《中国教育信息化》2018年第24期。

[⑥] 丁继红：《深度学习中的学习者认知网络和动机策略分析——旨向深度学习的U型翻转教学效果研究》，《远程教育杂志》2019年第6期。

[⑦] 吴忭等：《认知网络分析法：STEM教育中的学习评价新思路》，《远程教育杂志》2018年第6期。

[⑧] Cai, Z., et al., "Epistemic Network Analysis and Topic Modeling for Chat Data from a Collaborative Learning Environment", Proceedings of the 10th International Conference on Education Data Mining, 2017, Retrieved from http://par.nsf.gov/biblio/10026226.

[⑨] 刘迎春等：《精准教学中基于同伴互评的评价者认知网络分析》，《远程教育杂志》2019年第1期。

[⑩] 吴忭等：《认知网络分析法：STEM教育中的学习评价新思路》，《远程教育杂志》2018年第6期。

表征协同观点论证过程中参与者之间的知识流动①。因此,为了弥补两种分析方法的不足,本章引入基于社会认知网络分析的基本框架,探索协同观点论证的互动过程,以期将社会网络分析与认知网络分析的视角加以整合。

二 研究设计

(一)研究问题

本章以协同观点论证互动过程为分析对象,探索采用社会认知网络分析方法来可视化表征互动过程,其具体研究问题凝练为:在协同观点论证活动中,社会性认知互动网络的特征与演化过程是什么?具体分解为两个子问题:①在协同观点论证中,不同类别小组社会性认知互动网络的基本特征是什么?②在协同观点论证中,社会性认知互动网络的演化过程是什么?

(二)分析框架

社会认知网络分析框架可以从三个层次入手,即节点层、关系层和网络层。"点"和"关系"是支撑网络分析的两类重要单元,网络层是指从宏观层面来进行网络结构特征分析的单位②③④。针对"点"的分析主要是各种点属性特征,如点度中心性等;针对"关系"的分析则可以从六个方面入手,即个体层次、双边层次、三边层次、块或子群层次、整体层次以及"关系"演化。鉴于此,整体社会认知网络可以认为是社会网络和认知网络的融合体,从个体层、二元组层以及网络层来对两类网络进行匹配。因此,在协同观点论证的社会认知网络中,为了将认知要素构成的认知网络与社会关系构成的社会网络进行融合,最终从节点层、关系层和网络层三个层面进行分析框架的构建。

---

① Gašević, D., et al., "SENS: Network Analytics to Combine Social and Cognitive Perspectives of Collaborative Learning", *Computers in Human Behavior*, 2018, doi: 10.1016/j.chb.2018.07.03.

② 蒋侃等:《大学生创业网络结构特征及其关联社会关系网络研究》,《创新与创业教育》2016年第1期。

③ 刘军:《整体网分析讲义:UCINET软件实用指南》,上海人民出版社2009年版。

④ 马振萍:《整体网的网络结构研究》,《江苏科技信息(学术研究)》2010年第12期。

第十三章 | 基于社会认知网络的协同观点论证分析

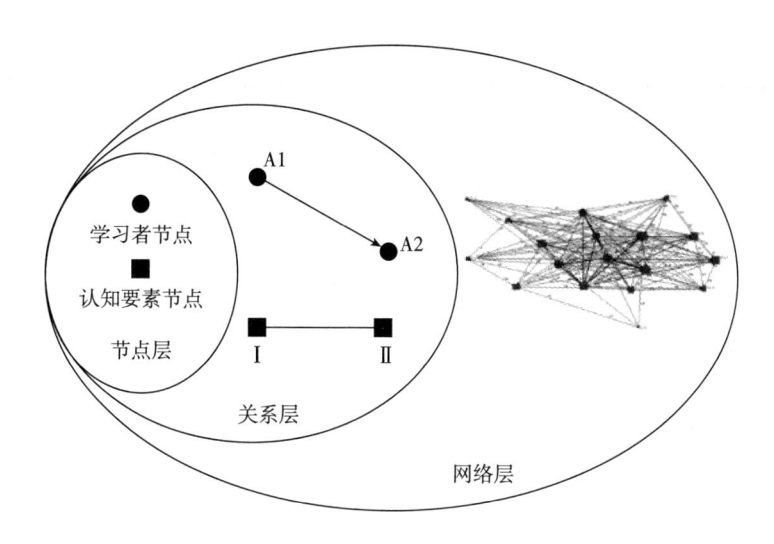

图 13-1　社会认知网络分析框架

以社会认知网络分析框架为基础,筛选、融合社会网络和认知网络的相关指标,可以形成社会认知网络分析的指标框架,如表 13-2 所示。节点层以参与者节点和认知要素节点为基本单位,分析节点的交互频次或方向,反映节点的受欢迎程度、地位等[1][2];关系层主要分析两节点之间的交互强度、方向以及整体网络中的平均交互频次;网络层则主要研究特征向量等能够代表整体网络结构的相关指标。

表 13-2　社会认知网络的观测分析指标框架

层面	指标	解释
节点层	类型	共有两种,即参与者与认知要素
	出入度	节点作为交互发出者和接收者的频次
	度数中心性—出度	有直接关联的节点数量
	度数中心性—入度	

---

[1] 蒋侃等:《大学生创业网络结构特征及其关联社会关系网络研究》,《创新与创业教育》2016 年第 1 期。
[2] 刘军:《整体网分析讲义:UCINET 软件实用指南》,上海人民出版社 2009 年版。

续表

层面	指标	解释
关系层	交互强度	两节点之间的共现频次
	交互方向	连接点连线的指向
	平均度	节点之间交互的平均次数
网络层	质心	认知网络的特征值
	特征向量	寻找核心参与者
	密度	网络结构的稳定性
	中心性	网络整体向某节点集中的趋势

（三）研究工具与方法

1. 协同观点论证的编码单位

结合社会认知网络分析框架，协同观点论证过程的编码以话轮为基本单位，以静默或话语轮次的转换为标志对话轮转化进行划分[1][2]。话轮划分有助于在考虑观点和话语的指向性的同时，保证话语结构与意义的完整，协同观点论证认知编码框架如表 13 – 3 所示。

表 13 – 3　　　　　协同观点论证分析认知编码框架

	话语类型	样例
	无（0/NULL）	与学习活动无关、无法分类或是无法理解的对话内容
渐增式话语（Ⅰ）	重复（RE）	之前我们形成的方案是……
	信息寻求（IS）	xx 同学，关于研究问题制定标准，你知道些什么吗？
	表示认同（AG）	你的观点是正确的。
	表明观点（RV）	我的观点是应当考虑研究问题之间的逻辑关系。
	理由（AR）	之所以这样说是因为……
争论式话语（Ⅱ）	质疑（QU）	这个题目的研究范围是否太大了？
	提出竞争性观点（CV）	我认为问卷调查法更适合于本研究问题……
	反驳（CT）	我不认同你的观点，首先……，其次……，因此……并不合理。
	妥协（CP）	是的，运用这种表述方式更合适。

---

① 刘虹：《会话结构分析》，北京大学出版社 2004 年版。
② 黄国文：《话语分析》，外语教学与研究出版社 1988 年版。

续表

	话语类型	样例
探究式话语（Ⅲ）	辩护（DE）	你的观点我不否认，但是从……来看，……
	追加信息（AI）	解释一下，教育技术研究中，教育与技术的关系是……
	比较或评估（CE）	我们的观点是……，与教师提供的反馈间的差距是……
	改变或修正观点（CR）	哦，明白了，其实我们应当重点关注于……

2. 社会认知网络编码矩阵表的形成过程

在确定编码单位后，需要基于认知与社会网络编码来形成社会认知网络编码矩阵。认知网络编码的依据是论证要素和话语水平，识别各单位包含的认知要素，运用 Ucinet 6 形成表征认知要素间共现频次的编码矩阵表。社会网络编码矩阵表采用列表示社会交互的发出者，行表示社会交互的接收者，进而表征交互频次。两种编码矩阵表融合形成的社会认知网络编码矩阵表，继承了两种编码表的属性，其中参与者与认知要素节点间对应关系为，参与者作为发出者而认知要素节点作为接收者。社会认知网络编码矩阵表如表 13-4 所示。

表 13-4　　　　　　社会认知网络编码矩阵表样例

	NULL	Ⅰ	Ⅱ	Ⅲ	B1	B2	B3	B4
NULL	433	131	10	29	0	0	0	0
Ⅰ	131	1555	151	162	0	0	0	0
Ⅱ	10	151	227	24	0	0	0	0
Ⅲ	29	162	24	243	0	0	0	0
B1	153	1061	81	140	0	230	363	308
B2	24	199	23	19	103	0	24	28
B3	149	574	89	42	290	51	0	122
B4	107	406	64	46	220	46	101	0

3. 社会认知网络编码的一致性检验

需要注意的是，在正式编码前，需对研究人员的编码信度进行评分者一致性信度检验。两位研究人员按照编码框架和分析单元，各自独立对部分数据（占总体数据量的 5.56%）逐个进行编码。编码数据运用 SPSS 21 软件处理分析，得到两位研究人员之间的一致性为 88.4%，具有较高的一致性信度。经过两位研究人员对不一致的编码的讨论协商，最终对编码结果全部达成一致，保证为后续研究数据分析及结果的获得提供具有准确性的编码。

三　协同论证活动过程设计

为了支持协同论证展开，结合探究学习社区框架，从教学存在感、社会存在感以及认知存在感三个维度出发进行教学设计，以形成支持同步/异步、线上/线下混合的协同观点论证支撑环境，并结合知识整合理论进行学习活动的设计与实施，从过程与结果两个角度对协同论证过程进行设计，以便学习者顺利开展协同论证实践。

1. 协同观点论证活动设计

首先，以网络探究学习社区理论为指导，从社会存在、认知存在以及教学存在三个维度进行协同观点论证研究的学习活动设计，形成网络探究社区设计框架，如图 13-2 所示。设计原则以及对应策略，如表 13-5 所示，为协同观点论证活动的实施与开展提供了基础环境。

其次，以知识整合理论为指导进行协同观点论证过程的设计，即通过知识整合理论来引导学习者进行观点的初始化形成、共享、辨分、反思以及整合，促使学习者有可能进行深度的观点交互以及意义建构。具体而言，可以从知识整合理论的主要环节出发将协同观点论证过程划分为四个阶段，即析出观点、添加新观点、辨析观点以及反馈和梳理观点四个基本过程。

最后，以学习单的形式来对协同观点论证活动进行指导[1][2]。学习

---

[1] Linn, M. C., "Insights for Teaching and Learning Science", in Dede, C. & Richards, J. (eds.), Digital Teaching Platforms: Customizing Classroom Learning for Each Student, New York: Teachers College Press, 2012, pp.55-70.

[2] Tsovaltzi, D., et al., "Group Awareness Support and Argumentation Scripts for Individual Preparation of Arguments i Facebook", Computers & Education, No.76, 2014, pp.108-118.

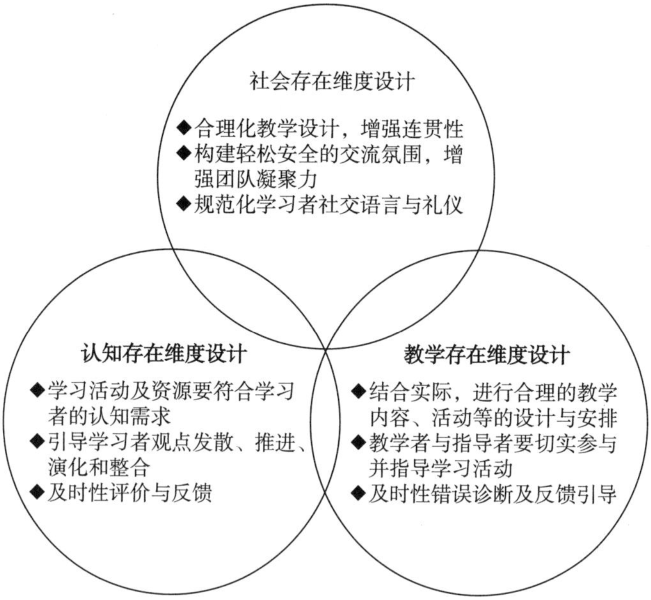

第十三章 基于社会认知网络的协同观点论证分析

```
        社会存在维度设计
    ◆合理化教学设计,增强连贯性
    ◆构建轻松安全的交流氛围,增
     强团队凝聚力
    ◆规范化学习者社交语言与礼仪

   认知存在维度设计              教学存在维度设计
◆学习活动及资源要符合学习   ◆结合实际,进行合理的教学
 者的认知需求              内容、活动等的设计与安排
◆引导学习者观点发散、推进、 ◆教学者与指导者要切实参与
 演化和整合               并指导学习活动
◆及时性评价与反馈          ◆及时性错误诊断及反馈引导
```

图 13 – 2 支撑协同观点论证过程分析研究的学习活动设计原则

表 13 – 5　　　　　　　　　设计具体原则及对应策略

维度	原则	策略
社会存在维度	合理化教学设计,增强连贯性	整体采用结构化策略 固定教学内容以及资源的发布时间 按照先前知识与技能水平设定内容和活动,减轻学习者认知负荷
	构建轻松安全的交流氛围,增强团队凝聚力	提倡营造轻松的社区交流氛围 强化小组概念,对小组内容进行反馈
	规范化学习者社交语言与礼仪	设定小组讨论过程问候语 向学习者提供观点支架
认知存在维度	学习活动及资源要符合学习者的认知需求	设定相应的探究问题或任务 要给予学习者相应的拓展资源 固定时间发放课程材料与资源

续表

维度	原则	策略
认知存在维度	引导学习者观点发散、推进、演化和整合	提供讨论过程的观点支架，引导观点发散、推进与演化 设定绘制思维导图整合环节
	及时性评价与反馈	教师在课中或是课后及时对小组生成的成果进行反馈 通过同伴之间的观点评估和相互质疑给予学习者及时性反馈 每次学习活动完成后要求学习者按反思模板进行自我反思
教学存在维度	结合实际，进行合理的教学内容、活动等的设计与安排	设定符合学习者实际情况和课程标准的教学目标 选择合适的探究主题、教学内容以及学习活动 运用观点框架促进学习者在过程中进行批判性对话
	教学者与指导者要切实参与并指导学习活动	教学者与指导者要参与到各个学习小组当中 指导者监督小组讨论进程，并提供适当的提醒和干预
	及时性错误诊断及反馈引导	对小组学习中存在的问题进行错误诊断 给予学习者及时的反馈与引导

单是对协同观点论证引导脚本设计的外化产物，可以清晰地呈现对学习活动的设计，即明确学习过程中学习者需要完成的任务和对应阶段的具体要求，并有利于学习者对学习任务有整体的感知。学习单呈现具体的论证环节包括头脑风暴（析出观点）、锦上添花（添加新观点）、形成标准（辨析观点）、明辨是非（辨析观点）、小组反馈、知识升华（观点总结）、教师反馈以及自我提升（反思和梳理观点）。与此同时，学习单中会提供录音注意事项以及反思模板，以达到规范化学习者的语言表达的目的，具体学习单样例如图13-3所示。

2. 协同观点论证过程数据收集

协同观点论证过程实施的具体对象为2020年春季在某高校大三开设的《教育技术研究方法》课程，收集该课程小组6个教学周内的协同观点论证过程的录音、文本以及出声思维访谈数据，同时本书作者作为指导人员参与到对小组协同观点论证过程的指导。筛选整理后，共计收集到6个小组6周的有效数据，如图13-4所示。

第一周课程学习单

1.头脑风暴（析出观点）【该部分已在课前完成】
- 每位同学阅读研究报告，在电脑上新建一个word写下你认为这份研究报告不合适的地方，分条写，用12345开头

2.锦上添花（添加新观点）
- 请组长通过小组的企业微信群组织大家按照先后顺序把自己写好的那几条，粘贴到共享石墨文档中
- 请每位同学仔细阅读你们最后形成的石墨文档

3.1形成标准（辨析观点）
- 请每组同学在小组企业微信群中以**文本交流**的方式，讨论可以从哪几个角度来评价这份研究报告的不足

3.2明辨是非（辨析观点）【录音开始】
- 请每组同学打开小组企业微信群的语音
- 请大家查看共享石墨文档中的每一条不足，讨论这条不足提得是否恰当
- 组长一边讨论，一边在石墨文档里简单记录下大家的讨论要点

4.1小组反馈
- 请组长导出最终形成的石墨文档，并在班级企业微信群里提交给老师

4.2知识升华
- 请每组组长组织大家在已经课前建好的思维导图中协作绘制一幅思维导图
- 请小组同学协作绘制如下问题的答案：
  评价一个研究报告，可以从哪些角度开展，在撰写研究报告的时候，这些角度应注意的细节是什么？
  【录音结束】

4.3教师反馈

4.4自我提升（反思和梳理观点）【课后完成】
- 课后请每位同学新建一个word文档，撰写一个小的反思

录音注意事项
- 说话时请对准话筒讲，不然声音会很小。
- 请负责录音的同学开启录音设备，请务必拔下你的耳机！！！其余同学最好戴好耳机，避免有回音干扰。
- 在讨论开始之前，每位成员按照群成员的顺序，说出自己的名字，如"我是×××"

反思模板
- 对于这份研究报告的不足，我一开始的认识和现在的认识几点不同，分别为第一……第二……第三……
- 第一处不同是怎么导致的，是什么改变了我的认识；第二处不同是怎么导致的，是什么改变了我的认识……
- 小组这次协作对我的观点变化造成的影响包括……

图 13－3　学习单样例

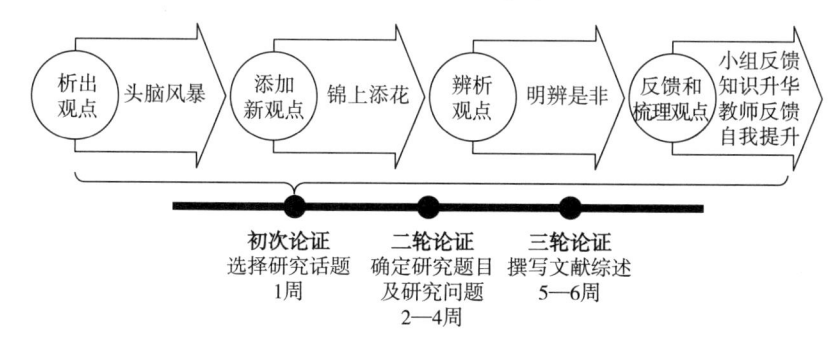

图 13－4　协同观点论证的教学设计流程

第二节 协同观点论证分析结果

这部分将从识别协同观点论证的网络特征变量，描述协同观点论证互动网络结构特征以及探索社会认知网络的演化过程三个基本维度进行分析。

一 协同观点论证互动网络分类

协同观点论证过程中产生的社会认知网络特征识别需要同时兼顾考虑互动过程中的社会性和认知性维度上的水平差异，从而形成四个象限。认知水平维度，结合各组质心在认知网络图中的位置及认知要素频率对各组进行分类。位置主要通过高低阶认知要素节点的分布情况来判断。认知要素频率则需借助各组各认知要素频率分布曲面图和股价图来联合分析。最终获得各小组认知水平由高到低排序结果为 B->D->E->F->C->A，如图13-5、图13-6所示。

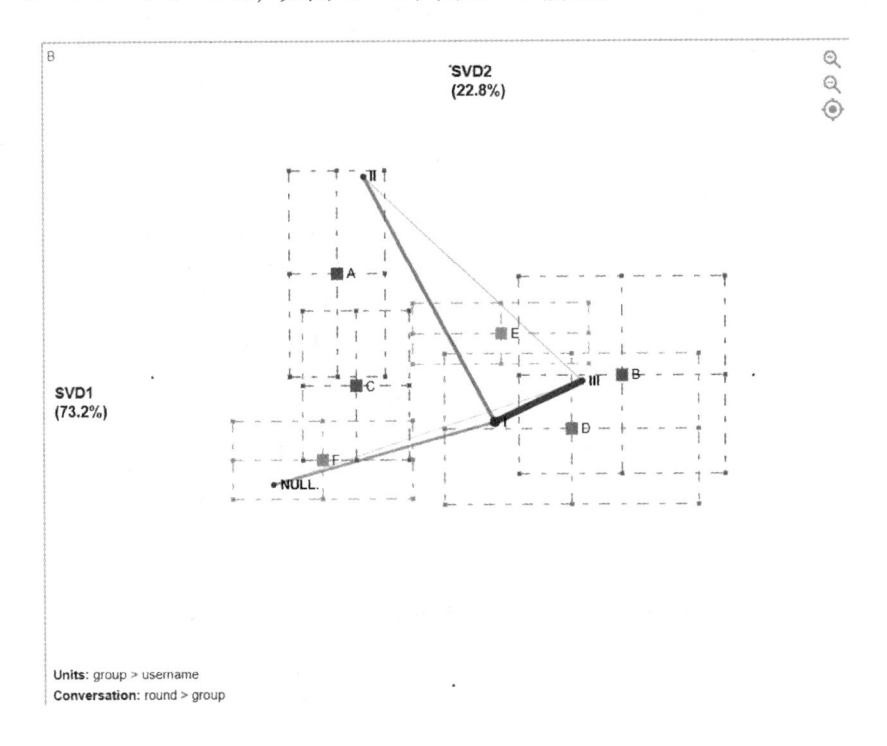

图 13-5　各小组在认知网络上的分布（左图总编码，右图子类别编码）

第十三章 | 基于社会认知网络的协同观点论证分析

图 13-5 各小组在认知网络上的分布
（左图总编码，右图子类别编码）（续）

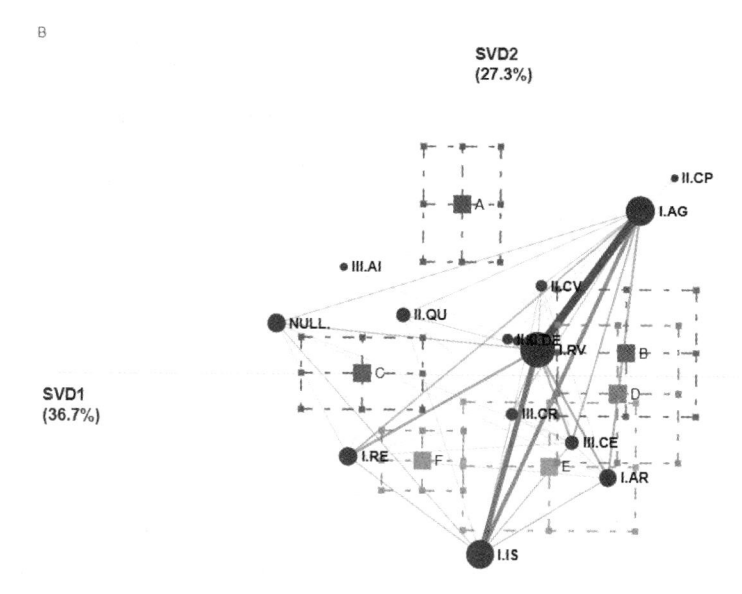

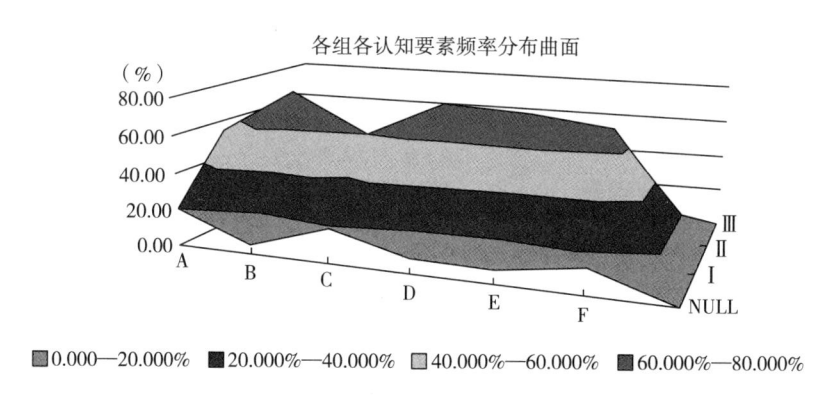

图 13-6 各组各认知要素频率分布曲面及对应等高线

各组认知要素频率股价

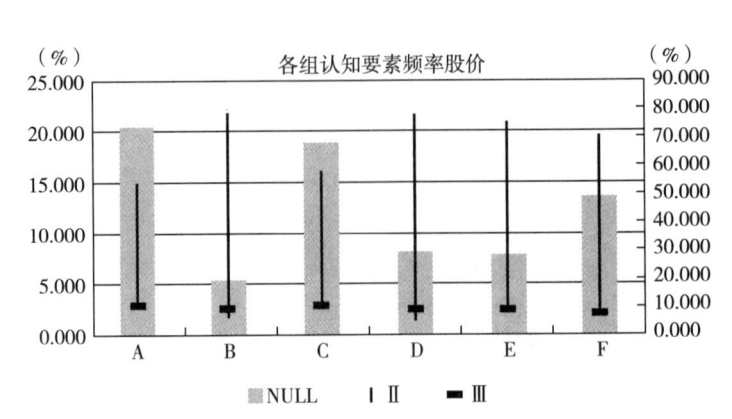

图 13-6 各组各认知要素频率分布曲面及对应等高线（续）

社会水平维度，主要借助关键观测指标数值来排序和分类。在排序的过程中，应确保对指标数值赋以权重的解释力度能够在 80% 以上（目前为 96.964%），将以各组在三轮次活动中指标数值为基础，运用 SPSS 21.0 进行标准化处理和主成分分析，最终对各组能够代表社会交互水平的三个轮次数值求取平均数，进而代表该组整体的社会交互水平。最终社会水平由高到低排序结果为 F->B->C>D->E->A。

结合两个维度上的排序结果，协同观点论证的社会认知网络可划分为四类，即观点整合型（B组）、观点分散型（F组）、观点堆砌型（A组）以及深度探讨型（D组），在后续的研究中将分别选择一组来做分类代表来进行分析，如图 13-7 所示。

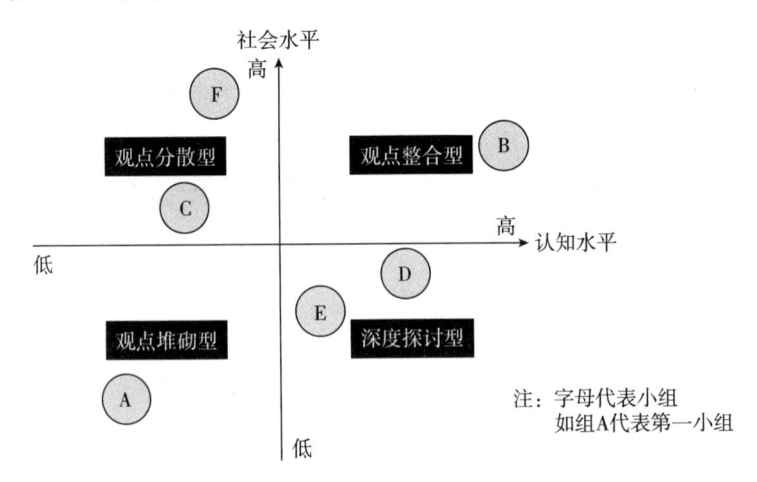

图 13-7 社会认知网络分类及各组分布

二 协同观点论证互动网络的基本特征

从空间维度上,描述和分析网络的基本特征,需选择具有代表性时间阶段的网络来表征,因此选择以 6 周整体数据为基础建立社会认知网络,如图 13-8 所示。在此将从网络层分别对不同类型的社会认知网络(以 D 组、F 组、A 组、B 组为代表)的结构特征和表现形式进行描述与分析。

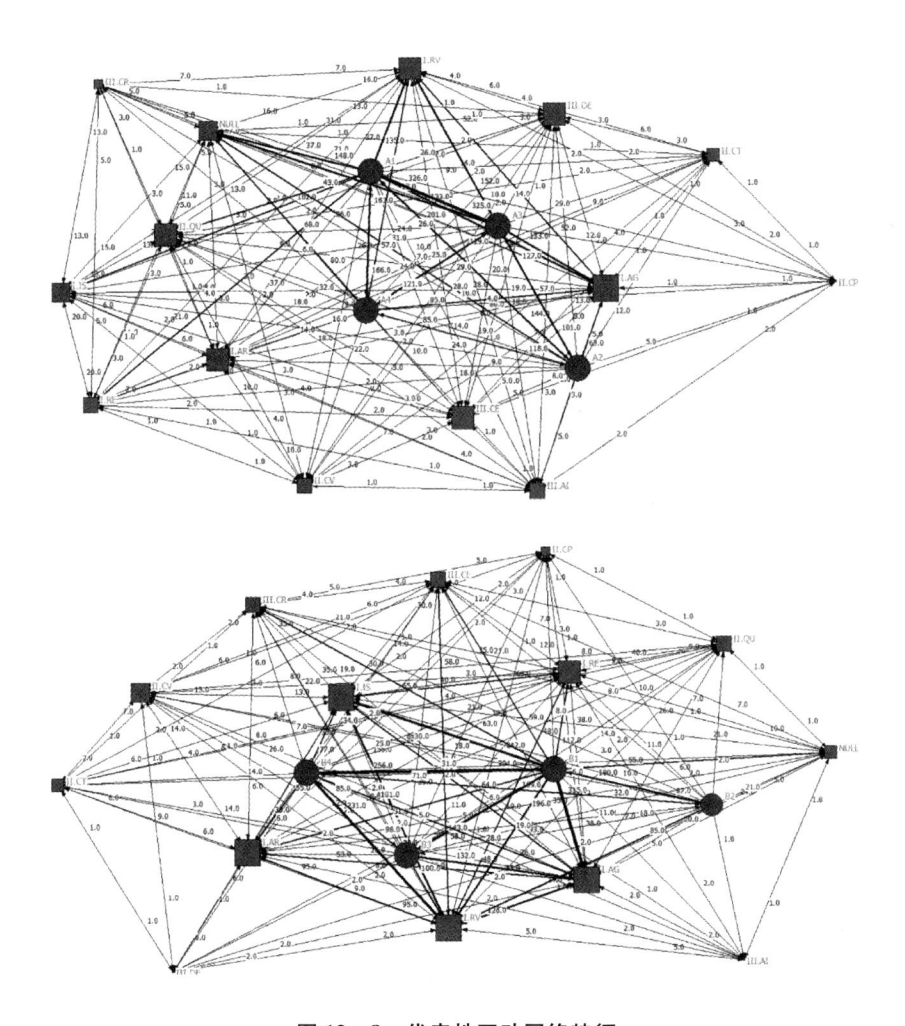

图 13-8　代表性互动网络特征

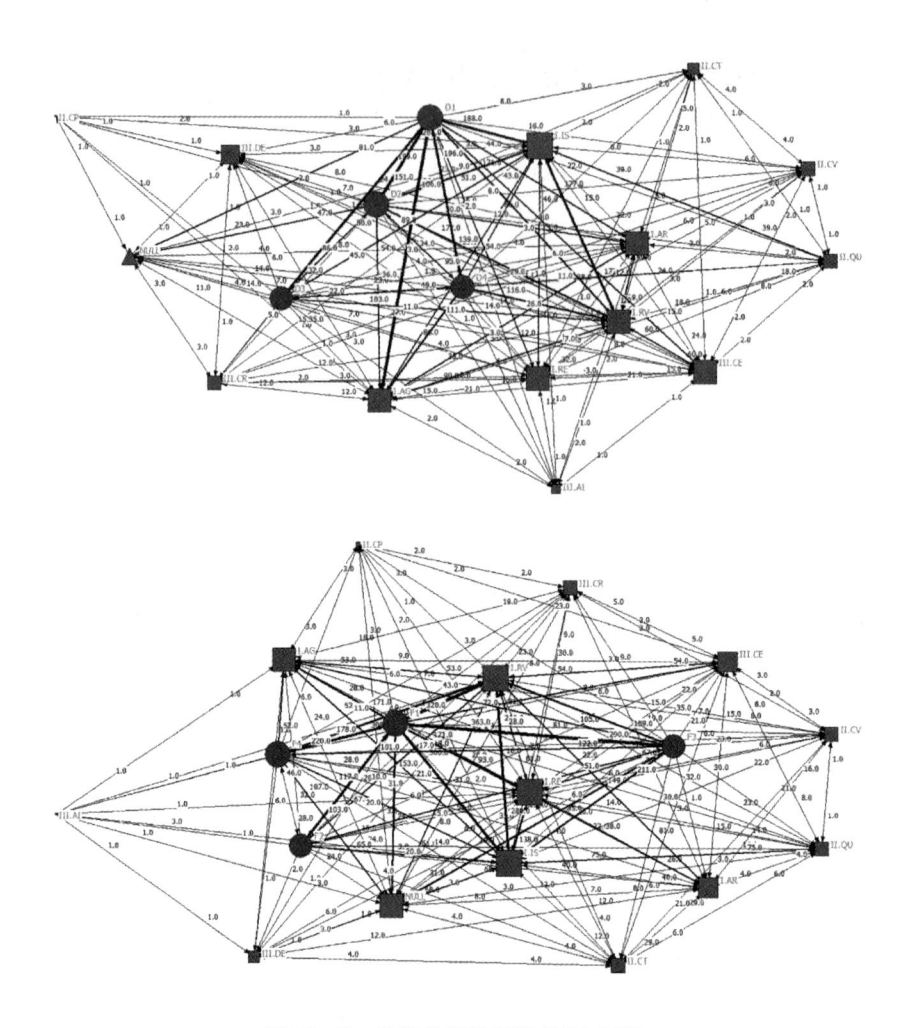

图 13-8 代表性互动网络特征（续）

从网络层分析指标中的中介中心性、特征向量和密度三个维度指标进行网络结构特征的分析，以反映网络结构的稳定性、发展趋势以及交互通畅性。中介中心性代表整体网络中能对互动过程起到中介作用的节点数量，即中介中心性越高代表网络的流通性越好，如深度探讨型小组中中介节点较多，能够保障交互渠道的通畅性。特征向量则代表整体网络向核心参与者集中的趋势，也就是说特征向量值越大，整体网络的内部联系越紧密。而密度则代表网络结构的稳定性，即密度值越大，网络结构越稳定。如观点整合型小组中特征向量和密度值均处于较高水平，这意味着整体网络的集中趋势较强，且网络结构稳定。

表 13-6　四种类型的协同观点论证社会认知网络层相关指标

		中介中心性（%）	特征向量（%）	密度（%）
深度探讨型	D 组	3.44	74.77	18.2059
观点分散型	F 组	1.82	70.63	26.9052
观点堆砌型	A 组	1.44	56.64	16.9967
观点整合型	B 组	1.69	72.42	20.9314

四类协同观点论证互动网络体现出结构特征差异。如 D 组代表的协同观点论证的"深度探讨型"互动网络呈现出较高的认知交互的水平，但社会交互水平相对较低。即该类型的小组在协同观点论证过程中，参与者之间能够进行更多有意义的交互，就观点进行深入讨论，表现出较高的论证水平，但存在边缘化的参与者节点或认知节点，会降低小组整体的互动水平和流畅性。F 组代表的协同观点论证的"观点分散型"互动网络，呈现出较高的社会互动水平，但认知互动的水平相对较低。即该类型的小组在协同观点论证过程中，社会互动和认知互动能够形成较为稳定的社会网络结构，但互动内容多为无意义的交互，难以就观点进行深度探讨交流，表现出较低的论证水平。A 组代表的协同观点论证的"观点堆砌型"社会认知网络同时呈现出较低的社会与认知互动水平。即该类型的小组在协同观点论证过程中，参与者之间互动难以形成较为稳定的社会网络结构，且认知互动水平相对较低，表现出较低的协同论证水平。B 组代表的协同观点论证的"观点整合型"社会认知网络同时呈现出平均的社会互动水平和较高的认知互动水平。即该类型的小组在协同观点论证过程中，参与者之间认知互动水平相对较高，中等水平社会互动的能够为认知交互提供必要的交互渠道，即协同观点论证过程中参与者之间能够对参与者之间产生的观点进行广泛的讨论、交流和整合。

三　协同观点论证互动网络的演化过程

这部分针对互动网络的演化过程进行分析，首先可以将互动网络的变化抽象理解为网络本身的拓扑结构变化以及网络中的行动者的社会行为变化，在此利用上述特征值对网络拓扑结构和行动者节点做描述，随后再对共性的网络演化规律进行归纳和总结。

（一）深度探讨型互动网络演化过程

通过演化过程图的对比分析可知，该类互动网络随时间变化波动较大，参与者节点（红色圆形）均处于网络的中间位置，且节点较大，形成多元核心的网络结构，即该组参与者均积极参与社会交互和认知交互，同时具有广度和深度。第二轮网络的节点之间的连接增多，交互的类型更加丰富。小组中高阶认知要素之间的连接数量明显增长，说明在交互的深度上，群体论证水平向更高层次迈进；CT（反驳）、CR（改变或修正观点）、CP（妥协）认知要素节点的连接增加，说明小组成员从简单的观点陈述、均衡的知识推进到观点改进。第三轮时 AI（追加信息，孤立于其他节点）和 CP（妥协）认知要素节点明显边缘化，说明小组成员的差异型观点在不断整合，由广泛涉及核心聚焦，对某一观点持续深入讨论。总体来看，小组的社会认知网络随时间变化波动较大。

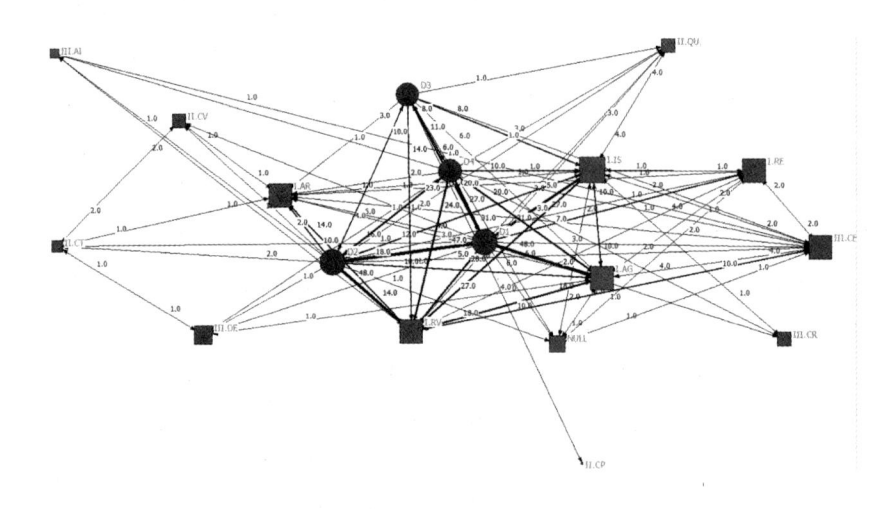

图 13-9 深度探讨型（D 组）社会认知网络演化过程

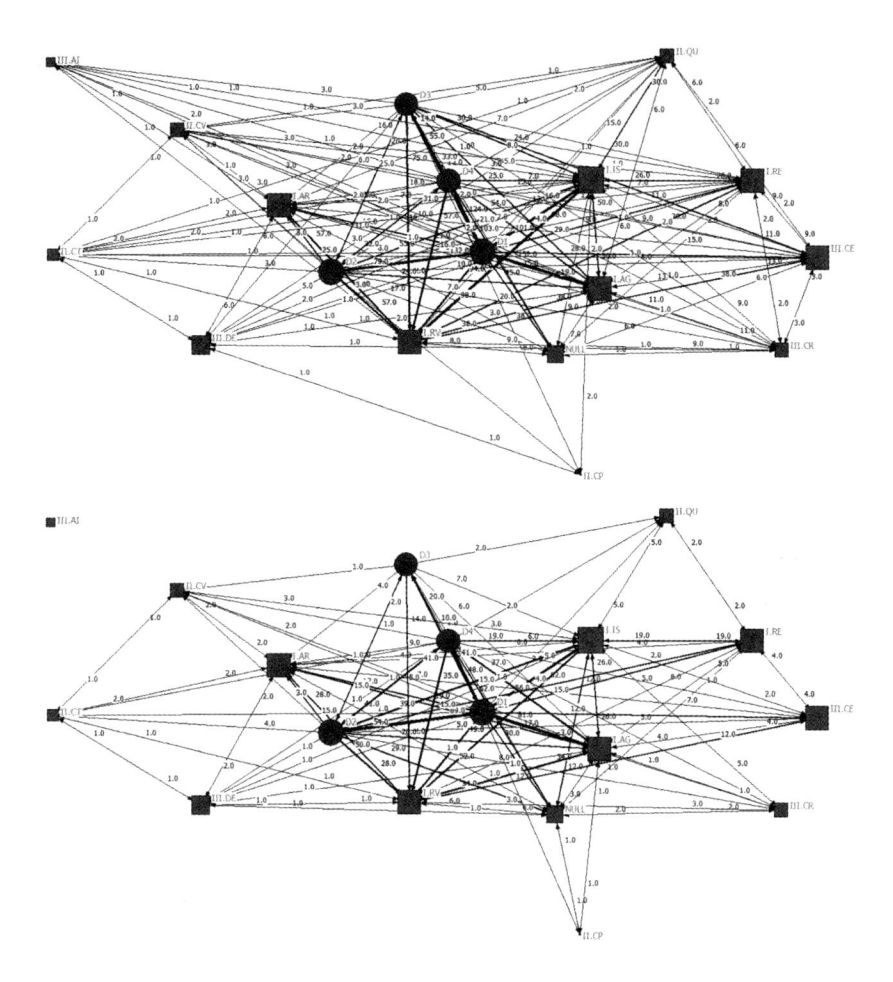

图 13-9　深度探讨型（D 组）社会认知网络演化过程

（二）观点分散型互动网络演化过程

该类网络随时间变化波动较小，但节点间的连接较为松散。该类型网络中，参与者节点较为分散且不均衡，形成以小组长 F1 为核心的网络结构；NULL 认知要素节点较大，说明无意义交互较多。第二轮网络节点间的连接较多，交互类型相对丰富，说明小组成员在第二阶段对观点协商改进的参与程度增加。但是第一、第三轮网络中的 AI（追加信息）认知要素节点明显边缘化，仅与 F1 节点相关联，说明该组缺乏深度论证，难以对观点进行整合。总体来看，该组的社会认知网络随时间变化波动较小，且无意义交互较多。

| 社会认知互动的多维刻画 |

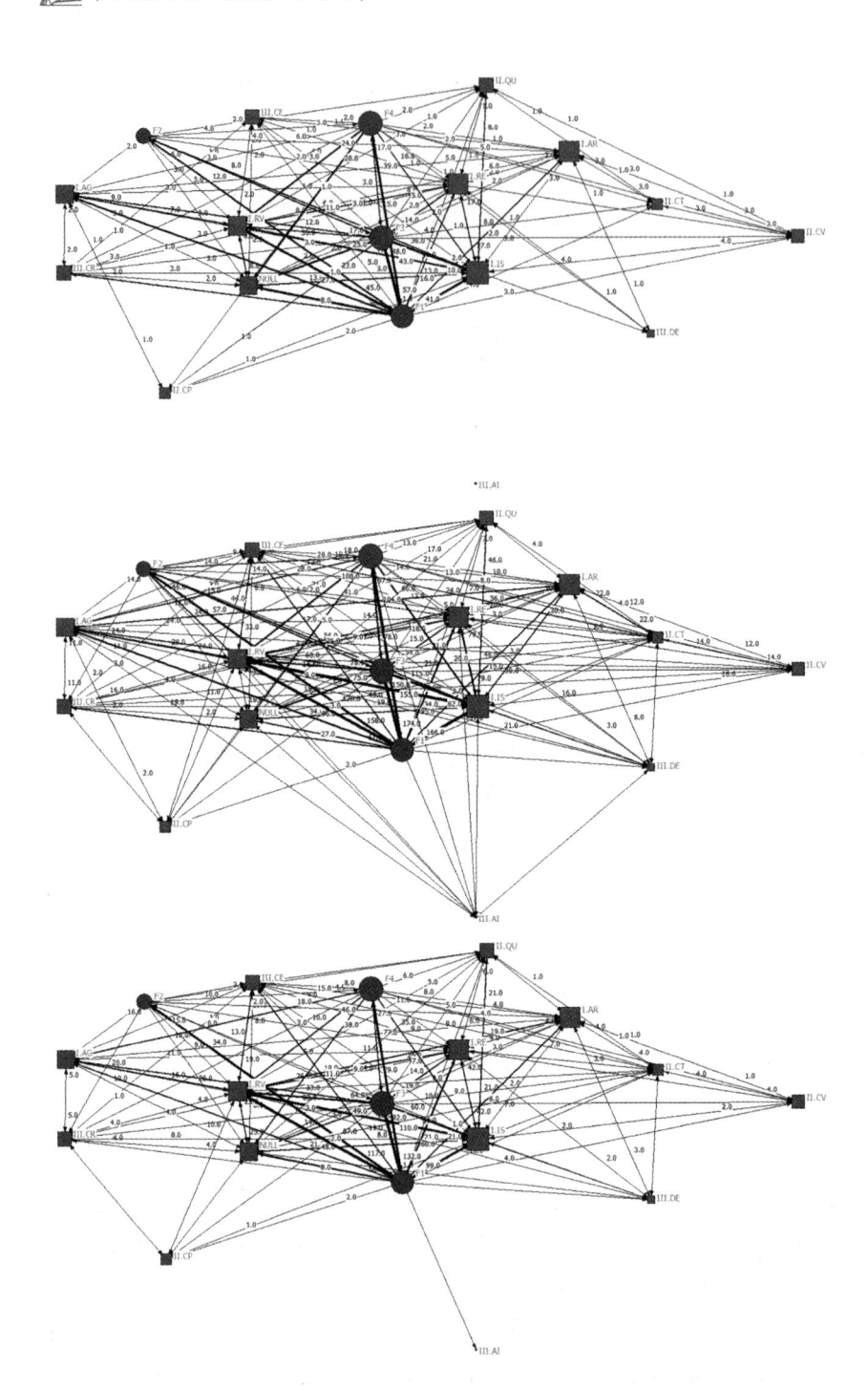

图 13-10 观点分散型（F组）社会认知网络演化过程

（三）观点堆砌型互动网络演化过程

该类网络随时间变化波动较小，参与者节点较为集中且均衡，处于网络中心位置，形成多元核心的网络结构；认知要素节点中处于相对中心位置的均是较为低阶的认知要素节点，且与参与者节点间的联系较为疏远。在第二、第三轮网络中和 RV（提出观点）、IS（寻求信息）和 AG（表示认同）等低层次认知要素节点的连接明显增长，说明小组成员之间主要进行浅层次交互，难以进行持续的、深层次的观点论证。总体来看，该组的社会交互和认知交互虽然较为稀松，总体水平较低，但存在深度的协同观点论证。

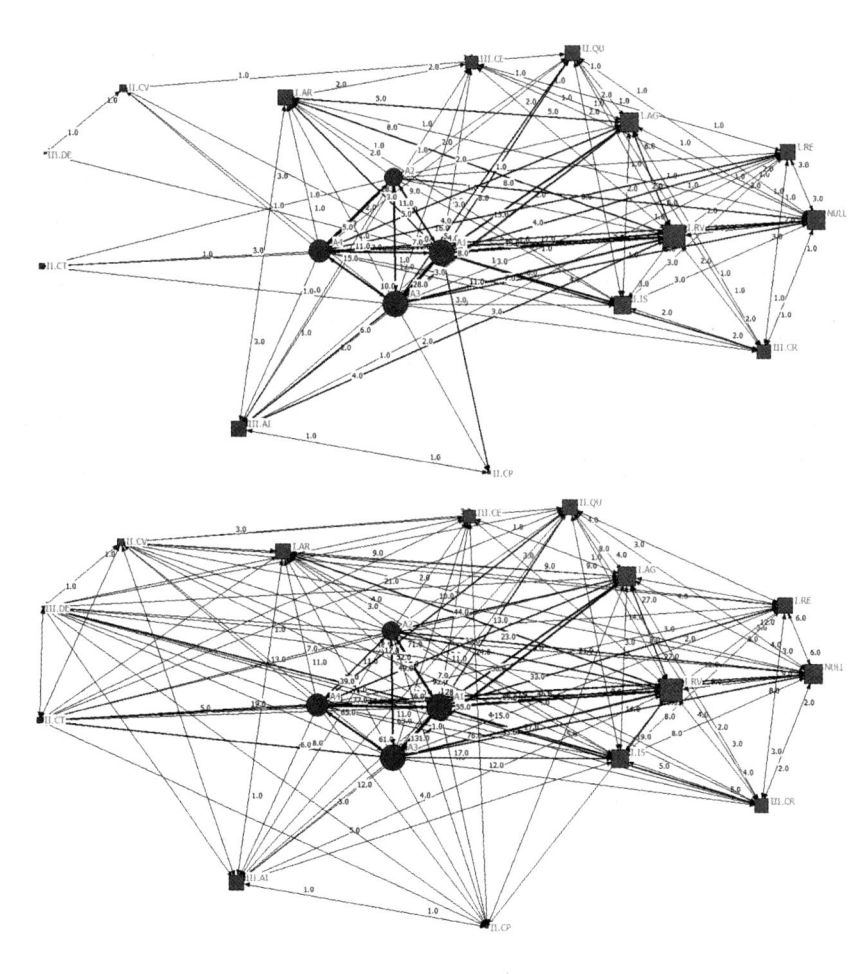

图 13-11　观点堆砌型（A 组）社会认知网络演化过程

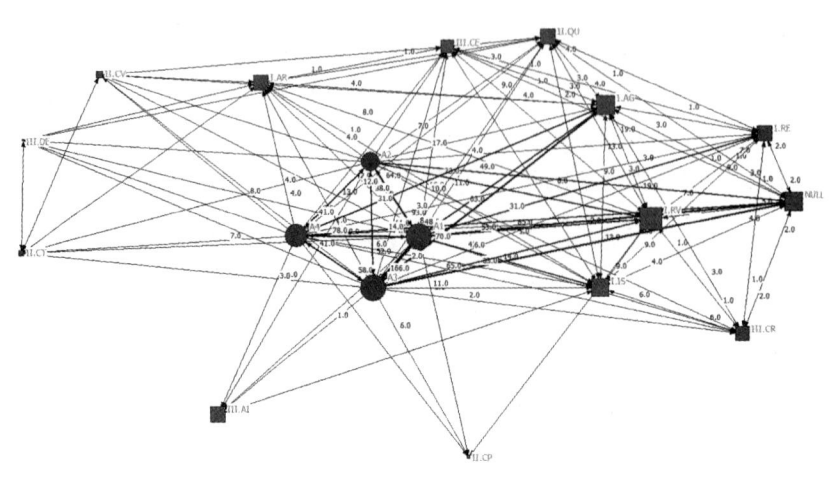

图 13-11　观点堆砌型（A 组）社会认知网络演化过程（续）

（四）观点整合型互动网络演化过程

该类网络随着时间变化波动较小，且有将所有节点间均建立联系的趋势。该组参与者节点较为分散但均衡，认知要素节点中 NULL 处于边缘的位置，且节点较小，即该组无意义交互较少。在第二轮、第三轮的协同观点论证过程相较于第一轮有较大的变化，增加了与高阶认知要素之间的联系，说明观点论证水平有明显提升；均无孤立节点，说明相互间的关联越发丰富。总体来看，该组参与者在协同观点论证过程中的认知交互类型较为丰富，存在多种层次的认知交互，且呈逐步上升趋势。

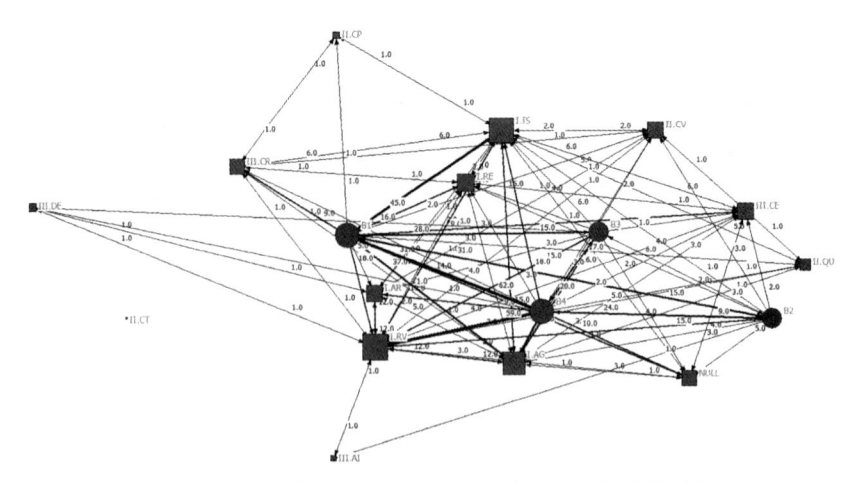

图 13-12　观点整合型（B 组）社会认知网络演化过程

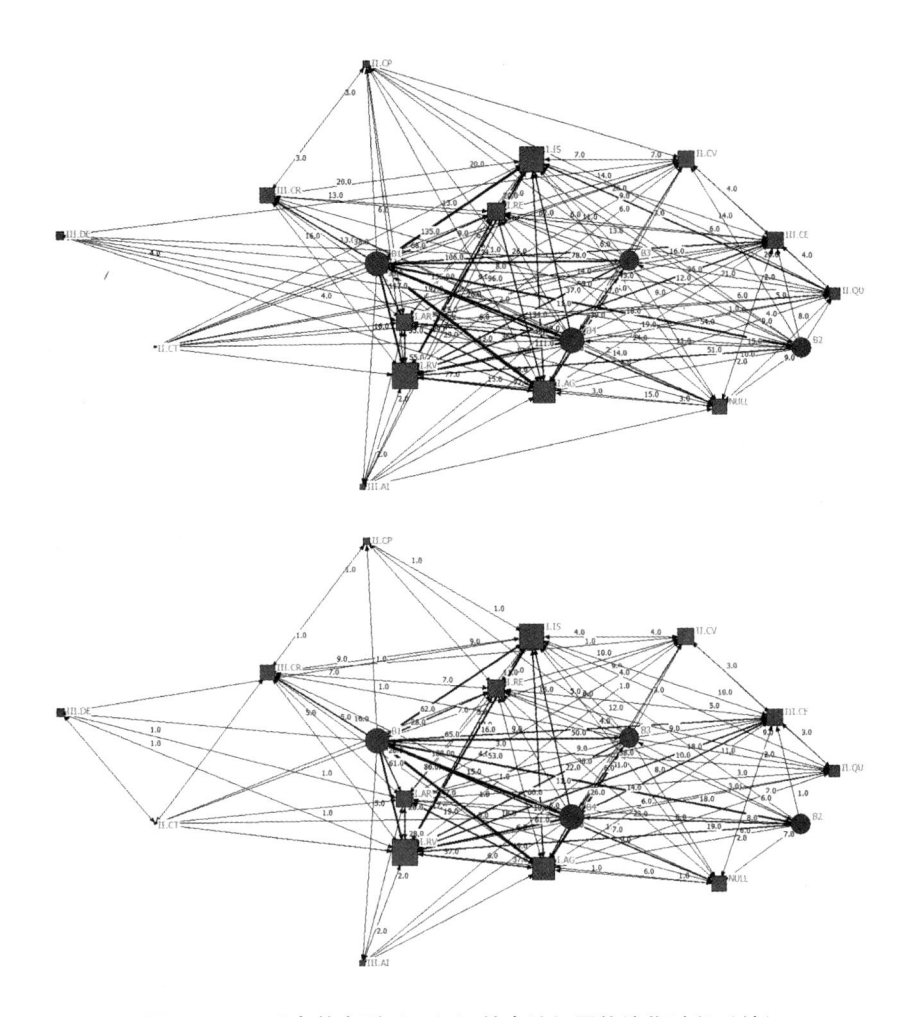

图 13-12　观点整合型（B 组）社会认知网络演化过程（续）

综合四种类型网络演化图，可以发现网络演化过程中存在的基本规律：社会认知网络演化过程中出现较大波动，节点之间的交互以及相互关联程度激增。社会认知网络中，低阶认知要素相对处于中间位置，而高阶认知要素相对处于边缘位置。随着互动轮次的推移，认知和社会性要素均存在集中的趋势。导致这种情况的原因可能是经过小组成员之间不断地互动，会产生核心的观点或参与者，并使其他参与者向其聚拢。

本章小结

一 主要结论

在社会认知网络分析的视角下,可以对协同观点论证过程中的群体的社会关系与认知特征做出分析与挖掘,具体结论为:社会认知网络分析框架含的节点、关系和网络层次核心指标的具体含义为,节点层包括类型、出入度、度数中心度;关系层包括交互强度、交互方向、平均度;网络层则包括质心、特征向量、密度、中心性。

依据社会认知网络特征,可以将协同观点论证小组分成四类,即观点分散型、观点整合型、观点堆砌型以及深度探讨型,不同类型的社会认知网络展现出共性特征和差异特征,具体表现为:观点分散型,认知交互类型丰富度低,社会交互水平高,但低水平交互占比较大;观点整合型,社会交互水平同样较高,但无意义交互相对较少,中介节点相对较少,因此观点较为分散;观点堆砌型,社会交互水平和认知交互水平均低,四种类型中网络结构最不稳定;深度探讨型,社会交互水平相对较低,但认知交互水平高,且中介节点相对较多,能够就观点进行深入探讨,交互类型丰富度高。

社会认知网络随轮次的不断更迭,网络节点的分布情况以及网络结构的稳定性逐渐发生变化。总体的稳定趋势在于各小组中低阶认知要素节点相对占据网络的中心位置,而高阶认知要素节点相对更多处于边缘化的位置,更有部分节点成为网络中的孤立节点。这可能是由于参与者在协作交流当中往往会避免冲突,维持相对和谐的社会交互氛围,难以突破认知冲突达到更深层次的建构。随着时间的不断推移,社会认知网络会朝向部分参与者节点以及认知要素节点聚拢,如参与者节点中的组长。朝向参与者节点的聚拢可能是由于经过一段时间的协作交互之后,学习者会发现小组内部的"明星"学习者,即相对权威的、可信度较高的学习者,这些学习者会引领观点的发展。

二 后续展望

结合目前的研究现状和相关领域的发展,社会认知网络分析在未来的研究和实践中可以考虑从以下三个方面加以完善。

1. 结合人工智能编码技术，实现准确快速的大规模数据分析

在社会认知网络编码过程中，现有研究往往采用人工编码的方式，这对于研究人员的时间、精力要求较高，且难以排除主观因素的影响。深度神经网络为自动处理互动数据提供了可能性，同时也有助于挖掘互动单元之间的关联模式与内在规律。后续研究可以通过将认知编码规则与深度神经网络相结合来判别分析会话中认知特征类，建立特定主题的语义特征模型，实现自动化互动会话智能分析，实现快速大规模的数据处理。

2. 改进社会认知网络分析指标体系，提升分析精准度

在后续的研究实践中可以考虑扩展社会认知网络的分析指标，拓宽分析方法的适用范围。一方面，可以考虑针对其他协作交互过程进行分析指标和框架的调整和完善，将社会网络分析中的结构洞、中间人等重要角色纳入社会认知网络分析指标体系。另一方面，为了实现协同观点论证过程进行更为深入的分析，可考虑采用结构方程模型等方法对不同指标的作用效果进行评估，并赋以相应权重，实现更为准确深入的分析。

3. 深入探索社会认知网络演化规律

本研究通过对比不同轮次的社会认知网络社群图，探索社会认知网络演化规律。在后续的研究实践中可以针对协作交互过程的不同阶段划分时间阶段，探究在协作交互过程的不同阶段产生的社会认知网络，分析思路遵循"先整体后局部"，先比较网络层分析指标的差异，再从节点层和关系层深入分析网络的基本属性和重要角色，结合共同体理论、知识建构理论等协作交互相关理论解释指标变化的原因，即特定的交互行为与交互事件的关联是什么，从而揭示社会认知网络的演化的成因，解释演化规律。

第四部分

协作学习投入前沿应用

第十四章

协作学习投入影响因素建模

引言

学习投入理论建立起学习投入与学习行为及学习效果之间的解释关系,为预测学习效果提供了良好的理论架构。本章以协作学习活动为研究背景,基于认知、情感与行为投入三维理论框架,建立了学习投入影响因素分析模型,研究进一步梳理了模型中各要素之间的关系,并通过优化模型的影响因素及其关联,最终构建了基于投入理论的影响因素修正模型。结论进一步指出:认知投入因素中的认知能力与策略、元认知和情感投入因素中的唤醒、兴趣均显著影响社会性学习行为,在线讨论行为则显著影响满意度和课程持续使用意向。

第一节 学习投入影响因素分析的价值

学习投入理论建立了学习投入与学习行为及学习效果之间的解释关系,为预测学习效果提供了良好的理论架构。学习投入理论认为:认知投入、情感投入和行为投入是衡量学习投入的重要维度,且能够预测学习效果[1]。其中,行为投入是认知投入与情感投入的载体和中介[2]。基于此,研究者可以从认知、情感两方面收集影响在线学习行为的因素,并建立其与学习效果之间的关联。目前,已有众多研究成果证实了认知

---

[1] W. B. Schaufeli, et al., "Burnout and Engagement in University Students: A Cross–national Study", *Journal of Cross–Cultural Psychology*, Vol. 33, No. 5, September, 2002.

[2] Fredricks, J. A., et al., "School Engagement: Potential of the Concept, State of the Evidence", *Review of Educational Research*, Vol. 74, No. 1, March, 2004.

与情感投入因素与在线学习行为存在关联。如希尔等从认知角度确定了元认知知识、自我效能感、系统知识、先前的知识水平等因素对学习行为的影响①。埃森在理性行为理论的基础上提出了计划行为理论，计划行为理论认为行为意向直接决定了实际行为，行为意向又会受到行为态度、主观规范和知觉行为控制三方面的影响，即人员态度、管理规范、能力与水平影响实际行为②。

另有研究者对学习投入与学习效果之间的关联进行分析，如邢全超为实证探索学习投入与学业表现两者之间的互动关系，分别从综合分析、院校诊断和学习诊断三个学习投入层面，对学习投入与学业表现之间的关系进行实证探索③。具体到在线学习行为与学习效果之间的关系来看，除了传统的学习成绩，相关研究成果还证实了在线学习行为与课程持续使用意向、满意度之间的关联④。如张红艳等设计了三组实验，以明确远程学习者在线学习行为的特征、影响因素及远程学习者在线学习行为与其课程成绩之间的关系⑤。李宝等使用学生交互行为等因素作为学习满意度影响因素变量，采用解释结构模型，将专家访谈各因素之间关系的结果转化为各因素之间逻辑关系，进而构建学习满意度影响因素的层级模型⑥。

行为建模离不开对在学习行为的划分，针对在线学习行为，可分为个体学习行为和社会性学习行为两类⑦。其中，个体学习行为按照由浅

---

① 张家华等：《网络学习的影响因素及其 LICE 模型》，《电化教育研究》2009 年第 6 期。
② 吴碧莹：《高校教师教学投入行为影响因素研究——基于计划行为理论的视角》，《扬州大学学报》（高教研究版）2019 年第 2 期。
③ 邢全超：《基于 CCSS 调查的本科生学习性投入与学业表现关系的实证研究》，硕士研究论文，重庆大学，2015 年。
④ Bray, E., et al., "Predictors of Learning Satisfaction in Japanese Online Distance Learners", *International Review of Research in Open and Distance Learning*, October, 2008.
⑤ 张红艳等：《远程学习者在线学习行为的实证研究》，《远程教育杂志》2013 年第 6 期。
⑥ 李宝等：《混合式学习中学习满意度影响因素的模型研究》，《远程教育杂志》2016 年第 1 期。
⑦ Hrastinski, S., "A Theory of Online Learning as Online Participation", *Computers & Education*, Vol. 52, No. 1, January, 2009, pp. 78–82.

到深的程度，可以分为登录行为、阅读教学资源行为、提交作业行为等①②。对于社会性学习行为的分类，研究者并未形成统一认识。基于目前的研究，可以认为包含交流讨论及协作学习等行为。交流讨论行为通过学习者在论坛发帖、回帖来表征社会性交互频率和深度③。协作学习行为则反映学习者与学习共同体之间的交互，主要包括相互提问、解答问题、共享信息和资源等行为④⑤。

综上所述，已有的研究成果对学习投入与在线学习行为、学习行为与学习效果之间关联的研究已较为充分。学习投入因素会对学习行为产生影响，通过对行为来作用于学习效果。以学习投入为理论架构，综合分析学习投入、行为与效果之间关联还需要进一步探索。学习投入与行为、效果的关系研究可以充分揭示学习投入如何通过具体行为影响学习效果，为解释学习投入、行为与效果之间的关系提供了理论依据。本章基于学习投入理论，将个体与社会性学习行为作为影响学习效果的中间变量，构建了学习投入影响因素模型。

第二节 个体与社会性投入影响因素分析流程

一 研究对象与内容

首先确定要测量的学习投入及行为维度，结合实际教学情况，选择收集以下几个维度的数据：个体自学行为、协作学习行为、在线讨论行为、情感、认知投入、满意度和持续使用意向、学习成绩。其中学习成绩包括两个方面：一是网络学习平台分析成绩，二是绘制用例图的成绩。每一种内容按照三个维度来评分，然后根据各维度要求的数据类别

---

① Han, F., et al., "Analyzing Millions of Submissions to Help MOOC Instructors Understand Problem Solving", In *NIPS Workshop on Data Driven Education*, Vol. 5, http://lytics.stanford.edu/datadriveneducation/.
② 马婧等：《基于学习分析的高校师生在线教学群体行为的实证研究》，《电化教育研究》2014年第2期。
③ 李爽等：《在线学习行为投入分析框架与测量指标研究——基于LMS数据的学习分析》，《开放教育研究》2016年第2期。
④ 王丽娜：《网络学习行为分析及评价》，硕士学位论文，陕西师范大学，2009年。
⑤ 孙海民：《个性特征对网络学习行为影响研究的关键问题探究》，《电化教育研究》2012年第10期。

不同选择相应的工具和方法进行测量。其中，自主学习行为采用学习平台数据挖掘和问卷相结合的方式，协作学习行为、在线讨论行为、情感与认知投入、满意度和持续使用意向等使用问卷量表来测量，学习成绩则应用内容分析法，使用任课教师编制的学习结果分析标准进行评价。对于学习行为的测量，使用学生的协作和在线讨论行为意向表示其社会性学习行为，各维度数据类别及收集方法见表14-1。在正式发放问卷之前，对问卷信度、效度等进行测试，然后修改和完善问卷题目。在课程的第14周，正式发放问卷，回收问卷。问卷回收后，根据主题要求，进行相关的数据统计与分析，最后得出结论并讨论结果。

表14-1　　各维度数据收集的类别、方法和参考依据

变量类别	具体维度	方法	主要参考依据
个体行为	登录行为、阅读行为、提交作业行为	平台数据挖掘	—
社会性学习行为	协作学习行为、在线讨论行为	问卷调查	学习行为分类研究 混合学习效果量表
认知投入因素	认知能力与策略、元认知、自我效能感		混合学习效果量表[④]
情感投入因素	愉快、唤醒、兴趣		SAM模型 情感分类模型
学习效果	持续使用意向、满意度		持续使用意向和满意度量表
学习成绩	两次学习成绩	作业分析标准	教师及助教给出成绩

二　研究方法与工具

（一）学习平台数据挖掘

本章以"网络教学平台设计与开发"课程为例，开展基于学习投入影响因素分析的实证研究。根据网络教学平台（THEOL）所能记录的学习者数据，对其进行筛选与归类，形成如下数据收集框架，如表14-2所示。

表 14-2　　　　　　　　　平台数据收集框架

行为类别	行为数据指标
登录行为	进入课程次数
	登录次数
	课程登录时长
阅读行为	阅读课程通知次数
	下载教学材料次数
反馈行为（作业行为）	提交作业次数
	提交同一作业的次数

（二）问卷调查

基于相关的量表开发出的研究问卷旨在收集学习者的自主学习行为、协作行为意向、在线讨论意向等以及学习者的认知与情感投入、满意度、持续使用意向等信息。整体研究共进行了三次调查，前两次调查的目的是发现和修正问卷的问题，完善问卷，第三次则是正式的调查。关于个体学习行为，设置具体的行为选择让被试（学习者）进行单选。关于协作行为、在线讨论行为和认知因素、情感因素、学习效果等均使用5点李克特量表，让被试（学习者）从代表"完全符合"（1分）到"完全不符合"（5分）进行挑选回答。

整体问卷调查工具由测量个体学习行为的问卷，以及测量协作行为意向、在线讨论意向、满意度、持续使用意向、情感和认知投入等潜变量的量表组成，共计包含48道题。除基本信息的一道题以外，其余分别是测量学习者的个体学习行为（自学行为）（5题）、协作意向（6题）、在线讨论意向（6题）、满意度（4题）、持续使用意向（4题）、情感（3题）、认知（19题）等题目。认知因素本身又分为三个部分，分别是认知能力与策略（6题）、元认知（5题）和自我效能感（8题）。

个体学习行为问卷是基于文献研究的基础上，选择前人研究中对学习绩效有影响的，且较为深入的指标作为问卷题目，任课教师协商后确定题目选项，其目的是测量学习者个体学习行为。协作行为意向和在线讨论意向量表参照了谢伊等的探究学习社区调查量表，量表经验证，信度和效度均良好。

关于学习者情感的测量工具,主要参考了布兰德利和朗开发的图片化量表——Self–Assessment Manikin(SAM)情感量表,从愉悦度、唤醒度和优势度三个方面来测量学习者的情感状态[①]。每一个维度由五个图形化小人组成,表示每个维度情感的类别和程度。如愉快维度,小人的表情是从愉悦到悲伤,唤醒维度是从兴奋到疲倦,优势度是从被支配到支配。该量表是一个9点量表,每一个小人以及两个小人之间的间隙都表明一个程度。国内外多个研究案例的实验结果表明,该量表具有较高信效度。本章则将该量表转化成文本,并对量表的评分进行精简,最终选择使用李克特5点法评分。同时将难以表述的优势维度换成比较成熟且容易测量的兴趣维度。

对认知维度的测量包括认知能力与策略、元认知、自我效能感三个方面,其中认知能力与策略和元认知的部分量表参照了谢伊等的探究学习社区调查量表及其中文版,自我效能感量表源于特里奇等的动机策略学习问卷(the Motivated Strategies For Learning Questionnaire)中有关自我效能感的部分。经检测这一部分的cronbach's alpha为$0.902 > 0.7$,内部一致性较好,可信度较好,且结构效度为0.742,有效性良好。满意度和持续使用意向量表参照林等研究者的问卷以及杨根福等对MOOC满意度的测量。

三 学习行为影响因素模型构建

基于学习投入的理论架构,将自变量设定为认知与情感投入,中间因素为个体与社会性学习行为;因变量为学习效果,通过学习成绩、满意度与课程持续使用意向来表征。具体来说,认知投入因素包括学习者在学习过程中调用的认知能力与策略、元认知和自我效能感方面的投入;情感投入因素是学生在学习过程中的一般情感反应或体验,主要包

---

① Greenwald, M. K., et al., "Affective Judgment and Psychophysiological Response: Dimensional Covariation in the Evaluation of Pictorial Stimuli", *Journal of Psychophysiology*, Vol. 3, No. 1, January, 1989.

含愉快、唤醒和兴趣①②③；学习行为是认知投入和情感投入影响学习效果的中介，可以分为个体学习行为和社会性学习行为两类④。个体学习行为是指个体自主完成学习任务的行为，具体包括登录行为、阅读行为和提交作业行为；社会性学习行为是指学习者在网络中维系与他人的社会性关系的行为⑤，具体包括在线讨论行为和协作学习行为。学习成绩用于表征客观的学习效果，而满意度和课程持续使用意向则用于表征学习者对学习效果的主观感知。

综上所述，认知与情感投入因素影响个体与社会性学习行为，进而影响学习成绩、满意度和课程持续使用意向。根据上述分类，本章构建了学习投入影响因素模型如图14-1所示。

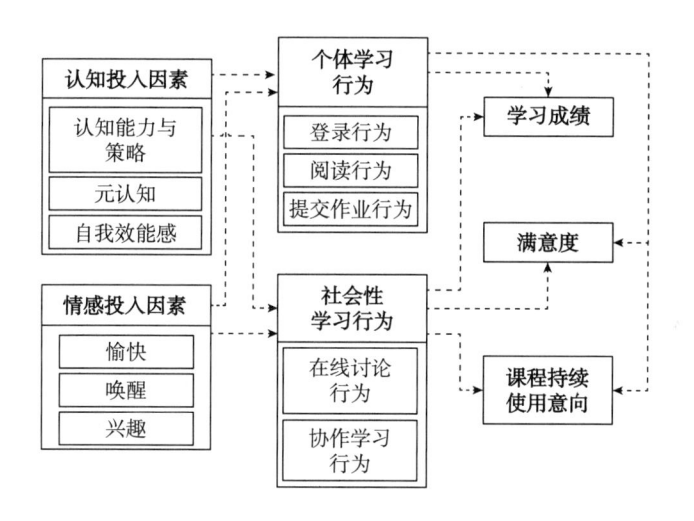

图14-1　学习投入影响因素模型

---

①　马志强等：《学习分析视域下的学习者模型研究脉络与进展》，《现代远距离教育》2016年第4期。

②　王万森等：《E-Learning中情绪认知个性化学生模型的研究》，《计算机应用研究》2011年第11期。

③　詹泽慧：《基于智能Agent的远程学习者情感与认知识别模型——眼动追踪与表情识别技术支持下的耦合》，《现代远程教育研究》2013年第5期。

④　李爽等：《在线学习行为投入分析框架与测量指标研究——基于LMS数据的学习分析》，《开放教育研究》2016年第2期。

⑤　Hrastinski, S., "A Theory of Online Learning as Online Participation", *Computers & Education*, Vol. 52, No. 1, January, 2009.

第三节　个体与社会性投入影响因素分析案例

本章选取的研究案例为东部某高校教育技术学专业的一门专业核心课程"网络教学平台设计与开发"。这门课程是在2015—2016年度第二学期开设，历时四个月共16周。该课程的参与对象为教育技术系2013级本科生，共55人，其中男生24名，女生31名。课程的核心任务可以分为四个部分：网络教学平台分析、绘制用例图和活动流图、网络教学平台设计、网络教学平台配置和二次开发。该课程的网络学习形式分为线上自主学习与协作学习两种——线上自主学习是指学生课前（或课后）利用网络学习平台下载教学资料、撰写笔记和完成学习任务等；协作学习即学生按照教师划分的小组协作完成规定任务（如合作绘制用例图、活动流图等）以及使用在线通信工具或平台讨论区等进行交流和讨论，如对平台原理与功能及二次开发等问题进行的在线讨论。

一　在线学习行为的数据收集与分析

（一）个体学习行为的描述性统计

1. 登录行为的描述性分析

选取进入课程次数、登录平台次数和在线时长三个指标的平均值描述学习者登录行为。其中，如何将在线时长这一连续变量转化为离散变量，即按照时间的长度对在线时长进行归类分析是应当解决的问题。研究中选取三个描述指标的平均值，并且根据其均值所在的范围将学习者的登录行为划分为五类，具体操作如下：①当三者的均值大于等于0且小于等于10时，登录程度定义为1；②当三者的均值大于10且小于等于20时，登录程度定义为2；③当三者的均值大于20且小于等于30时，登录程度定义为3；④当三者的均值大于30且小于等于40时，登录程度定义为4；⑤当三者的均值大于40时，登录程度定义为5。具体分布情况如图14-2所示，图中的横轴表示登录程度，纵轴表示该程度的学生人数。由图14-2可知，登录程度为3的学习者数目最多，占43.75%。同时登录程度的中位数也在该范围内，由此可知大部分的学生登录行为的程度为20—30次。

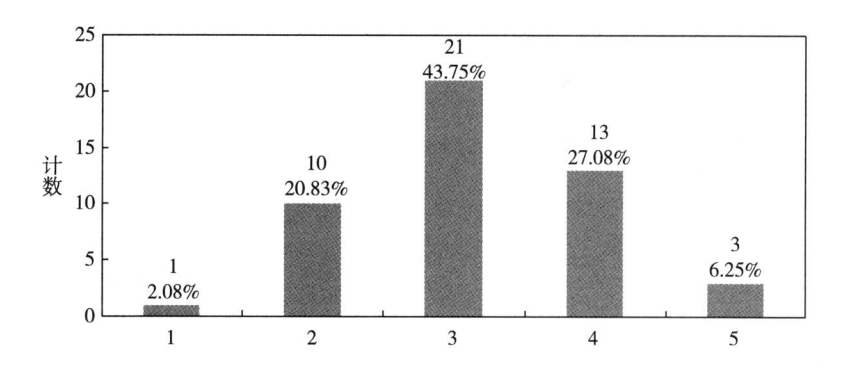

图 14-2　学生的登录程度分布

2. 阅读行为的描述性分析

阅读行为采用阅读通知次数、阅读教学材料次数和阅读教学材料程度三个指标来描述。其中，阅读教学材料程度是指在前两者的基础上更深入考察学习者的阅读行为，其从低到高的层次依次是"不会下载教学材料""会下载并简单阅读部分内容""下载并仔细阅读内容""仔细阅读且撰写学习笔记"，并依次标记为1、2、3、4这四个程度。因此，可以将阅读行为分成两类进行描述，一是阅读的次数或者是频率，使用阅读通知次数和阅读教学材料的次数的平均值表示；二是阅读的程度，具体分布如图14-3和图14-4所示。由图可知，学生的阅读次数主要集中于1和2两个程度，也就是说，81.25%的学生阅读次数在0—60，阅读次数大于60的比率较小。中位数在"程度2"这个类别中。就阅读程度来说，约70%的学生会选择程度2，即下载并简单阅读部分内容，其次是仔细阅读全部内容的学生，这两部分学生的比例加起来大于90%。

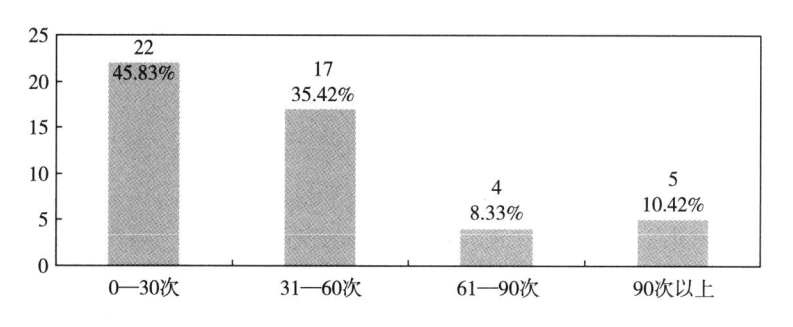

图 14-3　学生阅读次数分布

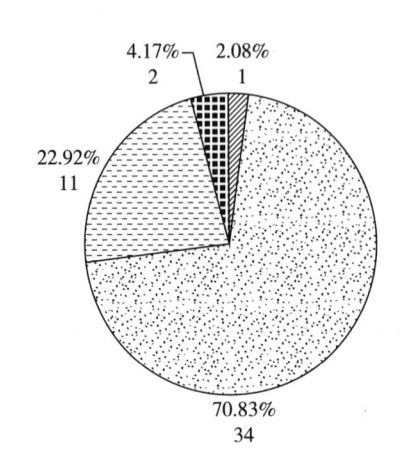

图14-4 学生阅读程度分布

阅读程度
- 不会下载教学材料
- 会下载并简单阅读部分内容
- 仔细阅读全部内容
- 仔细阅读并撰写学习笔记

3. 反馈行为的描述性分析

反馈行为主要包括学习者在阅读过程中或阅读后撰写学习笔记，或者完成作业的行为，可从以下几个角度来分析。

（1）撰写学习笔记行为描述。由图14-5可见，近50%的学生会简单记录一些有价值的信息或观点。此外，会记录解决问题的具体方法和新颖的方法或工具，较少一部分学生会记录自己解决问题的经验。

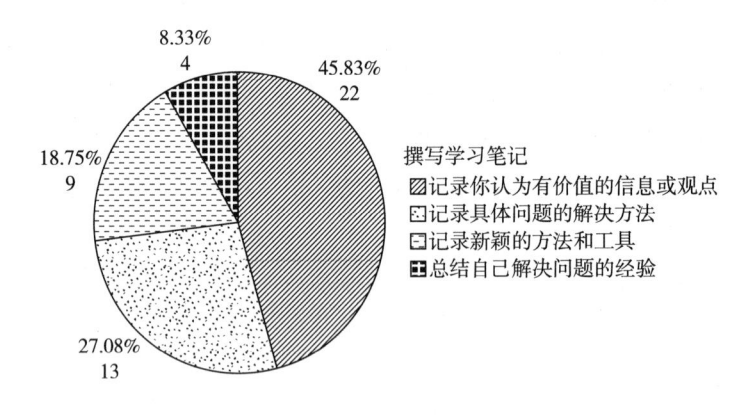

图14-5 学生撰写学习笔记行为比例分布

撰写学习笔记
- 记录你认为有价值的信息或观点
- 记录具体问题的解决方法
- 记录新颖的方法和工具
- 总结自己解决问题的经验

注：由于四舍五入的原因，计算结果有可能不完全等于100%。

（2）提交作业的行为描述。提交作业行为描述指标是提交作业的次数和提交的时间间隔。这门课程教师要求提交作业的次数是5次。由

图 14-6 看出，约 70% 的学生都按照要求的次数提交作业。提交作业次数没有达到要求的占 12.50%，和提交次数多于教师要求次数的比例相似（16.67%）。提交次数多于要求次数可能是因为对作业进行修改然后重新提交。由图 14-7 可见，大部分的学生都会选择在作业要求发布后的 1 周以内和截止时间左右提交作业。

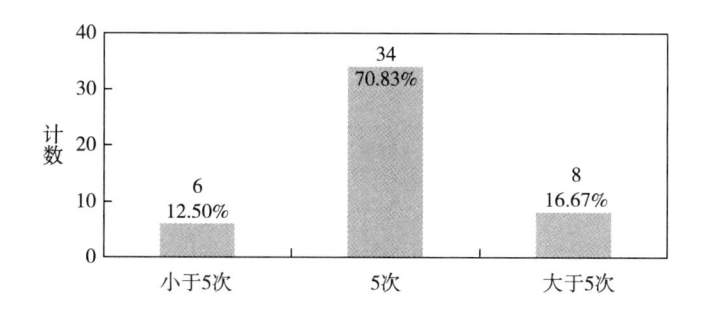

图 14-6　学生提交作业次数分布

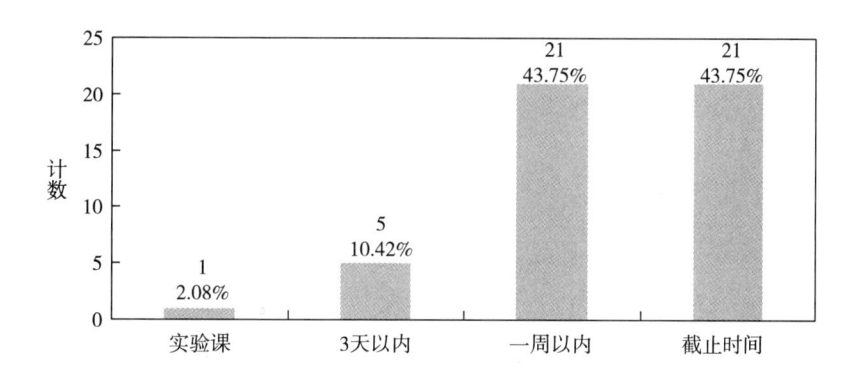

图 14-7　学生提交作业时间间隔分布

（3）修改作业的行为描述。修改作业行为选择的描述指标是修改作业及选择参考内容的行为。由图 14-8 可知，大部分学生在修改作业时，会参考教师、同学的建议以及他人的作品或优秀作品，有 16.67%（8 人）会选择参考专业的论坛或书籍，仅有 1 人只依靠自我反思不参考其他来修改作业。由图 14-9 可以看出，近一半的学生修改作业时会对作业的页面设计、内容和呈现顺序与结构进行全方位修改，少部分学生只修改作业内容，或只修改作业内容的呈现顺序、结构或页面设计。

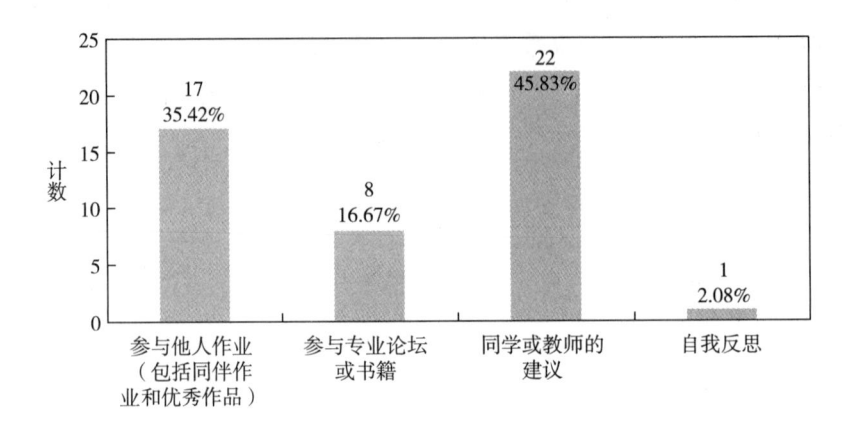

图14-8　学生修改作业的参考行为描述

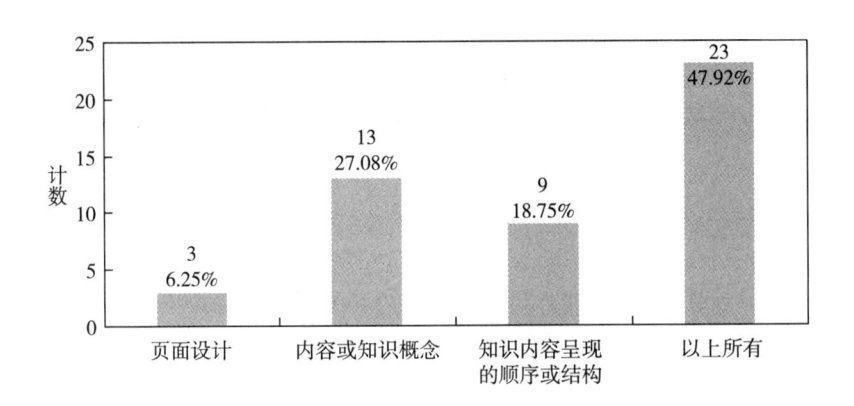

柱状图数据：
- 参与他人作业（包括同伴作业和优秀作品）：17，35.42%
- 参与专业论坛或书籍：8，16.67%
- 同学或教师的建议：22，45.83%
- 自我反思：1，2.08%

图14-9　学生修改作业的角度选择行为描述

柱状图数据：
- 页面设计：3，6.25%
- 内容或知识概念：13，27.08%
- 知识内容呈现的顺序或结构：9，18.75%
- 以上所有：23，47.92%

（二）社会性学习行为的描述性分析

本章所调查和分析的社会性学习行为主要是指通过问卷的方式获取学习者的社会性学习行为意向。

1. 协作行为的描述性分析

协作行为包括学习者在协作学习活动中的信息整合行为、与其他同学的讨论协商、反思和建构知识行为等几个方面。①信息整合行为由图14-10可见，能够对其他成员的信息进行整合的学生数目不多，比例小于10%（3人），大部分还是处于比较被动的状态，不会主动进行信息整合。②讨论协商行为，由图14-11可见，2—3分（不包括3分）的有5人，也就是说，这些人更愿意和同伴进行协作活动、在协商中的观点容易被其他人所接受，并且即使和其他同学意见不一致也不会影响协商讨论的进程。其他更多的人则处于不稳定的状态。③反思行为，由图14-12可见，选择"非常同意"的是0人（未列出），选择"同意"的有5人（10.42%），这表明在协商中这些学生会对协商中的内容进行反思，而其他大多数人（约90%）则处于不确定或者是不反思的状态。④知识建构行为，由图14-13可见，仅有2人（4.17%）能够自觉在协作活动中进行知识建构。大多数仍然处于不确定或者是不进行知识建构的状态。

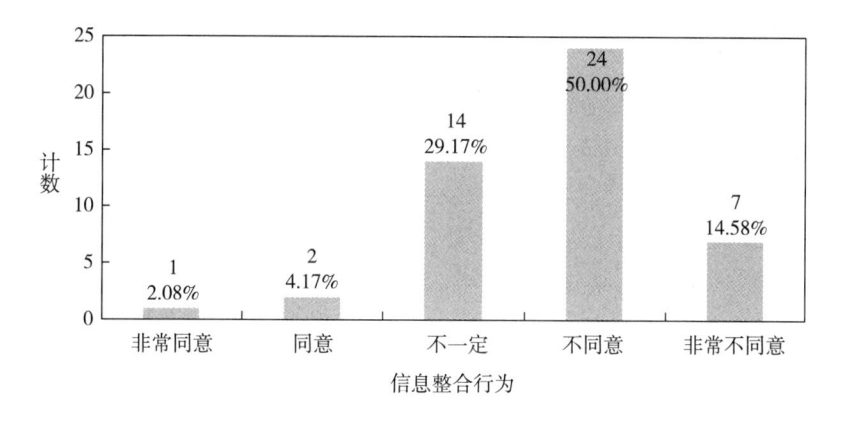

图14-10　信息整合行为分布比例

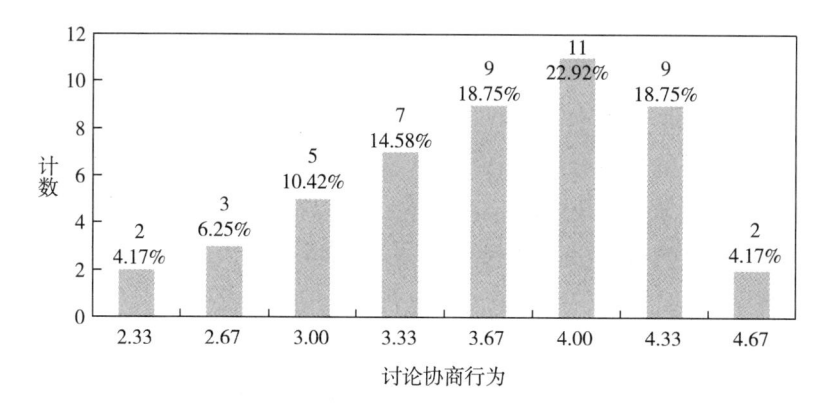

图14-11　学生协作行为的讨论协商行为分数分布

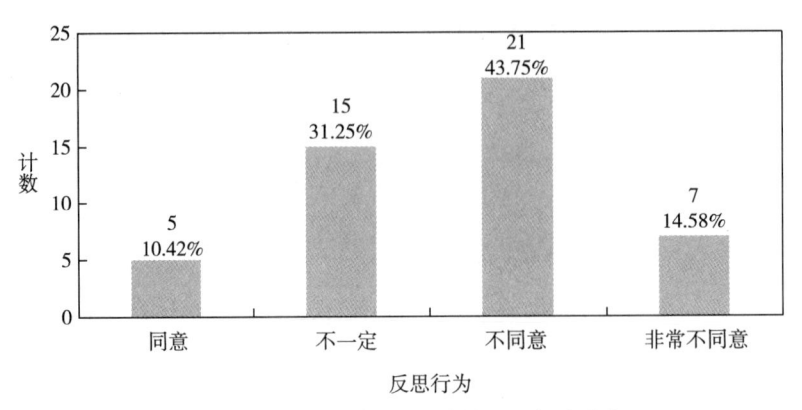

图14-12　学生协作行为中的反思行为分布

注：由于四舍五入的原因，计算结果有可能不完全等于100%。

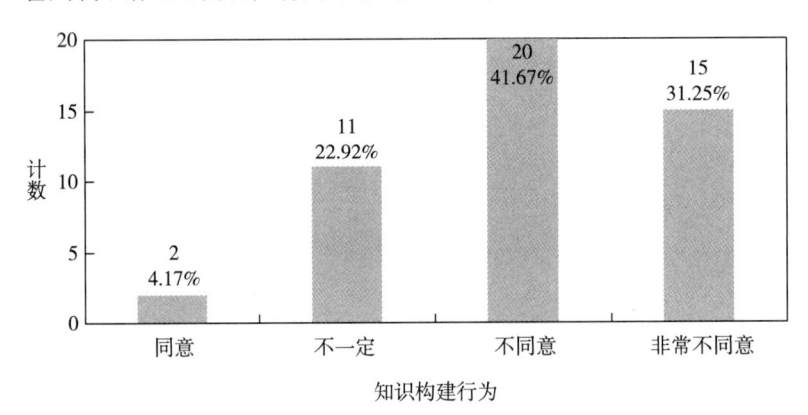

图14-13　学生协作行为中的知识建构行为分布

注：由于四舍五入的原因，计算结果有可能不完全等于100%。

2. 在线讨论行为的描述性分析

在线讨论行为分为两个向度：①充分参与行为（对应问卷的15、16、17题），采用对讨论的态度表示学习者的行为意向。因为如果学习者认为跟上讨论很容易、讨论的质量高以及讨论有价值，那么他就会主动地、充分地参与在线讨论；②获得反馈（12、13、14题），采纳反馈的速度和质量表示学习者的行为意向，如果学习者认为教师和其他同学的反馈及时并且质量较高，就说明他获得了较好的反馈。

（1）充分参与行为。对问卷中能够表征学习者主动充分参与行为的三个题所得到的分数取均值，分数分布情况如图14-14所示。其中2—3分（不包括3分）的有7人，也就是说，仅仅有14.58%的学生认为自己是主动地、充分地参加了在线讨论，且讨论的质量较高。10 人（20.83%）是中立的，17 人（35.41%）参与讨论不够积极、讨论的效果不够好。

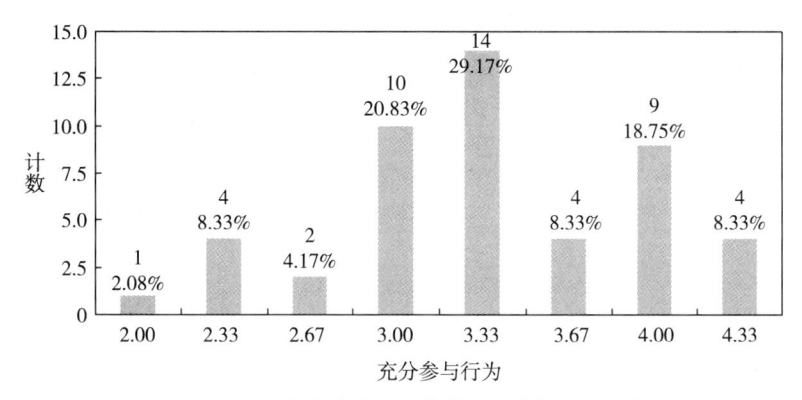

图 14-14　在线讨论行为中的充分参与行为分布

注：由于四舍五入的原因，计算结果有可能不完全等于 100%。

（2）获得反馈。对问卷中能够表征学习者收到反馈的三个题所得到的分数取均值，分数分布如图 14-15 所示。从中可以看出，在 1—3 分（不包括 3 分）的学习者有 10 人（占比 20.84%），即他们能够获得比较及时的反馈且质量较高，中立的有 15 人，而认为没有收到及时反馈或者是反馈质量不高的学生有 23 人（占比 47.91%），所占比例接近一半。

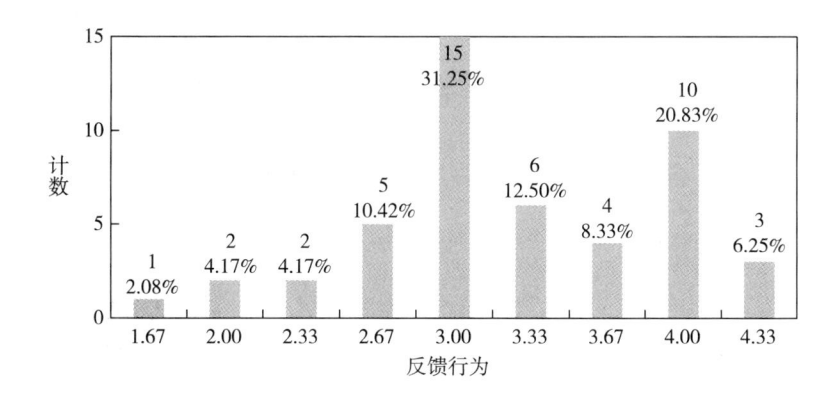

图 14-15　在线讨论行为中的反馈分布

注：由于四舍五入的原因，计算结果有可能不完全等于 100%。

二 在线学习行为影响因素分析

(一) 个体学习行为的描述性分析

基于平台日志数据,本章将个体学习行为转化为具体的个体学习行为类别,用于描述学习者的登录、阅读和提交作业行为。个体学习行为的描述性分析结果如表14-3所示。

表14-3　　　　　　个体学习行为的描述性分析结果

登录行为				阅读行为				提交作业行为			
定义	数量	次	百分比(%)	定义	数量	次	百分比(%)	定义	数量	次	百分比(%)
进入课程次数、登录平台次数和在线时长均值	0—10	1	2.08	阅读通知次数、阅读教学材料次数均值	0—30	2	45.83	提交作业次数	<5	6	12.50
	11—20	0	20.83		31—60	7	35.42		=5	4	70.83
	21—30	1	43.75		61—90	4	8.33		>5	8	16.67
	31—40	3	27.08		>90	5	10.42				
	>40	3	6.25								

注:在线时长每500分钟转化为数量1,累加后合计。

(二) 相关性分析

1. 认知与情感投入因素和在线学习行为的相关性分析

认知与情感投入因素和学习行为的相关性分析结果如表14-4所示。社会性学习行为和认知投入因素、情感投入因素的相关系数分别为0.643、0.745,它们均在0.01水平上存在高度正相关。但是,个体学习行为与认知投入因素、情感投入因素无显著相关。

表14-4　认知与情感投入因素和网络学习行为的相关性分析结果

	个体学习行为	社会性学习行为	认知投入因素	情感投入因素
个体学习行为	1	0.09	0.029	0.196
社会性学习行为		1	0.643**	0.745**
认知投入因素			1	0.707**
情感投入因素				1

注:**在0.01水平(双侧)下显著相关,下同。

2. 在线学习行为与学习成绩、学习效果的相关分析

在线学习行为与学习成绩、满意度及课程持续使用意向的相关性分析结果如表 14 - 5 所示。社会性学习行为与两次学习成绩无显著相关，但与满意度、课程持续使用意向在 0.01 水平上存在中等程度的正相关；个体学习行为与学习成绩、满意度等要素之间均无显著相关。

表 14 - 5　在线学习行为与学习成绩、学习效果的相关性分析结果

	个体学习行为	社会性学习行为	学习成绩1	学习成绩2	满意度	课程持续使用意向
个体学习行为	1	0.090	0.198	0.218	0.120	0.100
社会性学习行为		1	0.030	-0.212	0.548**	0.526**
学习成绩1			1	0.585**	0.130	-0.227
学习成绩2				1	0.060	-0.106
满意度					1	0.721**
课程持续使用意向						1

由上述相关性分析可知，社会性学习行为和认知与情感投入因素之间存在高度正相关，与满意度、课程持续使用意向之间存在中等程度的正相关；个体学习行为和认知与情感投入因素、学习效果之间均无显著相关；社会性学习行为和个体学习行为均与两次学习成绩无显著相关。基于此分析结果，下一步分析工作将在排除个体学习行为的基础上继续进行回归分析，进一步探索各要素之间的具体影响关系。

(三) 回归分析

1. 认知与情感投入因素和社会性学习行为的回归分析

采用线性回归的方法，分析学习者的认知与情感投入因素和社会性学习行为之间的关系，其分析结果如表 14 - 6 所示。元认知对在线讨论行为的影响（$\beta = 0.321$，$p < 0.05$）、认知能力与策略对协作学习行为的影响（$\beta = 0.377$，$p < 0.05$）均呈显著性。据此，可以得出元认知是影响在线讨论行为的因素，而认知能力与策略是影响协作学习行为的因素。此外，唤醒对在线讨论行为的影响（$\beta = 0.337$，$p < 0.05$）、兴趣对在线讨论行为的影响（$\beta = 0.315$，$p < 0.05$）均呈显著性，说明唤

醒、兴趣会对在线讨论行为产生显著的影响；唤醒对协作学习行为的影响（$\beta=0.434$，$p<0.01$）呈现显著性，说明唤醒会对协作学习行为产生显著的影响。

表 14-6　认知与情感投入与社会性学习行为的回归分析结果

自变量	因变量	B	S.E(标准误)	β(标准回归系数)	P	调整后的 R^2
认知能力与策略	在线讨论行为	0.161	0.163	0.154	0.327	0.344
元认知		0.352	0.171	0.321	0.045*	
自我效能感		0.246	0.126	0.272	0.058	
认知能力与策略	协作学习行为	0.438	0.175	0.377	0.016*	0.334
元认知		0.353	0.183	0.291	0.061	
愉快	在线讨论行为	0.134	0.110	0.157	0.231	0.404
唤醒		0.216	0.094	0.337	0.026*	
兴趣		0.209	0.091	0.315	0.027*	
愉快	协作学习行为	0.208	0.120	0.220	0.090	0.423
唤醒		0.308	0.102	0.434	0.004**	
兴趣		0.121	0.100	0.164	0.232	

注：*$p<0.05$，**$p<0.01$。

2. 社会性学习行为和学习效果的回归分析

社会性学习行为和学习效果的回归分析结果如表 14-7 所示。在线讨论行为对满意度、课程持续使用意向的影响呈现显著性（$P\leqslant 0.001$），说明在线讨论行为会对满意度和课程持续使用意向产生显著影响。

表 14-7　社会性学习行为和学习效果的回归分析结果

自变量	因变量	B	S.E（标准误）	β(标准回归系数)	P	调整后的 R^2
在线讨论行为	满意度	0.579	0.171	0.511	0.001***	0.309
协作学习行为		0.111	0.154	0.108	0.475	
在线讨论行为	课程持续使用意向	0.928	0.184	0.707	0.000***	0.397
协作学习行为		-0.126	0.167	-0.107	0.452	

注：***$p\leqslant 0.001$。

由上述回归分析可知，认知与情感投入因素会对社会性学习行为产生显著的影响，具体表现为：认知投入因素中的元认知显著影响在线讨论行为，而认知能力与策略显著影响协作学习行为；情感投入因素中的唤醒显著影响在线讨论行为和协作学习行为，而兴趣只显著影响在线讨论行为。此外，社会性学习行为中的在线讨论行为显著影响学习者对学习效果的主观感知。基于此，本章构建了学习投入影响因素修正模型，如图 14 – 16 所示。

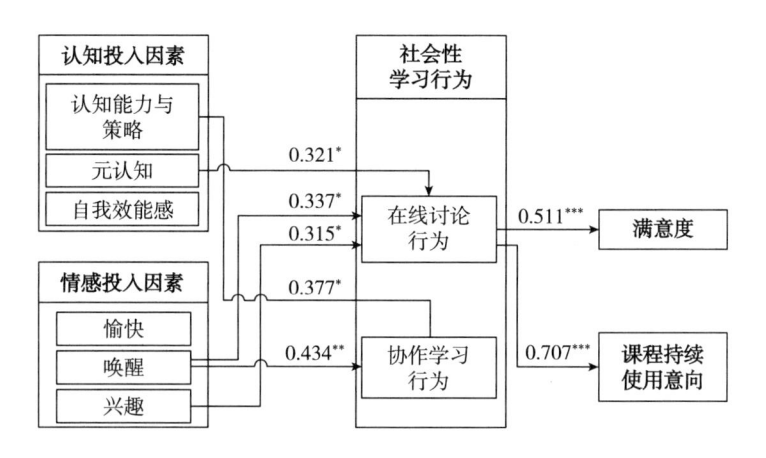

图 14 – 16　学习投入影响因素修正模型

本章小结

本章基于学习投入理论，梳理认知与情感投入与学习行为及学习效果的关联，建立了影响因素模型，并利用实证数据优化了模型，主要得出了以下结论：认知与情感投入因素会对社会性学习行为产生显著的影响。这一结论验证了学习投入理论中认知投入因素、情感投入因素和学习行为之间的关系，即学习者的学习行为受其认知投入因素和情感投入因素的影响。社会性学习行为中的在线讨论行为会对满意度和课程持续使用意向产生显著的影响。此结论与布瑞等、舒忠梅等的研究结论基本一致，即都认为学习者与其他学习者或教师的社会交互是影响学习满意度的重要变量[1][2]。

　　研究可能的不足之处在于：在线学习行为建模的准确程度可能会受到样本数量和案例课程的影响，因此，后续研究应扩大样本容量并选择不同类型的案例课程，以期进一步验证并修正网络学习行为模型。此外，由于样本数量有限，本章主要采用回归分析的方法依次验证了认知与情感投入因素、网络学习行为、学习效果之间的关系，后续研究还应采用路径分析等方法，深入研究模型各影响因素之间的因果关系及其强度。

---

[1] Bradley, M. M., Lang, P. J., "Measuring Emotion: The Self-assessment Manikin and the Semantic Differential", *Journal of Behavior Therapy and Experimental Psychiatry*, Vol. 25, No. 1, March, 1994, pp. 49–59.

[2] 杨根福：《MOOC用户持续使用行为影响因素研究》，《开放教育研究》2016年第1期。

第十五章

协作学习投入的智能分析

引言

对于协作学习投入分析而言，大批量的数据融合分析需要耗费大量的时间、人力，智能分析为大批量自动处理数据提供了可能，同时也为学习投入水平的实时监控与干预提供了可能。本章面对学习投入的数据分析与表征的需求，尝试采用文本挖掘的智能分析方法，通过交互信息的采集、数据的融合与整理、数据的编码分类、分类器的构建、分类器的优化与预应用等环节，实现自动化智能分析大批量投入相关数据。

第一节 协作学习投入智能分析内涵与价值

在协作学习过程中，小组成员会产生语音、文本、动作、表情等多种信息，而这些信息是学习投入状态的外在表现，也是学习投入智能分析依托的数据来源。如何分析挖掘出数据中潜在的信息是研究的价值所在。在以往研究中，对于协作学习中的学习投入的分析常常会对收集到的信息进行人工统计等分析，在时间和精力上都需要巨大的投入，因此探索智能化分析路径与方法具有较高的应用价值。

一 智能分析的内涵

人工智能作为当前的新兴技术推动了社会各领域从数字化、网络化向智能化的跃升，深刻改变着人们的生活方式和思维模式。人工智能涉及心理学、计算机科学、信息科学、哲学等多个学科的融合研究[①][②]。随着人工智能在教育领域的使用，教育研究开始关注深度学习、跨界融合、人机协同、群智开放、自主操控等新特征[③]。近年来，人工智能技术与教育的融合，从很大程度上推动了智能教室、智能助手等技术的应用，在教育教学中发挥了巨大作用。智能分析即使用人工智能技术对数据进行自动分类与挖掘，从中得到有价值的信息。

智能分析包含使用自然语言处理、图像识别、语音识别、机器学习等技术进行数据分析。自然语言处理包含文本挖掘技术、阅读理解、机器翻译等；图像识别包含表情识别、动作识别等；语音识别包括情感分析、语音转录等。机器学习是模拟人类学习活动，获取知识、技能、预备实践做出相应决策。深度学习是近几年快速发展的一种重要机器学习方法，是自原有机器学习感知机算法发展起来的，本质上具有多层隐藏的神经网络算法，通过使用海量数据进行学习，提取出训练数据中的有效特征，拟合训练数据，同时具有对未知数据进行预测的能力[④]，相比于传统机器学习方法，拥有更高的预测准确率。机器视觉通过采集图像、处理图像、判别信息、输出结果并执行，用于目标识别、运动跟踪等。

智能分析相对于人工分析具有强处理、广覆盖、低成本的巨大优势并具备跨学科客观性与多样性的优势[⑤]。智能分析涉及统计学、计算机科学以及计算机语言学等学科知识，展现出跨学科的特征；此外，其从数据预处理到数据的建模和分析，整个过程都要求遵循完整的方法体系。智能分析将非结构的数据转化为结构化数据进行模式提取，在描述与分析上具有客观性。同时分析活动由于涉及信息处理技术、数理统计、文本分析、数据可视化等多种技术可以适应多样化的情境[⑥]。由于

[①] 徐鹏等：《国内人工智能教育应用研究现状与反思》，《现代远距离教育》2009年第5期。
[②] 谌志群等：《文本挖掘与中文文本挖掘模型研究》，《情报科学》2007年第9期。
[③] 高丹阳等：《人工智能在教育领域的研究现状与特征分析》，《中国教育信息化》2019年第13期。
[④] 李胜男：《基于人工智能技术的课堂教学行为的分析框架构建研究》，硕士研究论文，北京邮电大学，2019年。
[⑤] 李尚昊等：《内容分析与文本挖掘在信息分析应用中的比较研究》，《图书馆学研究》2015年第23期。
[⑥] 李尚昊等：《内容分析与文本挖掘在信息分析应用中的比较研究》，《图书馆学研究》2015年第23期。

智能分析的数据往往来自学习活动过程中的伴随式数据采集，相对于研究者发放问卷等形式可以减少对学习过程的影响，并且支持对全过程数据的持续性采集与分析。

二 学习投入智能分析的价值

智能分析为学习投入中产生的海量文本信息的自动化处理分析与挖掘提供了支持。以往分析研究往往采用人工进行内容分析。但面对短时间内产生的大量数据，利用人工进行分析，将在时间与精力上是很大的挑战。智能分析可以在短时间内对大量数据进行分类、聚类、预测等，实现快速自动化数据分析，大大提高了分析效率。此外，智能分析可通过对大量非结构化的数据进行分析，挖掘数据内隐藏的模式与路径。智能分析也为适应性干预与反馈的实现提供了支持，其能够对数据进行实时分析，帮助教师与学习者了解学习投入的实时状态，例如，借助可视化仪表盘呈现小组成员之间的交互质量与数据的社交投入状态。同时，可以依据学习者学习投入状态提供适应性、个性化的反馈与干预，以及学习资源、策略提示等。

第二节　协作学习投入智能分析流程

一　智能分析的基本流程

协作学习投入智能分析以交互文本、录音、视频等资源为分析对象，从中可以提取出交互文本、互动会话、交互行为、面部表情等多种数据。智能分析通常使用分类、聚类和回归分析等挖掘技术，具体可表现为自然语言处理、表情识别、动作识别、语音识别、词云图等应用。如克肯纳等将语音情感识别应用在教学场景中，采集学习者的语音数据，再通过 RNN 网络进行分类，分类出欢乐、愤怒、悲伤、惊奇、恐惧、厌恶、中立七种情感类别，辅助教师了解学生的情绪状态[①]。智能分析的大致流程如图 15-1 所示。

[①] Kerkeni, L., et al., "A Review on Speech Emotion Recognition: Case of Pedagogical Interaction in Classroom", 2017 International Conference on Advanced Technologies for Signal and Image Processing, IEEE, 2017, pp. 1-7.

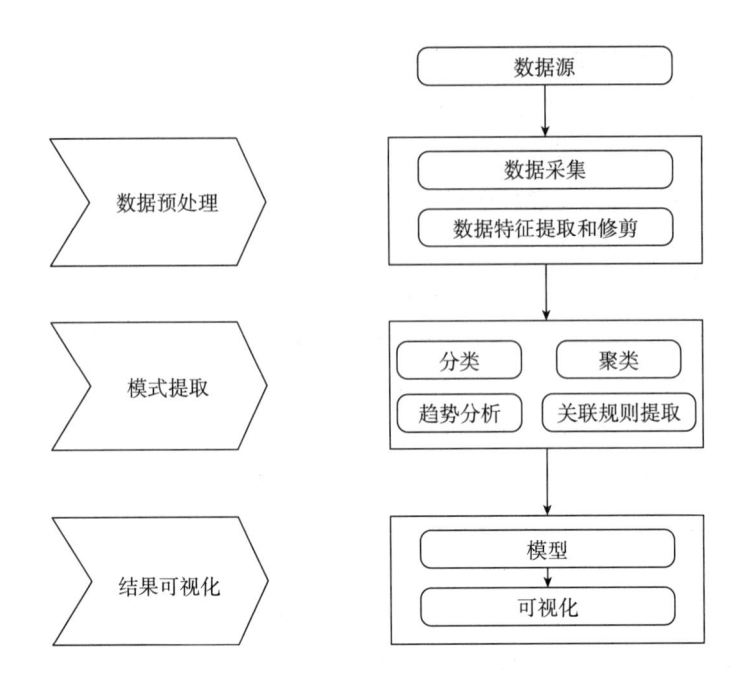

```
数据源
  ↓
数据采集
数据特征提取和修剪
  ↓
分类  聚类
趋势分析  关联规则提取
  ↓
模型
可视化
```

数据预处理 → 模式提取 → 结果可视化

图 15−1　文本挖掘应用流程

智能分析第一个流程需要对数据进行预处理。例如，交互文本需要按照需求处理为各交互单元；互动会话需要将语音数据转化为文本数据，再分割为单元；互动行为需要按需求从视频文件中按规定间隔提取动作帧图片[①]。此外，还需要进行特征的提取和修剪，将数据去除其冗余特征。第二个流程是模式提取，该流程是通过聚类、分类、关联规则抽取、关系抽取、趋势分析等分析技术的应用，发现潜在的知识模式，取出符合需要的可理解的知识。第三个流程是结果可视化，即将挖掘出的信息的呈现方式，以可视化的一种易于理解的方式呈现给他人。

二　智能分类器模型实现

在此详细地介绍一种智能分析方法，即基于文本挖掘方法实现文本分类的分析，可实现对协作学习中交互内容做出分析，以对成员的认知、社会性投入进行判断。基于文本挖掘建立的分类器可依照学习投入编码框架，对导入的文本数据进行快速的处理与自动化分析，以实现文

---

① 白雨亭：《基于视频的学生行为分析系统》，硕士学位论文，北方工业大学，2020 年。

本数据的分析。

利用文本挖掘对交互文本与交互语音两种类型的融合的交互信息数据进行分析，形成基于文本挖掘的交互信息分析图，如图15-2所示。

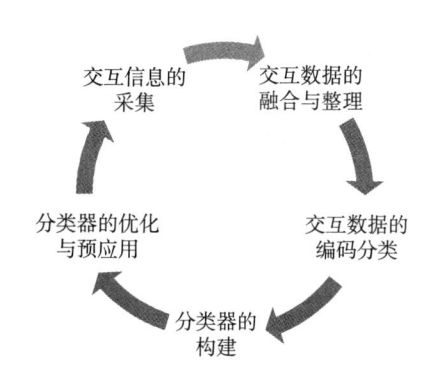

图15-2 基于文本挖掘技术的交互信息分析流程

第一步是交互信息的采集。采集的交互信息是影响模型分析效果的重要影响因素。需要采集在线协作学习的交互数据，主要为交互文本与交互语音数据。

第二步是交互信息数据的融合与整理。借助语音识别技术将语音模态转化形成文本格式的数据。并与平台上小组成员之间的讨论文本以时间为整理线索，共同组成文本挖掘的文本数据源。

第三步是根据目标的分类框架对交互文本数据进行人工编码分类。在确定好分类框架后，将已经划分好的文本数据逐条进行人工编码，完成所有数据的编码后，将同一类数据聚集在一起。

第四步是利用文本挖掘实现分类器的构建。在 Pycharm 环境上编写并运行文本挖掘的代码，实现对 jieba 分词、计算 TF-IDF、卡方检验、分类器的构建，借助训练集与测试集得出分类准确率，得到一个有一定准确率的分类器模型。

第五步是分类器的优化与预应用。在得到之后还需要对模型的分析准确度进行验证，可以利用训练数据进行进一步验证，将模型导出的分类结果与人工编码的结果进行对比统计，判断该分析模型的准确率。并对模型进行不断的优化，提高分类器的准确率。同时也进行预应用，为文本挖掘的数据源提供更多数据支持，实现迭代优化。

（一）文本交互信息的采集

文本挖掘实现的前提就是用于实现自动化的分类器模型的建立。所以首先要实现的目标就是基于多种交互信息，提取出能够反映小组成员在协作知识建构中投入的文本信息数据，为模型的建成奠定基础。

1. 采集交互文本

从小组协作沟通平台上，提取小组的交互内容，按时间顺序进行整理，以小组为单位整理文本格式，分类器构建过程如图15-3所示。交互文本数据可以通过学习平台后端进行批量导出。

2. 采集交互语音

需要注意的是，语音数据在采集时，清晰度会受到多种因素的影响，例如，各小组成员的网络质量，进行会议所使用的通话设备或软件，小组成员的表达清晰度与响度等，所以对于交互语音的采集与交互文本相比，存在多种不确定因素的干扰。需要研究人员在进行实验前提醒小组成员解决这些问题。

（二）交互数据的融合与整理

1. 语音数据的转录

收集到的语音数据，不能够直接进行分析，需要将语音模态数据转换为文本形式，而借助语音识别技术是常用手段。

对语音转录可以通过以下两种方式：①人工转录。研究人员通过听语音设备，手动转录成文本格式。这种方法的优点在于由于人对语音内容有一定的处理能力，如对长语句进行断句、句中词组的划分，转录的准确性更高。而缺点是在时间与研究人员精力上投入较大。②机器转录。使用自动语音识别技术对录音文件进行转录，如讯飞语音识别。

2. 交互数据的融合与整理

交互数据的整合与整理还需要将从平台上获得的文本数据以及语音转换的文本数据进行进一步的整理，实现融合获取最终的交互文本数据。

（1）以小组和时间为单位将交互文本与语音转录得到的文本放在一个文件中，并做好组别与时间的标记。

（2）对不同组别和时间的交互文本与交互语音转录得到的文本按

照时间顺序进行穿插融合。在时间上，可以参考课程时间安排，或者问答交互过程进行排序。

（3）将不同小组成员的发言进行划分，并标注 ID 序号。小组协作学习过程中会有多个成员进行发言，为了便于清晰进行数据的管理以及后续的分析，转录文本可以根据语音模态中各个组员声音的不同完成声音与组员的匹配，交互文本可以根据平台采集的文本对应的组员名称进行匹配。根据不同组员的发言将大段文本进行划分。同时也需要对照分类的框架对同一个组员的多个连续语句进行划分。最终形成以"姓名：内容"格式的文本数据。

（4）将划分好的文本按照组别和时间进行标记处理。可以借助表格的形式，实现小组成员姓名、语句、组别、时间的一一对应关系，可以使用 Excel 中的筛选功能便于后续数据的查找与划分。

（三）交互数据的编码分类

对数据的编码分类是进行分类器建立前的最后一项人工任务，同时也是最重要的一项任务，人工进行分类编码，是比较耗时、耗力的任务，但也是确保之后工作完成度的前提。人工分类的不准确将会直接影响到分析模型分类的准确度。

（1）确定分类参照的分类框架。在进行数据编码时需要按照分类框架对所有数据进行编码。所有需要明确分类框架，并准确地理解每个分类的含义，确保能够对每条数据进行准确分类。

（2）完成对每条数据的分类。这一过程是需要利用人工进行分类，需要对每条语句表达的含义进行判断，并进行准确分类编码。

（3）将分类得到的一类数据整理在一起，使用相同字母进行标记。借助 Excel 表格的筛选功能将统一分类的数据筛选出来，并整理到一起，最后使用相同字母进行标记。文本数据进行分类，必须使用顺序字母或数字进行标注。因为在编程代码中，所使用的数据必须是顺序排列，与数据分类的顺序相对应。

（四）分类器的构建

在完成了数据的编码之后，就可以利用文本挖掘实现分类器的构建。分类器的构建是实现自动化分析的核心，也是需要解决的难点。在过程中，需要进行预处理。预处理操作试图利用自然语言文本中包含的许多不同元素将文本从不规则的隐式结构化表示转换为显式结构化。预处理的过程包括分词与停用词处理、文本表示、文本权重计算、文本的特征选择,以形成分类特征。预处理完成后最终实现分类器的构建,分类器构建的流程如图15-3所示。

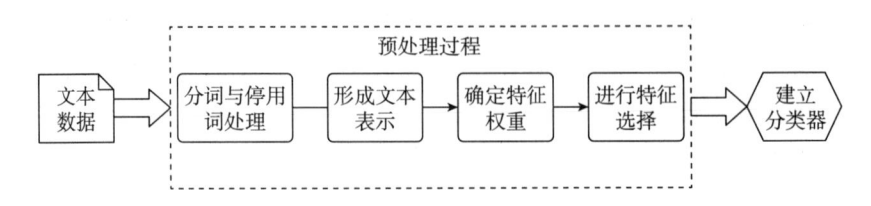

```
文本数据 → [ 分词与停用词处理 → 形成文本表示 → 确定特征权重 → 进行特征选择 ] → 建立分类器
             预处理过程
```

图 15 - 3　分类器构建过程

1. 分词与停用词处理

分词与停用词处理需要进行清理非中文字符、jieba 分词、去除停用词语。收集到的非结构化的数据具有杂乱性、重复性、片段性的特点[1]。在文本中会存在一些非中文字符,如数字、特殊符号"@、&、*"等,这些非中文字符对于模型的构建是没有意义的,如果没有先去掉直接分词,会影响之后模型的建立的效率与准确率。之后将文本进行分词。英文是按照空格进行划分,而中文、日文等文字是紧密连接的,所以需要进行分词的处理。收集到的文本是学习平台的讨论区内容,以及对话内容,通常是大段的文本。在文本处理中是将字、词语、句子等作为特征,所以也需要将打断的文本进行处理,拆分出文本中包含的字、词语,即分词。在文本挖掘中常采用 jieba 分词程序来实现分词。jieba 分词的原理是依靠自带的中文词库,确定字之间的关联概率,字之间概率大的组成词组,形成分词结果。最后还需要去掉停用词,停用词是指文本中经常出现但是却无价值、无实际意义的词[2],如一些介词、代词。

2. 形成文本表示

收集到的文本内容是非结构化的字词的组合,这时就需要计算机将

---

[1] 刘明吉等:《数据挖掘中的数据预处理》,《计算机科学》2000 年第 4 期。
[2] 张雅君:《基于 W - BTM 的短文本主题挖掘及文本分类应用》,硕士研究论文,山西财经大学,2017 年。

收集到的文本转化为结构化的数据。为了使计算机能够处理文本特征，必须对文本特征进行特征加权，将文本数据表示为计算机可处理的数学向量。这里会应用到文本模型，常见的模型有布尔模型、向量空间模型、概率模型和图空间模型。常使用到的是向量空间模型，文本被看作是一系列无序词条的集合，一段文本中存在的特征词汇形成多个维度。在文本中的特征词汇出现的频率越高，该特征词汇越能代表这段文本。另一种概率模型是基于概率排序原则，对所有文本计算概率对应查询的内容，并从大到小排序。并用二值形式判断相关性，即文本与查询内容是相关或不相关的关系。利用词条与词条以及词条与文本之间的概念相关性来进行信息检索的文本表示模型。

3. 确定特征权重

特征权重是指特征项对文本类别的区别程度[1]。文本特征项通过筛选后形成的新的特征集合，但是这些特征项对于文本区分度是不同的，特征权重的计算方法对这些特征项给予不同的权重，也就是不同的"影响力"[2]。对文本区分度高的特征项就给予更高的权重值，相反对文本区分度低的就给予低的权重值。通过特征权重的方法可以进一步提高分类的准确度。经常被使用的特征权重计算方法有：布尔权重、词频权重、TF-IDF权重。TF-IDF权重是在文本处理应用最为广泛的方法之一，综合了词频权重与反文档频率方法的思想。TF代表着词频，即出现的次数。IDF代表着反文档频率，即某特征项出现在所有文本中的次数越多，表明分类的效果越差。

4. 进行特征选择

此前将文本形成多维向量空间，特征选择就是对文本特征空间进行降维。在空间向量中有多个特征词汇，这里需要选择出部分特征词汇，摒弃掉其他的特征词汇，提高分类效果的精度。特征选择常使用卡方统计。卡方统计算法首先将训练集中提取出的特征项构成特征集合；其次对构成的集合中的每一个特征项都进行卡方统计值的计算，并按照统计

---

[1] 张平霞：《基于文本挖掘的MOOC讨论区学习评价研究》，硕士研究论文，重庆师范大学，2018年。

[2] 姚海英：《中文文本分类中卡方统计特征选择方法和TF-IDF权重计算方法的研究》，硕士研究论文，吉林大学，2016年。

值进行排序；最后选择统计值高的特征项组成新的特征集合，这几个特征项就是被选择出用于分类的最终特征。

5. 建立分类器

常用的分类算法有朴素贝叶斯、支持向量机、深度学习算法等。深度学习算法更加适用于大数据的大量文本，对于数据量有限的分类，更适合采用朴素贝叶斯算法。此外，朴素贝叶斯算法的优势在于无须参数、算法简单、运行快，更容易实现，是进行文本挖掘分类器构建的很好选择。朴素贝叶斯算法是对通过已经设置好的训练集文本进行特征项的判断，求出在此特征项出现的条件下各个分类类别出现的概率[①]，哪个概率大，就将预分类的文本分到概率大的分类类别中。利用训练好的贝叶斯分类器对测试集进行分类，统计分类结果。形成的分类器是以概率的形式对分类器模型的准确率进行表征，能够快速了解模型中各个类别的有效数据数量、总体准确率等信息，为后期的优化提供依据。

综上而言，朴素贝叶斯算法是在以上工作的基础上实现的，实现的过程可以总结为三个步骤：第一步是初始化阶段，需要对数据进行预处理，去除非中文字符、进行 jieba 分词、去掉停用词，构建特征向量，最后表征出来特征集合。训练集与测试集都需要进行上述操作。第二步是学习阶段，通过对训练集的机器学习训练分类器。第三步是测试阶段，计算测试集中待测试的文本在每一个类别中的概率进行分类，即借助训练集的"习得"的分类标准将测试集的文本进行分类。

（五）分类器的优化与预应用

分类器构建完成后，还需要对建立的分类器进行进一步优化，以提高分类器的准确度。

（1）使用更多新的数据对分类器的准确率进行验证，判断人工编码的数据与机器分类分析的准确度的差异，根据差异采取一定措施对分类器进行优化。

（2）根据分类器的准确度判断是否需要加入自定义的词典。研究人员可以自行添加合适的词典或者自定义的词组，帮助提高分词的

---

① 张平霞：《基于文本挖掘的 MOOC 讨论区学习评价研究》，硕士研究论文，重庆师范大学，2018 年。

结果。

（3）对停用词表进行修改。一般情况下是采用常用的、已经完善的停用词表，如果没有特殊的分析情况，无须特别编制停用词表。但也可以根据实际情况进行调整。例如，当分析"的"对表达语气的重要性，需要在停用词表中将"的"删去。

（4）修改文本数据。文本数据的质量决定了分类器的准确度。如果分类器的质量较低，需要重新对人工完成的编码分类进行调整，进行重新编码校对。

（5）但是需要注意的是机器学习相较于人工分类存一定的误差，对于这个问题，可以随着对文本数据的补充以及再次模型训练，来提高准确率。提供的文本量越大，所获得的模型准确率可能更高，但是前提是补充的文本数据包含高质量的编码，否则可能反而会降低了模型的准确率。

（6）实现迭代优化。通过将更多数据添加进分类器，构建所需的文本数据源也需要将自定义词典、停用词表、文本质量等视情况进行修改与优化，以提高分类器的准确度。

第三节　协作学习投入智能分析案例

本案例利用从在线协作学习过程中获取到的交互语音与交互文本两种数据信息进行学习投入建模与分析。

一　交互数据的采集

本案例数据来自"教育技术研究方法"课程。课程中学习者以小组为单位进行协作学习，基于任务活动完成课程目标。小组成员在学习平台以文本辅助语音的方式进行小组协作学习讨论。通过要求各小组组长提交本小组的整个协作录音音频，以及学习平台的后端对小组文本数据进行收集汇总，便于后续的整理。

二　交互数据的融合

在本案例中采用科大讯飞的语音识别技术来实现语音模态到文本的转录。在协作活动中，根据课程活动设计，小组成员通过企业微信平台进行交流以及资源的共享，以对话的形式为主要交流形式。交互文本可能与交互录音在时间上穿插，需按照时间顺序进行整理。对于每个文档内部则按照发言人员、内容、组别、时间进行排序。罗列的数据格式更便于后续按照社会性认知投入编码表对小组整体进行编码，为文本挖掘奠定基础。

三 交互数据分类器构建

对所有文本数据进行逐条编码，完成后将同一类数据聚集在一起，最终将文本整理成文本挖掘可以识别的数据格式。在本案例研究中参考了在古纳德瓦格纳等基础上进一步完善的社会知识建构编码方案以及刘黄玲子等人在2005年提出的交互分析编码框架[1]，形成了社会性认知投入编码框架。

文本数据根据形成的社会性认知投入编码框架进行分类，并用顺序字母或数字进行标注，如图15-4所示。利用字母的原因是在编程代码中，所使用的数据必须是顺序排列，与数据分类的顺序相对应。所以不可以直接使用社会性认知投入的编码。

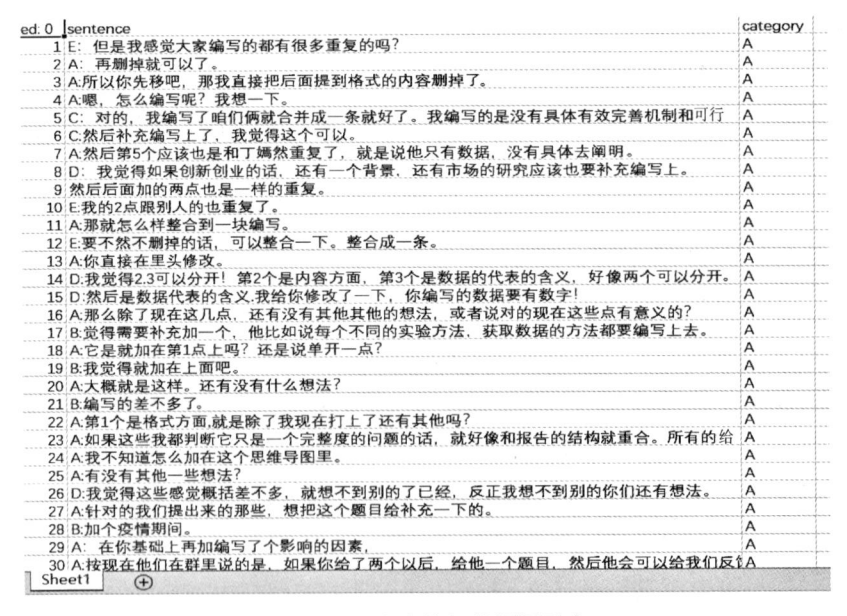

图15-4 文本挖掘数据源形式

----

[1] 刘黄玲子等：《基于交互分析的协同知识建构的研究》，《开放教育研究》2005年第2期。

分类器构建需要进行预处理,最后经过分类算法形成分类器。以 5 句文本数据举例,表征预处理的过程,为了更加清晰地呈现预处理过程,如表 15-1 所示。

词库中的词是所有文本数据分词之后得到的汇总词库,每个词会产生相应的 TF-IDF 值,表示这个词对文本类别的区别程度。

表 15-1　　　　　　　　　　预处理过程

文本数据	['比如说除了知网还有哪里可以去找这些东西?' '我在 QQ 群里发了,你看看。' '那谁写的需要标注一下吗?' '要不然把后面限制因素改成对策,解决措施?' '刚刚是哪个没听到?']
分词结果 (未去除停用词)	['比如说','除了','知网','还有','哪里','可以','去','找','这些','东西'], ['我','在','群里发','了','你','看看'], ['那','谁','写','的','需要','标注','一下','吗'], ['要不然','把','后面','限制','因素','改成','对','策','解决','措施'], ['刚刚','是','哪个','没','听到']
分析结果 (去除停用词)	['比如说 知网 可以 东西', '群里发 看看', '需要 标注', '后面 限制 因素 改成 解决 措施', '刚刚 听到']
词库中的词以及 对应 TF-IDF 值	['为例','为啥','为的是','主体','主体作用'] [5.92206426 7.35714879 8.27343952 6.40163734 8.27343952]

在此之前尽可能地将文本中出现的有意义的,但是存在停用表里的词保留,例如"可以""但是",一定程度上减少误差。最终,将人工编码的有效的 3005 条文本,选择 20% 作为模型训练时的测试集,进行模型的训练。通过 jieba 分词、特征选择,对社会性认知投入每个层级获得 20 个特征词,得到的特征词如表 15-2 所示。

表 15 – 2　　　　　　各社会性认知投入层级特征词

社会性认知投入层级	关键词
与主题任务相关的观点分享	如果 老师 困难 背景 影响 比较 具体 不是 调查 题目 其实 在线 可能 可以 应该 感觉 学习 问题 研究 觉得
寻求、给出某个观点理论的解释	知道 感觉 具体 学生 互动 所以 但是 在线 不是 应该 可能 问题 老师 觉得 意思 可以 比如说 学习 研究 因为
核实言论、提出挑战	可能 因素 现在 调查 互动 题目 知道 不是 意思 其实 在线 应该 怎么 觉得 可以 如果 是不是 问题 学习 研究
反对或支持某一言论	差不多 具体 这种 调查 东西 老师 如果 问题 可能 题目 应该 感觉 在线 其实 学习 不是 研究 可以 觉得 但是
对协作学习过程、方法和最终结果的感知、评估、监控	需要 重复 老师 如果 题目 现在 应该 删掉 两个 怎么 感觉 研究 直接 内容 觉得 补充 问题 修改 可以 编写
有必要的促进任务进行的交互	不是 优点 讨论一下 直接 结束 每个 问卷 小组 现在 应该 老师 继续 文档 导图 思维 题目 研究 讨论 问题 可以
与技术问题相关的交互	下载 知道 思维 但是 声音 格式 听见 知网 刚刚 怎么 导图 直接 不是 打开 现在 软件 问卷 听到 可以 链接

通过朴素贝叶斯算法进行模型训练。先把数据集划分成训练集和测试集，再用训练集训练贝叶斯分类器，利用训练好的贝叶斯分类器对测试集进行分类，统计分类结果。得到的模型的准确率为 0.686。

在对社会性认知参与层级分类已有一定的准确率，就可以进行新文本数据的预测。为了验证分类器模型的准确率如何，将一组非文本挖掘使用的文本数据，进行判断分类的预应用，并与人工编码的结果进行比对，来评估准确率。

四　投入状态分析与表征

通过对两个小组七周交互数据的自动化投入分析，为学习投入状态的表征提供数据支持。在获得了大量数据的基础上，使用数据可视化方法对两个小组的投入状态进行表征，最终实现对小组社会性认知投入在任务推进中的动态变化，以及小组之间差异的可视化分析与表征。

（一）组间社会性认知投入差异分析

对两个小组七周在知识建构中的社会性认知投入进行差异分析，如图 15 – 5 所示，在社交层级上"与主题任务相关的观点分享"的投入一层级上两组具有明显差异，而在"与技术问题相关的交互"差异较小。在协商层级上，两组主要差异是在"反对或支持某一言论"层级上体现。

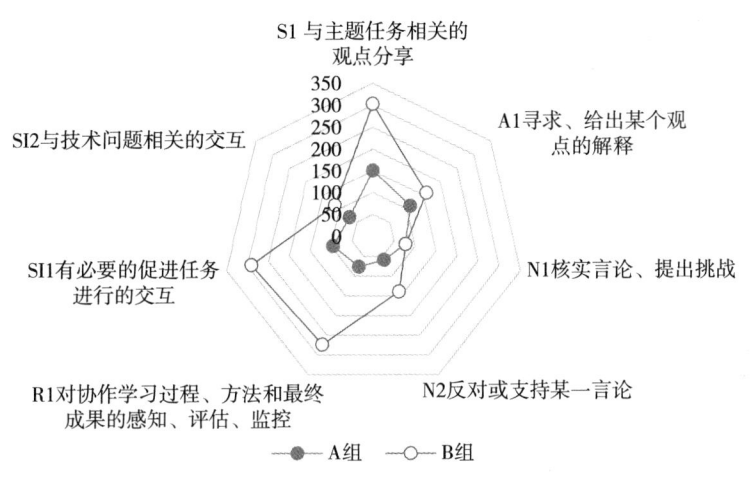

图 15-5　社会性认知投入整体比较

（二）社会性认知投入动态变化分析

从各社会性认知层级进行分析，了解单个层级随时间的变化。本研究选取四个有明显特征的层级对两个小组进行表征。对于与主题任务相关的观点分享层级投入动态变化如图 15-6 所示。从图中可以看出，在第二周的时候，两组都呈上升趋势，后两周均呈下降趋势。第五周又是一个新的任务，所以投入有所上升，后期下降。

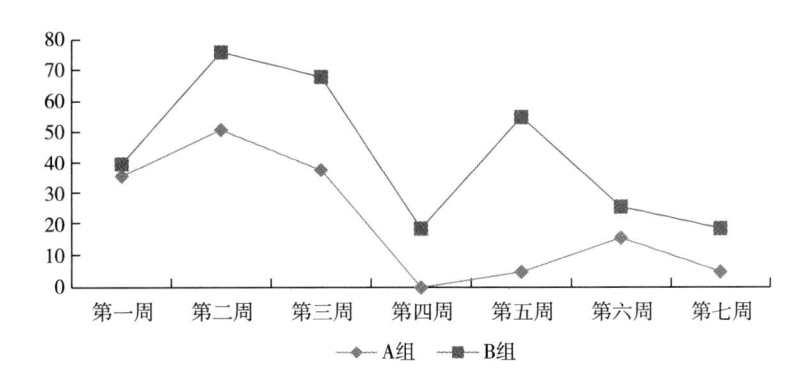

图 15-6　与主题任务相关的观点分享投入动态变化

对于反对或支持某一言论层级投入动态变化如图 15-7 所示，从图中可以看出，整体是保持平稳的，在第四周任务结束时有所下降。可以看出小组在提出观点或新的问题时没有过多的反对意见，产生的冲突过少。在任务结束时，组内的观点已趋于统一，提出的反对言论明显减少。第二轮任务中，同样在前期的投入量较多，后期减少。

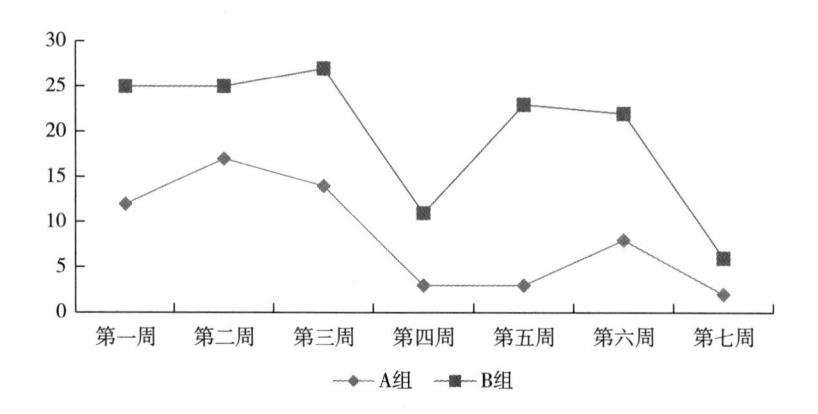

图 15-7 反对或支持某一言论投入动态变化

对于 SI2 层级投入，如图 15-8 所示，从图中难以归纳其基本规律。可能因为与技术问题相关的交互与小组成员交流时选择的平台软件、网络质量、硬件等都存在关系，存在很大的不确定性。

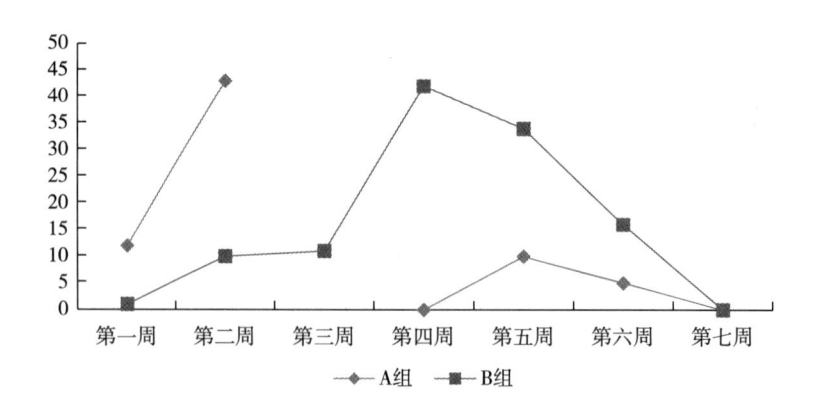

图 15-8 与技术问题相关的交互投入动态变化

本章小结

本章利用智能分析方法中的文本挖掘法对小组在线协作学习的交互信息进行处理与分析，通过建立自动化的分类器，实现对小组协作学习投入的智能分析。利用文本挖掘建立的分类器可以实现基于社会性认知投入编码框架，对导入的文本数据进行快速的处理与自动化分析，实现社会性认知投入的初步分析。

在未来研究中，应使用更加先进的深度学习算法进行文本挖掘，提高分析效率与效果。当前研究还缺乏借助机器学习挖掘数据之间的关联与模式，更多是止步于数据的分类与词云关键词等功能。未来研究应在分类的基础上，从宏观的时间序列，分析协作学习投入的变化，也要从微观交互信息结构层面，分析各层级之间发生转换的模式，挖掘交互信息之间的结构，深度理解交互信息。此外，在分析应用中，应该注意基于分析结果的适应性反馈研究。机器学习等技术提高了分析的效率，使短时间内可以完成大量分析，可以大大缩短反馈的周期，便于教师或智能代理提供适应性反馈，进而改进学生状态。

第十六章

协作学习投入度评价

引言

协作学习投入评价是改善群体协作学习投入状态，提升协作绩效的重要方法。个体投入度评价聚焦于评测每个学习者对小组任务的投入程度与完成质量，能够帮助小组成员确定组员在协作学习中的具体投入状况，是保持相互信赖、确认小组责任的重要方法。本章首先介绍协作学习中个体投入度评价的概念、要素、评价与测量方法。其次，通过实施案例剖析协作学习投入度评测应用的基本操作流程及其注意事项。

第一节 协作学习投入度评价的意义

在协作学习中，教师通常会根据小组协作成果给予每个组员统一的分数。这种以小组为单位的评价方式并未考虑组员在协作过程中的个体投入程度。缺乏个体投入度评价可能会导致积极成员逐渐减少投入，进而产生"搭便车"等消极协作学习行为。个体投入度评价对于保持组员的个体责任，促进组内相互依赖具有重要价值[①]。一方面，个体投入度评价能够评估每个成员对小组任务的投入程度，并把结果反馈给所有的小组成员。整个评价反馈过程有助于督促组员反思自身投入度，积极

---

① Le, H., et al., "Collaborative Learning Practices: Teacher and Student Perceived Obstacles to Effective Student Collaboration", *Cambridge Journal of Education*, 2017, pp. 1–20.

承担个体责任①。另一方面,个体投入度评价有助于小组内部核查成员对协作任务的执行情况,建立相互信任关系,从而保障小组成员之间的相互依赖②。

一 个体投入度评价价值

在协作学习中,为了提升小组绩效,小组成员应当共同分担小组任务,承担个体责任。然而通常情况下,组员对小组任务的投入是不均衡的。在协作学习过程中会经常会出现社会性懈怠、"搭便车"等问题③。社会性懈怠是指相较个人独立学习,学习者会在小组协作学习过程中减少投入④。"搭便车"则是指学习者在协作学习过程中的付出与分享的小组回报不成比例⑤。社会性懈怠和"搭便车"会影响协作参与者的投入积极性,进而影响小组绩效⑥。

社会性懈怠与"搭便车"产生的深层次原因在于小组内部没有形成相互依赖、责权明确的协作氛围⑦。维持积极的相互依赖和个人责任是协作学习中避免社会性懈怠和"搭便车"的基本方法⑧。积极的相互

---

① Popov, V., et al, "Multicultural Student Group Work in Higher Education: An Explorative Case Study on Challenges as Perceived by Students", *International Journal of Intercultural Relations*, Vol. 36, No. 2, 2012, pp. 302 – 317.

② Sluijsmans, D. M. A., et al., "Designing Flexible and Fair Peer – assessment Formats to Award Individual Contributions in Group – based Learning", Biannual Meeting of the European Association for Research on Learning and Instruction (EARLI), Budapest, Hungary, 2007, pp. 131 – 154.

③ Wan, D., Johnson, P. M., "Experiences with CLARE: A Computer – supported Collaborative Learning Environment", *International Journal of Human – Computer Studies*, Vol. 41, No. 6, 1994, pp. 851 – 879.

④ Williams, K. D., Karau, S. J., "Social Loafing and Social Compensation: The Effects of Expectations of Co – worker Performance", *Journal of Personality & Social Psychology*, Vol. 61, No. 4, 1991, p. 570.

⑤ Lai, C. L., Hwang, G. J., "An Interactive Peer – assessment Criteria Development Approach to Improving Students' Art Design Performance Using Handheld Devices", *Computers & Education*, 2015, pp. 149 – 159.

⑥ Piezon, S. L., "Social Loafing and Free Riding in Online Learning Groups", *Dissertations & Theses – Gradworks*, 2011, winter.

⑦ [美] W. Johnson 等:《合作学习》,伍新春、郑秋、张洁译,北京师范大学出版社 2004 年版。

⑧ Kreijns, K., et al., "Identifying the Pitfalls for Social Interaction in Computer – supported Collaborative Learning Environments: A Review of the Research", *Computers in Human Behavior*, Vol. 19, No. 3, 2003, pp. 335 – 353.

依赖意味着参与者应该作为一个团结一致的团队合作，对自己和其他小组成员的学习负责①。即团队成员认识到自己目标的达成有赖于他人，即"一荣俱荣、一损俱损"。个人责任意味着每个小组成员都应当分担协作任务，为小组目标服务②。它可以促进小组成员承担责任，避免"搭便车"的影响。

社会性懈怠与"搭便车"产生的具体原因通常是协作学习缺乏指向个体投入度的评价。评价不能准确确认个人投入，这导致了投入较低的成员也能得到跟其他小组成员同样的分数。例如，"搭便车"的成员尽管对一个小组的投入很少，但可能会得到一个高的等级分数。因此，在网络协作学习中，学习者个体投入度评价对小组协作学习过程与结果会产生重要影响。

基于上述情况，众多学者认为协作学习应该评价每个参与者对小组任务的投入程度与完成质量，即参与者对小组任务的个体投入度。将评价作为教学方法可以促进积极的相互依赖和个人责任。积极的相互依赖可以通过学生参与评价过程来实现。同时，个人责任依赖于对每个成员的投入度进行评价，并将结果反馈给他们。综上所述，个体投入度评价能够促进小组内部保持个人责任和积极的相互依赖，对促进协作过程、提升协作绩效具有重要价值。

二 个体投入度评价维度与原则

（一）反映协作过程与结果的投入

协作学习评价应能够反映学习者在协作过程与结果中的个体投入度。如果缺乏对个体投入度的有效评价会导致学生在协作学习过程中出现社会性懈怠、"搭便车"等问题。学生不能准确评价个人投入，这导致了投入较低的成员也能得到跟其他小组成员同样的分数。个体投入度评价可以用于增强积极的相互依存关系和个人责任感，将个体投入度评价作为教学方法可以促进积极的相互依赖和个人责任。

支持个体投入度评价设计的具体指导原则与策略，如表 16 - 1 所

---

① Tran, V. D., "The Effects of Cooperative Learning on the Academic Achievement and Knowledge Retention", *International Journal of Higher Education*, 2014, pp. 131–140.

② Slavin, R. E., "Cooperative Learning", *Review of Educational Research*, Vol. 50, No. 2, 1980, pp. 177–183.

示。主要设计原则包括：①个体投入度评价应同时考察学习者在协作学习过程与结果中的投入；②学习者应参与评价过程并对评价负责；③评价应尽可能公平合理。

针对第一个设计原则，采取的策略为：①采用个人自评和组内成员互评的方式来获取学习者在协作过程中的个体投入度评价；②采用分数转换工具来整合学习者小组作品得分和个人投入得分，从而计算出学习者的最终分数；③采用分数偏离度设定来协调小组作品得分和个人投入得分所占比例。

表 16–1　　　　　　　个体投入度评价设计原则与策略

设计原则	设计策略
协作学习评价应考察协作学习过程和成果中体现的个体投入度	①采用自评和互评结合的方式，来获取学习者在协作过程中的个体投入度分数 ②使用教师评价，来获取小组作品分数 ③采用分数转换工具，来整合小组作品和个人投入度分数，并计算学习者的最终分数 ④采用分数偏差度设定，来调节小组作品和个人投入度分数所占比例
学生应该参与评价过程并对评价负责	①教师和学生共同设计评价标准 ②在同伴互评中，学习者需要对其他小组成员的表现给出反馈评语 ③学习者需要撰写协作学习反思日志 ④采用两轮评价，允许学习者在一轮评价后改进个体投入度
自评和同伴互评应尽可能公平合理	①采用单向匿名来形成同伴互评分数 ②采用随机分组来确定小组 ③采取等级序列分数来进行同伴互评

（二）促使学习者参与评价过程

协作学习的个体投入度评价应能够促进学习者参与协作学习评价过程，能够通过小组互评分和评语反馈、小组作品批改建议帮助学习者改进学习过程，从而提升协作绩效。迭代评价是形成性评价的常用策略。它为学生提供了逐渐修改最终产品并提高评价质量的机会。反馈也是形成性评价的重要策略。反馈是根据已设定的学习目标提出描述性而不是判断性的信息。这种反馈会避免单纯只给分数，描述性反馈关注要达到的学习目标，要指出学生做得好的地方或需要改进的地方，并对学生如何达到目标提出建议。另外，卡莉和罗恩提出让学生参与标准的制定，此方法可以改善小组成绩与小组协作学习的个体投入。

针对第二个设计原则的设计策略为：①在两轮评价设计中间，公布小组作品分数及个人得分，包括反馈评语，学生修改后继续提交作品；②在敲定最终的评价标准前，教师将标准公布给学习者，教师与学生共同参与协商评价指标的制定，并对每一级指标进行具体说明；③采用撰写协作学习反思日志的形式促进组员反思。

（三）保证评价的公平性

协作学习的个体投入度评价应公平、合理地反映其在小组协作学习过程与结果中的投入。个体投入度评价必须保证公平与合理。在个体投入度评价中，可能会出现"互惠效应"，即学生之间迫于社会性关系而给出不合理评分。因此，小组内学生之间的评分不能相互干扰，否则缺失了公平性很难保证评价结果的合理性。因此，针对第三个原则采取的策略主要有：①为保证评价的公平合理性，评分时采用匿名的方式进行。学生不会知晓给自己评分的同伴。②为保证小组公平一致，采用随机分组的形式确定小组成员。③每个小组通过等级序列分数1—5来确定小组成员得分，为保证公平性，同一指标下等级分数不能重复。④通过自评与互评的比值来确定学习者是否高估了自己在小组协作过程的投入。

第二节　协作学习投入度评价方法

协作学习中的个体投入度评价方法主要包括个人加权因子方法，同伴互评法、自评与互评结合等方法。个人加权因子法将多个个体投入度评价分数按照一定的权重相加，所得结果为最终的个人分数。同伴互评法采用三次同伴评分来产生评价分数。自评互评结合的方法则采用小组内部自我评价与集体评价的方法来获取个体投入。

一　个人加权因子法

个人加权因子的计算方法是将多个评价分数按照一定的权重相加，

所得结果为最终的个人分数①。个体的最终成绩是综合考虑了协作过程中个体和小组的投入，并给予相应的权重计算得出的。具体计算方法如下：第一步，通过个体平均等级分数除以小组平均等级分数计算个体权重因子；第二步，通过个体权重因子乘以小组分数获得个人最终得分。假设小组中五位成员的个人平均等级分别为 5.0、4.2、4.0、4.0、3.8，A 学生收到自己和其他四位学生的评价均为 5 分，由此获得个体权重因子为 1.19，小组分数为 75 分，则 A 学生个人最终得分为 1.19 乘以 75，得到 89.3。

以下为个人加权因子法的计算步骤：

$$小组平均等级分数 = \frac{5.0+4.2+4.0+3.8+4.0}{5} = 4.2$$

$$个体权重因子 = \frac{个体平均等级分数}{小组平均等级分数}$$

$$A\ 学生的权重因子 = \frac{5.0}{4.2} = 1.19$$

小组分数 = 75

个人最终得分 = 个体权重因子 × 小组分数 = 1.19 × 75 = 89.3

个人加权因子法评价流程分为五个阶段：①学习者提交初稿及对自己作品的评价，系统将初稿按照教师设置的分配规则分发给学习者；②评价者对分发到自己的作品进行下载并评价，按照七个等级进行评分，并对作品提供修改的建议；③根据同伴评价的反馈意见，学习者对作品进行修改。同时评价者可以得到系统生成的一张统计表，表上显示他们的评价与整体评价的比较分析，评价者也可访问其他人对这个作品的评价；④学习者对评价者评价的反馈，即同伴评价的结果对自己修改文章的帮助程度也是 7 个等级；⑤将学习者修改后的文章交给相同的评价者进行评价。之后，系统计算单个评价者的准确性，把评价结果反馈给学习者。结果整体评价能显著提高学习者作品的质量，多个同伴评价者的信度和效度显著高于单个专家的评价。

---

① Gupta, M. L., "Enhancing Student Performance through Cooperative Learning in Physical Sciences", *Assessment & Evaluation in Higher Education*, Vol. 29, No. 1, 2004, pp. 63 – 73.

二 同伴互评法

个体加权因子方法计算得出的个体投入度分数是包含自我评价的，学生可能会过高评价自己，由此导致最终成绩可能会有失公平。有研究者提出了一种去除自评数据计算的方法。这种方法的特点在于利用三次评价来计算个人投入度避免个人与同伴不合理的评价。学生进行三次评价，第一次要求他们考虑到公平工作量的定量分配，授予每个团队成员0.5—1.5的相对投入度分数，所有相对投入度分数的总和等于团队成员总数。第二次评价要求学生对他们的团队成员工作的定性个人表现以1—5分的整数来打分。个人表现评价鼓励学生考虑对方的投入质量而不是数量。第三次评价则是将两次评价得到的分数相结合，产生乘数缩放因子，对每个成员的投入进行整体评价。这个评价主要侧重评论，包括对评价出现的异常情况或者出乎意料的分数进行最后评价。最后将乘数缩放因子的评分和评论反馈给小组成员。这两种同伴评价模式的结合可以避免同伴过高评价的影响。为消除个人对自己过高评价，需将自我评价移除，具体计算方法如下：第一步，获得个人总评价，即每个团队成员的相对投入加个人表现得分的总和；第二步，获得团队同伴评价平均值，即将所有团队成员个人总评价的得分总和除以团队成员人数；第三步，获得每位学生的乘数缩放因子，即个人总评价除以团队同伴评价平均值；第四步，将乘数缩放因子和评论反馈给学生。

三 自评互评结合法

自评和同伴评价（self – assessment and peer – assessment，SAPA）可以小组协作过程中帮助教师评价个体投入程度。自我评价与同伴互评主要由学习者扮演评分者的角色，针对自我及同伴作品给予评分与建议。自我与同伴互评有助于学生深入理解评价标准的要求，促进学生的独立，反思能力，批判性思维，提高学生的参与动力，并鼓励学生承担学习责任。自我评价在学习过程中可以帮助学习者反思自己的不足之处。另外，有研究者提出在同伴评价过程中，很可能出现评价者对特定成员给予非常差的评价，而在自我评价过程中，学习者往往会自我评价过高。结合自我评价和同伴评价可以弥补自我评价又能够平衡同伴评价的分数。自评和同伴评价相结合作为个体投入度评价更加合理，一方面促进有效的团队合作，发展自我反思行为，解决了自我评价问题的不足；另一方面将学生的角色从被动接收者转移到积极参与学习的主动角色，提高了学习投入水平。

在 SAPA 中，常用的策略包括师生形成评价量规、迭代评价与定性反馈。师生生成评价量规有助于学习者理解个体投入度评价标准的内涵，并灵活运用。如有研究者开发了基于手机的自我与同伴互评系统来帮助教师生成评价标准，并促进学生之间给出评价反馈①。研究结果证实了其对最终成果的影响。研究者开发了一套生成量规的同伴互评方法。这套方法支持学生通过讨论生成评价量规，并对同伴作品实施评价。研究通过准实验研究证实了该方法对学习成果、动机以及元认知水平的影响②。迭代评价则是采用形成性评价的方法，给予学习者提升个体投入度的机会③。有效反馈也是形成性评价常用的策略。同伴反馈的主要作用可以缩小学生目前学习水平与预期目标之间的差距。同伴反馈会从学习者的角度指出同伴做得好的地方或需要改进的地方，并对学生如何达到目标提出建议。

第三节　协作学习投入度评价的研究案例

本节将通过案例来描述个体投入度评价应用的全过程④。主要从研究实施的背景、过程以及结果三个方面进行阐述。案例通过设计自主与同伴互评（SAPA）来评价学习者在网络协作学习过程与成果中的个体投入度，采用量化与质性结合的方法来探索 SAPA 设计的原则和策略，并分析学习者学习经历及对评价的看法。

一　个体投入度评价实施背景

本案例的研究对象是某高校教育技术学专业与小学教育专业的 119

---

① Chen, C. H., "The Implementation and Evaluation of a Mobile Self – and Peer – assessment System", *Computers & Education*, Vol. 55, No. 1, 2010, pp. 229 – 236.
② Le, H., et al., "Collaborative Learning Practices: Teacher and Student Perceived Obstacles to Effective Student Collaboration", 2017.
③ Lai, C. L., Hwang, G. J., "An Interactive Peer – assessment Criteria Development Approach to Improving Students' art Design Performance Using Handheld Devices", *Computers & Education*, 2015, pp. 149 – 159.
④ 马志强等：《网络协作学习个体投入度评价的设计与应用》，《现代教育技术》2018 年第 10 期。

名学生。本研究依托的是"多媒体课件开发"线上、线下混合式课程：在线上学习阶段，学习者通过协作学习来形成小组的多媒体课件设计方案。119名学习者被随机分成27个小组，小组成员通过网络学习系统协作完成课件设计方案，并提交至学习系统；各小组需要在两周内完成设计方案并在线提交。在线下阶段，任课教师为学生讲解个体投入度评价的目的与方法，并引导学生熟悉评价流程与工具。案例主要分析的问题为：在网络协作学习中，学生对SAPA个体投入度评价的感知与态度是什么？

案例采用量化与质性相结合的混合式研究方法，并采用问卷调查法来收集量化研究数据，采用访谈与观察获取质性分析材料。问卷调查旨在获取学生对个体投入度评价的感知，包括15个李克特量表形式的选择问题，从1（非常不同意）到5（非常同意）。具体问题维度包括：①对协作评价过程与结果的感知；②对评价参与程度的感知；③对评价公平程度的感知。

二 个体投入度评价实施过程

（一）研究阶段

研究主要分为三个阶段，即策略原型设计、行动实施与调整评价设计、评价反思并形成最终策略体系。策略原型设计阶段主要是进行了需求分析和背景分析，对有关SAPA的个体投入度评价进行了文献梳理，形成了SAPA设计的指导原则和策略。在行动实施与调整评价设计阶段，进行了四轮的活动迭代设计。活动设计的重点是实施和评价，每轮活动设计时间长度为3周，活动结束时对相关内容进行了改进，在过程中强调个体投入度评价的设计应反映协作学习过程和结果，能够促进小组成员对协作过程的反思并提高团队绩效，确保评价的有效性。实施主要描述了评价过程是如何进行的，应该进行哪些应用问题和挑战。评价主要目的是收集学生对活动过程设计和实施的意见，并研究如何进一步修改设计。评价反思阶段主要是通过问卷调查、半开放式访谈和学生反思的方式收集量化与质性数据，对调查结果进行分析和反思，重点关注学生对自评与同伴互评工具及策略的看法，以及对个体投入度评价的态度。

(二) 策略原型设计

根据前期文献分析得出 SAPA 的设计原则和策略。首先，学生在小组协作学习中获得的最终成绩应该能够反映组员个体投入。为了将个体投入纳入最终成绩，协作学习过程中获得学习者的个体投入使用自评与互评的形式。同时，使用分数转换工具将小组作品评分和个体投入分数整合到最终得分中。其次，SAPA 应尽可能公平合理。为了确保 SAPA 的公平合理，在组内同伴评价中使用了匿名评价的策略，即被评价人员不知道评价者的身份。随机分组策略是为了避免互惠分数而设计的，目的是为了避免同伴之间因为友谊相互熟悉而影响评分。最后，提高学生的协作过程参与度。学习者和老师之间的评价标准协商可用来促进学生对作品任务要求的理解。因此，学生自评与同伴互评的评价标准由教师和学生共同讨论决定。

(三) 评价工具

为了将个体投入度和小组成果分数整合到个人最终成绩中，本研究采用斯杰伯等开发的分数转换工具。如图 16-1 所示，小组分数由教师给出，自评和互评的分数由个人与组员依照个人投入按照等级 1—5 分给出。按照公式分别计算自评分数与互评分数比值（SAcomp.PA）和个人最终得分。

$$SA\ comp.\ PA = 自评分数 \times \frac{小组成员数 - 1}{同伴互评总分 - 自评分数}$$

$$个人最终得分 = \frac{同伴互评总分 - 平均分}{最高分 - 平均分} \times 误差 + 小组分数$$

学号	姓名	小组分数	自评分数与同伴互评分数相比	自评分数与平均分相比	自评分数	同伴互评总分	同伴互评分数	最终得分
student	name	group score	SA comp.PA	SA comp.mean	SA score	PA totalscore	PA score	individual score
1150416108		88	3.00	1.13	17	34	51	87.87
1150416216		88	1.71	1.33	20	55	75	87.98
1150416208		88	2.03	1.67	25	62	87	88.01
1150416107		88	4.15	1.20	18	31	49	87.86
1150416123		94	1.85	1.07	16	42	58	93.91
1150416205		94	1.73	1.53	23	63	86	94.02

图 16-1 个体投入度评价分数转换工具

(四) 设计流程

整个研究实施两轮 SAPA 和两轮修改——第一次提交作品，实施

SAPA，修改后提交；第二次实施 SAPA，第二次修改提交。在每一轮中，老师和助教首先给每组学生评分和修改小组作品的建议。小组成员完成自主和同伴互评，并给出个体投入度的分数和评论。每个学生的投入度由 3—4 个小组同伴和自己进行评定。最后，通过整合小组成果和个体投入度分数来计算个人得分。

1. 第一轮

设计：根据策略原型设计的三个指导原则进行第一轮活动设计。首先对学生进行随机分组，教师和学生共同设计了小组成员个体投入度评价标准。其次依据此评价标准，采用自评与互评结合并匿名的评价方式确认小组成员个体投入得分。小组每个成员个人最终分数由小组作品得分和个体投入得分共同决定。

实施：119 名学习者被随机分成 27 组，进行网络协作学习。每个小组在两周内协作完成设计方案，并将团队作品提交至在线学习系统。评价之前对学生进行了 SAPA 的培训，让学生掌握评价工具并讨论制定评价标准。为了体现小组成员之间分数的差异度，本次评价公式偏离度（调整其大小可调整小组间个人分数的差异程度）确定为 20。在评价过程中要求学生根据评价标准向小组其他成员提供个体贡献度的成绩（学生对其他小组成员根据协作过程和结果的投入进行评分）。

评价：通过观察发现，学习者对于小组成员之间存在较大的分数差距有不满意的情绪。经过与学生沟通，多数学生期望小组得分和最终成绩之间的偏差应该更小。还有学生认为 SAPA 工具的使用过于复杂，希望可以简单化，以减轻评价的负担。从访谈数据来看，学生对评价标准的适用性并不满意，原因主要是协作学习过程评价标准从 5 个维度进行评价，学生认为维度之间存在重复，比如整理资料也是属于完成小组成果的一部分。在分析现有问题后，我们做出以下修订决定：

（1）降低偏离度以缩小组分数与最终成绩之间的偏差；

（2）重新设计 SAPA 评分工具以减轻 SAPA 的负担；

（3）修正评价标准，调整评价维度；

（4）为学生提供使用 SAPA 工具等级评分样例。

2. 第二轮

设计：为了帮助学生提高个体投入的同伴评分技能，在第二轮实验中使用了新的策略。为减轻学生评价负担，导师为学生提供了评分样本并提前培训，评价标准的维度由原来的 5 个精减为 4 个。通过这种方式，学生可以学习如何为小组成员提供更加合理的评价。另外，调整了偏离度以缩小小组分数和个人最终分数之间的偏差，本次偏离度设置为 10。

实施：119 名学习者全部参加了第二轮活动，小组成员构成不变。我们发现，与第一轮相比，大多数小组成员更加积极地参与讨论和协作，比如他们在网络平台上发表有效言论的次数明显增多。但经统计个人最终分数结果，三个小组出现了得分一致的情况，即这些小组中的每位小组成员得到了相同的分数，通过调查发现小组成员经过彼此协商后给出了一致的分数。

评价：通过查看访谈记录，我们发现学生们要求提供提高小组分数的机会，在修改作品和改进协作过程中不知道从哪些方面改进作品和流程。此外，学生需要评价结果的解释和改进的建议，即需要同伴的定性反馈，并提出希望可以更换小组成员的建议。研究者经过讨论调查问卷分析结果后，做出如下修改决定：

（1）改进等级评分方法来避免小组成员得分一致情况；
（2）评价一次结束后公布学习者成绩；
（3）学生在第一轮评价结束后进行修改作品；
（4）由评估者提供反馈评语。

3. 第三轮

设计：为避免小组中每个成员得分一致的情况，本轮使用等级评分方式。根据评估标准的各个维度，要求学生从 5 到 1 对同伴进行排序。个体投入度评价应该有助于学习者改进协作过程和作品。为了改进协作过程和作品，学生可以修改小组作品，在评价后重新提交。两轮迭代评价是为学生设计改进协作过程和产品。此外，同伴评估者被要求提供反馈评语，鼓励他们为同伴评分解释说明并提出建议。

实施：第三轮活动为了保证学生评价的公平性，在第三轮协作学习活动开始之前，重新随机分配了小组成员。进行两轮的个体投入度评价，在两轮评价中间公布学生个人分数和小组分数，教师对每个小组作品提出修改建议，学生经过修改小组作品后再次提交。

评价：本轮评价活动中消除了小组成员得分一致情况，但个别小组成员之间个人分数几乎无差距。在第二轮协作学习个体投入度评价活动之后，通过访谈和问卷的数据整理，学生认为活动中间留下作品修改的时间这样的设计很合理，他们非常支持。有部分学生认为评语不具有针对性，对自己提高协作过程帮助不明显。因此，在下一阶段进行了如下修改：

（1）调整评价标准各维度的权重；

（2）在评价后增加个人反思；

（3）在评分表中给出评语示例。

4. 第四轮

设计：为了使评分工具更加公平，我们将同伴互评的评价标准的维度权重进行了重新分配。为了在自评与互评活动中学习者更加明确自己需要改进的方向，学生的自评与互评在完成小组任务后每位小组成员需要撰写个人反思日志。

实施：27个小组参加了本轮次的SAPA活动。通过访谈数据分析，学生在撰写个人反思日志时会反思自己在小组中扮演的角色及承担的任务，但学生在进行自我评价时可能会高估自己。

评价：从学生的反馈中可以看出，学生们非常支持进行个体投入度评价，这有助于组员改进协作学习过程，有助于督促组员投入，减轻组长负担，促进小组成员改进。但等级评分格式仍然需要完善，有学生认为不应当把自我评价包括在内，一名学生提到：

"我认为可以根据每位成员的投入程度进行排序，由于可能存在不客观的因素，不用自评，只需评价本小组中其他成员，按照他们投入多少排序。最后的个体投入分数由教师给的作品分数和排序结果之间按一定的比例相加。"

因此在后续的研究中还需要进行以下完善：

（1）等级评价应降低自我评价的比例；

（2）再次修改评价标准表述。

三 个体投入度评价实施效果

（一）问卷结果

案例中共发放了119份问卷，其中有效问卷100份，问卷调查结果采用李克特量表中 4（同意）、5（非常同意）的百分比来呈现，具体结果如表 16-2 所示。质性材料分析主要针对半开放式访谈以及学生的反思日志。研究者阅读了半开放访谈转录文本及反思日志内容，首先标注与 SAPA 评价原则和策略相关的句子和段落。随后，研究者采用史特劳斯与科尔班提出的编码方法将标注内容进一步归纳和分类成共同的主题。研究结果部分将同时呈现量化与质性分析的结果。

表 16-2　　　　　　　　个体投入评价调查问卷结果

	n = 100	
	同意 + 非常同意（%）	非常同意（%）
参与者对 SAPA 过程与结果的感知	—	—
1. 在小组协作学习中，我认为非常有必要进行个体投入评价	67	25
2. 在 SAPA 中，我认为评价任务是清晰明确的	68	13
3. 我认为 SAPA 是小组协作学习中评价个体投入可靠的方法	47	11
4. 小组协作学习个人分数应由小组作品分数和个人投入分数共同决定	72	28
5. 个体投入评价促使我在接下来的小组协作过程中更加努力	63	22
参与者对评价过程参与的感知	—	—
6. 我认为活动应该为学习者提供完善小组作品、改进个人投入的机会	85	35
7. 在个体投入度评价活动中，学生应参与评价标准的制定	80	29
8. 在个体投入度评价中，同伴应给出反馈和改进的具体意见	77	31
9. 我认为小组成员给出的同伴反馈值得采纳	88	25
10. 我会根据自己的协作学习表现给出合理的自评成绩	80	34
参与者 SAPA 的公平性的感知	—	—
11. 我觉得如果用匿名的方式作个体投入度评价，会比较公平	78	42
12. 我认为随机分组的方式会使同伴互评相对公平	66	20
13. 我需要教师给出同伴评分的详细指标和打分样例	74	30
14. 我认为小组成员应在评价开始前通过协商确认组内成员的具体投入	67	25
15. 我认为本课程设计的评价活动有助于小组成员改进协作学习过程	60	16

（二）研究结果

1. 参与者对协作评价过程与结果的感知

参与者认为在小组协作学习中进行个体投入度评价是非常有必要的。Q1 显示 67% 的参与者同意使用个体投入度评价。参与者认为个体投入度评价有助于小组成员明确划分个人责任，并保障团队成员分担小组任务。赞同 Q1 的参与者解释说：

"这门课程中，我们花了很多时间讨论和分配小组任务，这使个人的责任更加清晰和明确。"

"我认为 SAPA 能够帮助我们评价每个小组成员在协作过程中的投入度。你在小组任务中投入的越多，得分就越高。这个评价鼓励我们平均分配小组任务，并增加个人投入度。"

在最终的评价分数中，应当谨慎处理小组作品与个体投入度分数的比例。个体投入度评价的作用在于当一个或多个小组成员没有积极投入小组任务时，教师可以通过个体投入分数来调节个人的最终分数。Q4 的结果（72% 赞同）表明，大多数学生认可最终的分数应该整合小组分数和个体投入分数。然而，参与者认为应该控制个体投入度分数与小组作品分数的比例。一名学生提到：

"评价应该鼓励团队合作而不是个人努力。如果个体投入度评分所占比例太大，我们可能会更多地关注个体投入，而不是集体任务。在我看来，个人投入分数和小组作品分数的比例应该是 3 : 7。"

以往的研究强调网络协作学习中的个体投入度评价可以增强个人责任感，避免协作学习中的"搭便车"和协作懈怠等问题。然而个体投入度评价同时可能产生负面影响。如果学生认识到个人努力的重要性大于小组任务，他们可能会减少对小组任务的投入，反而更多地关注个人投入。这可能会影响组内相互依赖的协作关系。因此，后续评价研究与实践应该谨慎处理小组作品与个体投入度分数的构成比例。

2. 参与者对评价过程参与的感知

Q7 得到了 80% 参与者的认可，说明参与者认为他们应当参与评价标准的制定。对于评价标准的讨论可以帮助小组成员理解小组任务的具体要求。一名参与者认为：

"我们讨论了哪些方面的投入会影响小组任务的质量，如何去评价这些方面。对评价标准的讨论帮助我们明确了在小组任务中应当做什么。"

在个体投入度评价中,自主评价的主要作用是提供了自主反思的机会,而非提供准确的评价分数。在本研究中,SA/PA＞1 表示一个人自评分数高于同伴互评给出的分数。本研究中 SA/PA 比值为 1.65,这说明参与者可能在自主评价中高估了自身对于小组的投入。Topping 认为,关注努力而非成果的自主评价是不可靠的。其他研究人员也认为,自主评价可能是不可靠的,最终分数中应该去除自评分数。另有研究人员认为自评可能会促使学生在同伴评价和评语的帮助下进行自主反思。在本研究中,参与者认识到了自主反思的价值。例如,一位学生的反思日志中提到:

"当我发现自评分数高于同伴互评分数,我会阅读同伴的反馈,并反思是否高估了自己。"

3. 学习者对评价公平的感知

在 SAPA 中,随机分组和匿名评价对于避免互惠效应有重要的作用 [Q11（78%赞同）;Q12（66%赞同）]。例如一位同学提到:

"在匿名评价中,我可以根据小组成员的实际投入给出分数而不用考虑我们的关系。如果是实名评价,我可能会给每个成员一样的分数。随机分组使我不能和熟悉的同学合作,但同时我在评分时顾忌也比较少。"

不过,随机分组是一把"双刃剑"。学生与相对陌生的小组成员协作,可能会避免友谊分数或默契分数。但是,彼此熟悉的成员组成的小组凝聚力较弱。一名学生提到:

"随机分的产生的小组中,我们小组成员之间彼此不熟悉,我们很难相互协作。"

此外,个体投入度评价中的排序评分策略需要进一步改进。研究者指出排序评分策略可能会阻止了学生给予不合理的分数。但在本研究中,一名学生认为:

"排序评分强制我们必须给小组成员不同的分数,如果我不能区分两个同伴的投入程度,那么给他们不同的排序就是不公平的。"

因此,在个体投入度评价中,后续应探索更加灵活的排序评分策略，排序评分应该允许学生给出相同的排序，以便学生对相似投入度的学生给出一致的评分。

本章小结

个体投入度评价能够帮助小组成员确定组员的投入度，是保持互信依赖、确认小组责任的重要方法。设计个体投入度评价时应注重：考察协作学习过程和成果中体现的个体投入度；学生应该参与评价过程并对评价负责；自评和同伴互评应尽可能公平合理三项原则。在具体评价实施过程中，个体投入度评价分数的构成比例，学习者对评价过程的自主反思和避免"互惠效应"的多重策略是个体投入度评价需要重视的重要因素。

参考文献

阿尔伯特·班杜拉：《社会学习理论》，陈欣银、李伯黍译，中国人民大学出版社2015年版。

白雨亭：《基于视频的学生行为分析系统》，硕士学位论文，北方工业大学，2020年。

毕晓梅、王牧华：《网络学习环境中人际交互的内涵、价值与策略》，《湖北教育（教育教学）》2015年第4期。

蔡丹等：《青少年的心理弹性及自我概念：一年跟踪的交叉滞后分析》，《心理科学》2018年第4期。

曹晓明等：《人工智能视域下的学习参与度识别方法研究——基于一项多模态数据融合的深度学习实验分析》，《远程教育杂志》2019年第1期。

柴少明、李克东：《CSCL中基于对话的协作意义建构研究》，《远程教育杂志》2010年第4期。

柴少明、李克东：《话语分析——研究CSCL中协作意义建构的新方法》，《现代教育技术》2009年第6期。

陈向东等：《共享调节：一种新的协作学习研究与实践框架》，《远程教育杂志》2019年第1期。

陈向东等：《基于社会网络分析（SNA）的共享调节学习评价：概念框架与解释案例》，《远程教育杂志》2020年第2期。

谌志群、张国煊：《文本挖掘与中文文本挖掘模型研究》，《情报科学》2007年第9期。

崔京菁等：《基于社会认知网络的翻转课堂教学模式研究》，《现代教育技术》2016年第11期。

崔凯等：《一种基于LDA的在线主题演化挖掘模型》，《计算机科学》2010年第11期。

戴心来、刘聪聪：《基于学习分析的虚拟学习社区深度交互研究》，《现代远距离教育》2019年第5期。

戴妍：《远程教育中自我调节学习的困境与出路——基于远程教育信息交互模式的思考》，《现代远距离教育》2013年第2期。

单迎杰等：《慕课学习中信息技术工具使用的学习体验分析》，《中国远程教育》2019年第12期。

刁惠悦等：《经验取样法在组织行为学和人力资源管理研究中的贡献、应用误区与展望》，《中国人力资源开发》2019年第1期。

丁继红：《深度学习中的学习者认知网络和动机策略分析——旨向深度学习的U型翻转教学效果研究》，《远程教育杂志》2019年第6期。

段金菊：《基于社会性知识网络的cMOOC学习设计》，《电化教育研究》2017年第11期。

段锦云、陈文平：《基于动态评估的取样法：经验取样法》，《心理科学进展》2012年第7期。

范宝荣等：《语音识别技术综述》，《数码世界》2019年第2期。

方佳明等：《社会交互对MOOC课程学习投入的影响机制》，《现代教育技术》2018年第12期。

冯建军：《主体教育理论：从主体性到主体间性》，《华中师范大学学报》（人文社会科学版）2006年第1期。

符燕华：《Web文本数据挖掘研究》，硕士研究论文，同济大学，2006年。

高丹阳、张双梅：《人工智能在教育领域的研究现状与特征分析》，《中国教育信息化》2019年第13期。

高洁等：《主动性人格与网络学习投入的关系——自我决定动机理论的视角》，《电化教育研究》2015年第8期。

高文、裴新宁：《试论知识的社会建构性——心理学与社会学的视角》，《全球教育展望》2002年第11期。

郭菲等：《大学生自我报告的学习投入可靠吗——大学生群体的社会称许性反应及对自陈式问卷调查的影响》，《华东师范大学学报》（教育科学版）2018年第4期。

何旭明、陈向明：《学生的学习投入对学习兴趣的影响研究》，《全球教育展望》2008年第3期。

胡艺龄等：《在线学习行为分析建模及挖掘》，《开放教育研究》2014年第2期。

胡艺龄等：《以话语分析挖掘社会性学习价值——访国际知名教育心理学专家凡妮莎·登嫩教授》，《开放教育研究》2017年第2期。

黄国文：《话语分析》，外语教学与研究出版社1988年版。

菅保霞：《基于脑偏好风格的在线学习行为序列差异研究》，硕士学位论文，东北师范大学，2019年。

江波等：《基于行为序列的学习过程分析与学习效果预测》，《现代远程教育研究》2018年第2期。

姜强等：《基于网络学习行为模式挖掘的用户学习风格模型建构研究》，《电化教育研究》2012年第11期。

姜强等：《基于网络学习行为模式挖掘的用户学习风格模型建构研究》，《电化教育研究》2012年第33期。

蒋侃、唐竹发：《大学生创业网络结构特征及其关联社会关系网络研究》，《创新与创业教育》2016年第1期。

卡尔·雅斯贝尔斯：《什么是教育》，邹进译，生活·读书·新知三联书店1991年版。

孔企平：《"学生投入"的概念内涵与结构》，《外国教育资料》2000年第2期。

赖昌贵：《A. 班杜拉的社会学习理论述评》，《福建师范大学学报》（哲学社会科学版）1993年第4期。

乐惠骁等：《优秀的慕课学习者如何学习——慕课学习行为模式挖掘》，《中国电化教育》2019年第2期。

冷静、易玉何：《智慧教室中学习投入度与教学活动类型的关系》，《现代教育技术》2020年第5期。

李宝等：《混合式学习中学习满意度影响因素的模型研究》，《远程教育杂志》2016年第1期。

李纲、巴志超：《共词分析过程中的若干问题研究》，《中国图书馆学报》2017年第4期。

李尚昊、郝琦：《内容分析与文本挖掘在信息分析应用中的比较研究》，《图书馆学研究》2015年第23期。

李胜男：《基于人工智能技术的课堂教学行为的分析框架构建研究》，硕士研究论文，北京邮电大学，2019年。

李爽：《远程学生学习投入评价量表编制与应用》，《开放教育研究》2015年第6期。

李爽、喻忱：《远程学生学习投入评价量表编制与应用》，《开放教育研究》2015年第6期。

李爽等：《基于行为序列分析对在线学习参与模式的探索》，《中国电化教育》2017年第3期。

李爽等：《在线学习行为投入分析框架与测量指标研究——基于LMS数据的学习分析》，《开放教育研究》2016年第2期。

李小伟：《脑电、眼动信息与学习注意力及抑郁的中文相关性研究》，硕士学位论文，兰州大学，2015年。

李艳燕等：《在线协作学习中小组学习投入的分析模型构建及应用》，《中国远程教育》2020年第2期。

李媛：《大学生自立意识的初步研究》，硕士研究论文，西南师范大学，2002年。

梁云真：《基于量规的同伴互评对在线学习认知、情感投入度及学习成效的影响研究》，《电化教育研究》2018年第9期。

梁云真等：《网络学习空间中交互行为的实证研究——基于社会网络分析的视角》，《中国电化教育》2016年第7期。

刘兵：《情感分析：挖掘观点、情感和情绪》，刘康、赵军译，机械工业出版社2017年版。

刘虹：《会话结构分析》，北京大学出版社2004年版。

刘黄玲子：《基于交互分析的协同知识建构的研究》，《开放教育研究》2005年第2期。

刘黄玲子等：《基于交互分析的协同知识建构的研究》，《开放教育研究》2005 年第 2 期。

刘金晶、王丽英：《在线学习社区发帖质量评价的回归模型研究》，《南京师范大学学报》（工程技术版）2020 年第 1 期。

刘军：《整体网分析讲义：UCINET 软件实用指南》，上海人民出版社 2009 年版。

刘俊生、余胜泉：《分布式认知研究述评》，《远程教育杂志》2012 年第 1 期。

刘明吉、王秀峰：《数据挖掘中的数据预处理》，《计算机科学》2000 年第 4 期。

刘倩等：《认知社会网络：社会网络研究领域的新视角》，《管理学报》2012 年第 5 期。

刘三妍等：《基于文本挖掘的学习分析应用研究》，《电化教育研究》2016 年第 2 期。

刘三妍等：《面向 MOOC 课程评论的学习者话题挖掘研究》，《电化教育研究》2017 年第 10 期。

刘迎春等：《精准教学中基于同伴互评的评价者认知网络分析》，《远程教育杂志》2019 年第 1 期。

刘禹、陈玲：《基于网络的大规模协作学习研究》，《远程教育杂志》2013 年第 2 期。

卢国庆等：《面向即时数据采集的经验取样法：应用、价值与展望》，《电化教育研究》2019 年第 6 期。

吕鸿江等：《知识交流深度与广度的匹配对知识网络交流效率的影响：基于整体知识网络结构特征的分析》，《管理工程学报》2018 年第 1 期。

罗淳：《协作学习中共享任务理解的研究》，博士学位论文，华东师范大学，2019 年。

马婧等：《基于学习分析的高校师生在线教学群体行为的实证研究》，《电化教育研究》2014 年第 2 期。

马秀麟等：《群体感知效应促进线上协作学习成效的实证研究》，《电化教育研究》2019 年第 5 期。

马振萍：《整体网的网络结构研究》，《江苏科技信息：学术研究》

2010年第12期。

马志强：《从相互依赖到协同认知——信息化环境下的协作学习研究》，中国社会科学出版社2019年版。

马志强、管秀：《面向多维关联的社会认知网络分析——协作学习交互研究的新进展》，《远程教育杂志》2020年第6期。

马志强、苏珊：《学习分析视域下的学习者模型研究脉络与进展》，《现代远距离教育》2016年第4期。

马志强、岳芸竹：《面向即时数据采集与分析的学习投入纵向研究——基于经验取样法与交叉滞后分析的综合应用》，《电化教育研究》2020年第4期。

马志强等：《基于学习投入理论的网络学习行为模型研究——以"网络教学平台设计与开发"课程为例》，《现代教育技术》2017年第1期。

马志强等：《网络协作学习个体贡献度评价的设计与应用》，《现代教育技术》2018年第10期。

马志强等：《学习分析视阈下在线学习行为模式研究》，《现代远距离教育》2019年第6期。

毛刚等：《基于活动理论的小组协作学习分析模型与应用》，《现代远程教育研究》2016年第3期。

孟然：《基于混合式协作学习的多模态交互分析方法研究》，《亚太教育》2016年第27期。

牟智佳：《多模态学习分析：学习分析研究新生长点》，《电化教育研究》2020年第5期。

倪士光、伍新春：《学习投入：概念、测量与相关变量》，《心理研究》2011年第1期。

欧阳嘉煜等：《特征工程：学习分析中识别行为模式的重要方法》，《现代教育技术》2018年第4期。

彭杜宏：《透视合作性学习的互动过程——对话行为及分析述评》，《教育科学》2008年第5期。

彭绍东：《混合式协作学习中知识建构的三循环模型研究》，《中国电化教育》2015年第9期。

彭文辉：《网络学习行为分析及建模》，博士学位论文，华中师范大学，2012年。

彭昵等：《高校SPOC讨论区的学习者话题演化分析研究》，《现代远距离教育》2020年第3期。

祁玉娟、何向阳：《网络学习空间中社会网络关系演化过程研究》，《中国教育信息化》2018年第24期。

钱璇：《知识论坛中学习共同体的社会认知网络演化机制研究》，硕士学位论文，华中师范大学，2019年。

秦瑾若、傅钢善：《MOOC课程讨论区中的社会性交互研究——以中国大学MOOC平台〈现代教育技术〉课程为例》，《中国教育信息化》2017年第5期。

沙景荣等：《混合式教学中教师支持策略对大学生学习投入水平改善的实证研究》，《中国电化教育》2020年第8期。

沈映珊、汤庸：《社交学习网络中基于学习认知的情感交互研究》，《现代教育技术》2015年第9期。

石月凤等：《基于社会网络分析的在线学习行为分析实证研究》，《中国教育信息化》2019年第1期。

舒忠梅、屈琼斐：《基于教育数据挖掘的大学生学习成果分析》，《东北大学学报》（社会科学版）2014年第3期。

斯琴图亚：《在线协作学习中的集体责任与个体生成角色》，《现代教育技术》2020年第3期。

宋涛：《学习分析的贝叶斯网络隐马尔可夫链模型研究》，博士学位论文，首都经济贸易大学，2016年。

宋宇等：《面向知识建构的课堂对话规律探析》，《电化教育研究》2021年第3期。

孙波等：《智慧学习环境中基于面部表情的情感分析》，《现代远程教育研究》2015年第2期。

孙海民：《个性特征对网络学习行为影响研究的关键问题探究》，《电化教育研究》2012年第10期。

孙清萍：《建构在主体间性视角下的师生交往关系》，《当代教育科学》2006年第11期。

孙睿、杨宏：《学习投入国内外研究述评》，《科教导刊（中旬刊)》2014年第2期。

田阳等：《面向混合学习的多模态交互分析机制及优化策略》，《电化教育研究》2019年第9期。

万力勇等：《经验取样法（ESM）：促进真实情境下的学习体验研究》，《远程教育杂志》2019年第6期。

王慧敏、陈丽：《cMOOC微信群社会网络特征及其对学习者认知发展的影响》，《中国远程教育》2019年第11期。

王丽娜：《网络学习行为分析及评价》，硕士学位论文，陕西师范大学，2009年。

王丽英、张义兵：《融合知识建构和机器学习的观点质量评价》，《现代教育技术》2020年第11期。

王林、冷伏海：《学术论文的关键词与引文共现关系分析及实证研究》，《情报理论与实践》2012年第2期。

王若宇：《经验取样法方法论述及其应用展望》，《智库时代》2020年第4期。

王万森、龚文：《E – Learning中情绪认知个性化学生模型的研究》，《计算机应用研究》2011年第11期。

王志军、杨阳：《认知网络分析法及其应用案例分析》，《电化教育研究》2019年第6期。

王志军等：《联通主义学习行为分析方法体系研究》，《开放教育研究》2019年第4期。

韦罗尼克·特拉韦索：《会话分析》，杨玉平译，天津人民出版社2017年版。

吴碧莹：《高校教师教学投入行为影响因素研究——基于计划行为理论的视角》，《扬州大学学报》（高教研究版）2019年第2期。

吴忭等：《基于会话代理的协作问题解决能力测评工具设计与效果验证》，《远程教育杂志》2019年第6期。

吴忭等：《认知网络分析法：STEM教育中的学习评价新思路》，《远程教育杂志》2018年第6期。

吴江：《社会网络的动态分析与仿真实验：理论与应用》，武汉大学出版社 2012 年版。

吴秀圆、郑旭东：《会话分析：社会学视角下课堂协作学习的多层次探索》，《电化教育研究》2017 年第 10 期。

伍尔福克：《教育心理学》，江苏教育出版社 2005 年版。

武法提、张琪：《学习行为投入：定义、分析框架与理论模型》，《中国电化教育》2018 年第 1 期。

［美］W. Johnson 等：《合作学习》，伍新春、郑秋、张洁译，北京师范大学出版社 2004 年版。

肖明、徐烨：《时间序列下关键词多词共现分析及研究热点预测——以我国图情领域核心期刊为例》，《情报探索》2019 年第 11 期。

邢全超：《基于 CCSS 调查的本科生学习性投入与学业表现关系的实证研究》，硕士研究论文，重庆大学，2015 年。

徐刘杰、陈世灯：《学习者知识建构的社会认知网络》，《开放教育研究》2017 年第 5 期。

徐鹏、王以宁：《国内人工智能教育应用研究现状与反思》，《现代远距离教育》2009 年第 5 期。

徐志明：《N－gram 语言模型的数据平滑技术》，《计算机应用研究》1999 年第 7 期。

杨根福：《MOOC 用户持续使用行为影响因素研究》，《开放教育研究》2016 年第 1 期。

杨现民等：《智能时代学习空间的融合样态与融合路径》，《中国远程教育》2020 年第 1 期。

杨现民等：《滞后序列分析法在学习行为分析中的应用》，《中国电化教育》2016 年第 2 期。

杨雪燕：《系统功能语言学视角下的话语分析》，《外语教学》2012 年第 2 期。

姚海英：《中文文本分类中卡方统计特征选择方法和 TF－IDF 权重计算方法的研究》，硕士研究论文，吉林大学，2016 年。

叶浩生：《行为主义的演变与新的新行为主义》，《心理学动态》1992 年第 2 期。

尹睿、徐欢云：《国外在线学习投入的研究进展与前瞻》，《开放教育研究》2016 年第 3 期。

尹睿、徐欢云：《在线学习投入结构模型构建——基于结构方程模型的实证分析》，《开放教育研究》2017 年第 4 期。

余胜泉等：《基于学习元的双螺旋深度学习模型》，《现代远程教育研究》2016 年第 6 期。

[美] 约翰逊兄弟：《合作性学习的原理与技巧》，机械工业出版社 2001 年版。

詹泽慧：《基于智能 Agent 的远程学习者情感与认知识别模型——眼动追踪与表情识别技术支持下的耦合》，《现代远程教育研究》2013 年第 5 期。

张爱卿：《20 世纪学习心理研究的回顾与展望》，《教育研究》2000 年第 2 期。

张红艳、梁玉珍：《远程学习者在线学习行为的实证研究》，《远程教育杂志》2013 年第 6 期。

张家华、张剑平：《网络学习的影响因素及其 LICE 模型》，《电化教育研究》2009 年第 6 期。

张娜：《国内外学习投入及其学校影响因素研究综述》，《心理研究》2012 年第 2 期。

张平霞：《基于文本挖掘的 MOOC 讨论区学习评价研究》，硕士研究论文，重庆师范大学，2018 年。

张琪、王红梅：《学习投入的多模态数据表征：支撑理论、研究框架与关键技术》，《电化教育研究》2019 年第 12 期。

张琪、武法提：《学习分析中的生物数据表征——眼动与多模态技术应用前瞻》，《电化教育研究》2016 年第 9 期。

张琪、武法提：《学习行为投入评测框架构建与实证研究》，《中国电化教育》2018 年第 9 期。

张琪等：《多模态数据支持的学习投入评测：现状、启示与研究趋向》，《远程教育杂志》2020 年第 1 期。

张思等：《面向在线学习协同知识建构的认知投入分析模型及应用》，《远程教育杂志》2020 年第 4 期。

张思等：《网络学习空间中学习者学习投入的研究——网络学习行

为的大数据分析》,《中国电化教育》2017年第4期。

张雅君:《基于W – BTM的短文本主题挖掘及文本分类应用》,硕士研究论文,山西财经大学,2017年。

张义兵:《知识建构:新教育公平视野下教与学的变革》,南京师范大学出版社2018年版。

张义兵等:《从浅层建构走向深层建构——知识建构理论的发展及其在中国的应用分析》,《电化教育研究》2012年第9期。

张银普等:《经验取样法——一种收集"真实"数据的新方法》,《心理科学进展》2016年第2期。

张昱城等:《经验研究的新范式——经验取样法》,《中国人力资源开发》2019年第1期。

张珍:《智能机器人语音识别技术》,《现代电子技术》2011年第12期。

张振虹等:《在线协作分析论证的中英比较研究——基于中英项目(eChina – UK)的案例分析》,《中国电化教育》2010年第10期。

赵呈领等:《在线开放课程中教师教学行为研究——结合自然语言处理观点挖掘的方法》,《中国远程教育》2019年第1期。

赵琳、王传毅:《以"学"为中心:研究生教育质量评价与保障的新趋势》,《学位与研究生教育》2015年第3期。

赵旭等:《青少年优势与劣势问卷自我报告版本的信效度分析》,《中国学校卫生》2010年第9期。

郑兰琴:《协作学习交互分析方法研究综述》,《远程教育杂志》2010年第6期。

郑淑贞、盛群力:《社会互赖理论对合作学习设计的启示》,《教育学报》2010年第6期。

郑旭东、吴秀圆:《教育研究取向转变进程中的会话分析:真实场景下教学研究的一种工具性支持》,《电化教育研究》2015年第1期。

钟启泉:《知识建构与教学创新——社会建构主义知识论及其启示》,《全球教育展望》2006年第8期。

钟薇等:《学习分析技术发展趋向——多模态数据环境下的研究与探索》,《中国远程教育》2018年第11期。

周强：《汉语日常会话的对话行为分析标注研究》，《中文信息学报》2017年第6期。

朱先永：《基于社会网络分析的SPOC课程论坛中的交互行为研究》，硕士学位论文，江西财经大学，2016年。

左鑫孟：《基于视频的双人交互行为识别与理解算法研究》，硕士学位论文，沈阳航空航天大学，2017年。

Akyol, Z., Garrison, D. R., "Assessing Metacognition in an Online Community of Inquiry", *Internet& Higher Education*, July, 2011.

Andrist, S., et al., "Look Together: Analyzing Gaze Coordination with Epistemic Network Analysis", *Frontiers in Psychology*, No. 6, 2015, p. 1016.

Aviv, R., et al., "Network Analysis of Knowledge Construction in Asynchronous Learning Networks", *Journal of Asynchronous Learning Network*, Vol. 7, No. 3, 2003.

Bakeman, R. & Quera, V., *Analyzing Interaction: Sequential Analysis with SDIS and GSEQ*, Cambridge: Cambridge University Press, 1995.

Bandara, D., et al., "A More Complete Picture of Emotion Using Electrocardiogram and Electrodermal Activity to Complement Cognitive Data", International Conference on, Springer - Verlag New York, Inc, 2016, pp. 287 – 298.

Barry J. Zimmerman, "Investigating Self – Regulation and Motivation: Historical Background, Methodological Developments, and Future Prospects", *American Educational Research Journal*, Vol. 45, No. 1, 2008.

Barsalou, L. W., "Grounded Cognition", *Annual Review of Psychology*, Vol. 59, 2008, pp. 617 – 645.

Baylor, Y. K. A. A., "A Social – Cognitive Framework for Pedagogical Agents as Learning Companions", *Educational Technology Research & Development*, Vol. 54, No. 6, 2006, pp. 569 – 596.

Berk, R. H., et al., "Observing Interaction: An Introduction to Sequential Analysis", *Technometrics*, Vol. 34, No. 1, 1997, pp. 112 – 113.

Bernard Weiner, "An Attributional Theory of Achievement Motivation and Emotion", *Psychological Review*, Vol. 92, No. 4, 1985.

Biasutti, M. & Frate, S., "Group Metacognition in Online Collaborative Learning: Validity and Reliability of the Group Metacognition Scale (GMS)", Educational Technology Research & Development, 2018.

Bolger, N., Laurenceau, J. P., *Intensive Longitudinal Methods: An Introduction to Diary and Experience Sampling Research*, New York: Guilford Press, 2013.

Bradley, M. M., Lang, P. J., "Measuring Emotion: The Self – assessment Manikin and the Semantic Differential", *Journal of Behavior Therapy and Experimental Psychiatry*, Vol. 25, No. 1, March, 1994, pp. 49 – 59.

Bray, E., et al., "Predictors of Learning Satisfaction in Japanese Online Distance Learners", International Review of Research in Open and Distance Learning, October, 2008.

Cai, Z., et al., "Epistemic Network Analysis and Topic Modeling for Chat Data from a Collaborative Learning Environment", Proceedings of the 10th International Conference on Education Data Mining, 2017, pp. 104 – 111.

Cambria, E., et al., "New Avenues in Opinion Mining and Sentiment Analysis", *IEEE Intelligent Systems*, Vol. 28, No. 2, 2013, pp. 15 – 21.

Carolyn Rosé, et al., "Analyzing Collaborative Learning Processes Automatically: Exploiting the Advances of Computational Linguistics in Computer – supported Collaborative Learning", *International Journal of Computer Supported Collaborative Learning*, Vol. 3, No. 3, 2008, pp. 237 – 271.

Chatti, M. A., et al., "A Reference Model for Learning Analytics", *International Journal of Technology Enhanced Learning*, Vol. 4, No. 5 – 6, 2012, pp. 318 – 331.

Chen, C. H., "The Implementation and Evaluation of a Mobile Self – and Peer – assessment System", *Computers & Education*, Vol. 55, No. 1, 2010, pp. 229 – 236.

Chih – Ming, C., et al., "Developing a Topic Analysis Instant Feedback System to Facilitate Asynchronous Online Discussion Effectiveness", *Computers & Education*, Vol. 163, No. 3, 2021, p. 104095.

Chih‑Ming, C., Han‑Wen, T., "An Instant Perspective Comparison System to Facilitate Learners' Discussion Effectiveness in an Online Discussion Process", *Computers & Education*, Vol. 164, No. 9, 2020, p. 104037.

Cohn, J. F., Sayette, M. A., "Spontaneous Facial Expression in Unscripted Social Interactions can be Measured Automatically", *Behavior Research Methods*, Vol. 47, No. 4, 2015, pp. 1136–1147.

Cowan, J., "Group Cognition: Computer Support for Building Collaborative Knowledge – by Gerry Stahl", *British Journal of Educational Technology*, Vol. 39, No. 3, 2008, pp. 558–577.

Csanadi, A., et al., "When Coding‑and‑Counting is not Enough: Using Epistemic Network Analysis (ENA) to Analyze Verbal Data in CSCL Research", *International Journal of Computer‑Supported Collaborative Learning*, Vol. 13, No. 4, 2018, pp. 419–438.

Cukurova, M., "The NISPI Framework: Analysing Collaborative Problem‑solving from Students' Physical Interactions", *Computers & Education*, 2017.

Dale H. Schunk and Peggy A. Ertmer, "Self‑Evaluation and Self‑Regulated Computer Learning", Paper Delivered to American Psychological Association Annual Meeting, Sponsored by The American Psychological Association (APA), August, 1998.

Dale H. Schunk, "Goal Setting and Self‑Efficacy during Self‑Regulated Learning", *Educational Psychologist*, Vol. 25, No. 1, 1990.

Damsa, C. I., "The Multi‑layered Nature of Small‑group Learning: Productive Interactions in Object‑oriented Collaboration", *International Journal of Computer‑Supported Collaborative Learning*, Vol. published online, No. 3, 2014, pp. 247–281.

Dascalu, M., et al., "Dialogism: A Framework for CSCL and a Signature of Collaboration", paper delivered to the Computer Supported Collaborative Learning (CSCL) conference, sponsored by the University of Gothenburg Faculty of Education and LinCS, Gothenburg, Sweden, June 7–

11, 2015.

David W. Johnson, Roger T. Johnson, *Learning Together and Alone: Cooperative, Competitive, and Individualistic Learning* (5th Edition), Boston: Allyn & Bacon, 1999, p. 5.

De Backer, L., et al., "Socially Shared Metacognitive Regulation during Reciprocal Peer Tutoring: Identifying its Relationship with Students' Content Processing and Transactive Discussions", *Instructional Science*, Vol. 43, No. 3, 2015, pp. 323 – 344.

Dimotakis, N., et al., "An Experience Sampling Investigation of Workplace Interactions, Affective States, and Employee Well – being", Vol. 32, No. 4, May, 2010.

Duan, J., et al., "Exploring a Personal Social Knowledge Network (PSKN) to Aid the Observation of Connectivist Interaction for High – and Low – Performing Learners in Connectivist Massive Open Online Courses", *Br J Educ Technol*, No. 50, 2019, pp. 199 – 217.

Ebner – Priemer, U. W. & Trull, T. J., "Ambulatory Assessment: An Innovative and Promising Approach for Clinical Psychology", *European Psychologist*, Vol. 14, 2009, pp. 109 – 119.

Finn, J. D., "Withdrawing from School", *Review of Educational Research*, No. 2, 1989, pp. 117 – 142.

Fisher, C. D., To, M. L., "Using Experience Sampling Methodologyin Organizational Behavior", *Journal of Organizational Behavior*, Vol. 33, No. 7, 2012, pp. 865 – 877.

Fredricks, J. A., et al., "School Engagement: Potential of the Concept, State of the Evidence", *Review of Educational Research*, Vol. 74, No. 1, March, 2004.

Gašević, D., et al., "SENS: Network Analytics to Combine Social and Cognitive Perspectives of Collaborative Learning", *Computers in Human Behavior*, No. 92, 2019, pp. 562 – 577.

Gerry Stahl, Kai Hakkarainen, "Theories of CSCL", 2011.

Giannakos, M. N., et al., "Multimodal Data as a Means to Understand the Learning Experience International", *Journal of Information Management*, Vol. 48, 2019, pp. 108 – 119.

Greenwald, M. K., et al., "Affective Judgment and Psychophysiological Response: Dimensional Covariation in the Evaluation of Pictorial Stimuli", *Journal of Psychophysiology*, Vol. 3, No. 1, January, 1989.

Gupta, M. L., "Enhancing Student Performance Through Cooperative Learning in Physical Sciences", *Assessment & Evaluation in Higher Education*, Vol. 29, No. 1, 2004, pp. 63 – 73.

H, Steiger, et al., "Mood – and Restraint – based Antecedents to Binge Episodes in Bulimia Nervosa: Possible Influences of the Serotonin System", *Psychological Medicine*, Vol. 35, 2005, pp. 1553 – 1562.

Hadwin, A. F., et al., "Challenges in Online Collaboration: Effects of Scripting Shared Task Perceptions", *International Journal of Computer – Supported Collaborative Learning*, Vol. 13, No. 3, 2018, pp. 301 – 329.

Halliday, M. A. K., *Language as Social Semiotic: The Social Interpretation of Language and Meaning*, London: Edward Arnold, 1978.

Han D. Interest, "Motivation and Engagement in EFL Group Dynamics: An Interactional Ethnography Approach", International Forum of Teaching and Studies, American Scholars Press Inc, 2020.

Han, F., et al., "Analyzing Millions of Submissions to Help MOOC Instructors Understand Problem Solving", In *NIPS Workshop on Data Driven Education*, Vol. 5, http://lytics.stanford.edu/datadriveneducation/.

Harasim, L. M., "Online Education: An Environment for Collaboration and Intellectualamplification", In Harasim, L. M., *Online Education: Perspectives on a New Environment*, New York, NY: Praeger Publishers, 1990.

Hmelosilver, C., et al., "The International Handbook of Collaborative Learning", 2013, https://doi.org/10.4324/9780203837290.

Järvelä, S., Hurme, A. F., "New Frontiers: Regulating Learning in CSCL", *Educational Psychologist*, Vol. 48, No. 1, 2013, pp. 25 – 39.

Hoorens, V., et al., "The Science of Self – report. Implications for Research and Practice", *Experimental Psychology*, Vol. 50, No. 3, 2001, pp. 231 – 232.

Hou, H. T., "Exploring the Behavioural Patterns in Project – Based Learning with Online Discussion: Quantitative Content Analysis and Progressive Sequential Analysis", *The Turkish Online Journal of Educational Technology*, 2010.

Hou, H. T., "Integrating Cluster and Sequential Analysis to Explore Learners' Flow and Behavioral Patterns in a Simulation Game with Situated – learning Context for Science Courses: A Video – based Process Exploration", *Computers in Human Behavior*, 2015.

Hrastinski, S., "A Theory of Online Learning as Online Participation", *Computers & Education*, Vol. 52, No. 1, January, 2009, pp. 78 – 82.

Hu, M., Liu, B., "Mining and Summarizing Customer Reviews", paper delivered to the tenth ACM SIGKDD international conference on Knowledge discovery and data mining, sponsored by SIGMOD, SIGKDD, ACM, Seattle WA USA, August 22, 2004.

Huang, Y., et al., "Fusion of Facial Expressions and EEG for Multimodal Emotion Recognition", *Computational Intelligence & Neuroscience*, No. 2, 2017, pp. 1 – 8.

Jrvel, S. & Hadwin, A. F., "New Frontiers: Regulating Learning in CSCL", *Educational Psychologist*, Vol. 48, No. 1, 2013, pp. 25 – 39.

Kang, J., et al., "Using Gameplay Data to Examine Learning Behavior Patterns in a Serious Game", *Computers in Human Behavior*, Vol. 72, No. JUL., 2017, pp. 757 – 770.

Kerkeni, L., et al., "A Review on Speech Emotion Recognition : Case of Pedagogical Interaction in Classroom", 2017 International Conference on Advanced Technologies for Signal and Image Processing, IEEE, 2017, pp. 1 – 7.

Kim, M. K. & Ketenci, T., "Learner Participation Profiles in an Asynchronous Online Collaboration Context", *Internet & Higher Education*, Vol. 41, No. APR., 2019, pp. 62 – 76.

Kontogiannis, S., et al., "Course Opinion Mining Methodology for Knowledge Discovery, Based on Web Social Media", paper delivered to the

18th Panhellenic Conference on Informatics, sponsored by the Greek Computer Society (GCS/EΠΥ) and the Department of Informatics of the Technological Educational Institute of Athens (TEI of Athens), Athens, October, 2014.

Kozlov, M. D., et al., "Can Knowledge Awareness Tools Help Seek Learning Partners with Complementary Knowledge?", *IEEE Transactions on Learning Technologies*, Vol. 11, No. 3, 2017, pp. 334 – 341.

Kreijns, K., et al., "Identifying the Pitfalls for Social Interaction in Computer – supported Collaborative Learning Environments: A Review of the Research", *Computers in Human Behavior*, Vol. 19, No. 3, 2003, pp. 335 – 353.

Kristine C. Manwaring, et al., "Investigating Student Engagement in Blended Learning Settings Using Experience Sampling and Structural Equation Modeling", *The Internet and Higher Education*, Vol. 35, 2017, pp. 21 – 33.

Kubey, R., et al., "Experience Sampling Method Applications to Communication Research Questions", *Journal of Communication*, Vol. 46, No. 2, 1996, pp. 99 – 120.

Kuh, G. D., "Assessing What Really Matters to Student Learning: Inside the National Survey of Student Engagement", *Change*, June, 2001.

K. C. Manwaring, et al., "Investigating Student Engagement in Blended Learning Settings Using Experience Sampling and Structural Equation Modeling", *The Internet and Higher Education*, Vol. 35, 2017, pp. 21 – 33.

Lahat, D., et al., "Multimodal Data Fusion: An Overview of Methods, Challenges, and Prospects", Proceedings of the IEEE, No. 9, 2015, pp. 1449 – 1477.

Lai, C. L. & Hwang, G. J., "A Spreadsheet – based Visualized Mindtool for Improving Students' Learning Performance in Identifying Relationships Between Numerical Variables", *Interactive Learning Environments*, Vol. 23, No. 2, 2015, pp. 230 – 249.

Lai, C. L., Hwang, G. J., "An Interactive Peer – assessment Criteria Development Approach to Improving Students' Art Design Performance Using Handheld Devices", *Computers & Education*, 2015, pp. 149 – 159.

Larson, R., Csikszentmihalyi, M., "The Experience Sampling Method", *New Directions for Methodology of Social & Behavioral Science*, Vol. 15, 1983, pp. 41 – 56.

Lave, J., "Chapter 4: Situating Learning in Communities of Practice", *Perspectives on Socially Shared Cognition*, 1991, pp. 63 – 82.

Le, H., et al., "Collaborative Learning Practices: Teacher and Student Perceived Obstacles to Effective Student Collaboration", *Cambridge Journal of Education*, 2017, pp. 1 – 20.

Lee, A., Seng, C. T., "Temporal Analytics with Discourse Analysis: Tracing Ideas and Impact on Communal Discourse", paper delivered to International Learning Analytics & Knowledge Conference, sponsored by ACM, Vancouver, British Columbia, Canada, March 13 – 17, 2017.

Lewis, M. D., "Bridging Emotion Theory and Neurobiology Through Dynamic Systems Modeling", *Behavioral and Brain Sciences*, No. 2, 2005, pp. 169 – 245.

Lin, F., Chan, C. K. K., "Examining the Role of Computer – supported Knowledge – building Discourse in Epistemic and Conceptual Understanding", *Journal of Computer Assisted Learning*, Vol. 34, No. 5, 2018, pp. 567 – 579.

Linn, M. C., "Insights for Teaching and Learning Science", in Dede, C. & Richards, J. (eds.), *Digital Teaching Platforms: Customizing Classroom Learning for Each Student*, New York: Teachers College Press, 2012, pp. 55 – 70.

Lipponen, L., et al., "Patterns of Participation and Discourse in Elementary Students' Computer – supported Collaborative Learning", *Learning & Instruction*, Vol. 13, No. 5, 2003, pp. 487 – 509.

Lipponen, L., "Exploring Foundations for Computer – supported Collaborative Learning", Conference on Computer Support for Collaborative

Learning: Foundations for a Cscl Community, 2002, pp. 72 – 81.

Liu, S., et al., "Mining Learning Behavioral Patterns of Students by Sequence Analysis in Cloud Classroom", *International Journal of Distance Education Technologies*, Vol. 15, No. 1, 2017, pp. 15 – 27.

Lossman, H., So, H. J., "Toward Pervasive Knowledge Building Discourse: Analyzing Online and Offline Discourses of Primary Science Learning in Singapore", *Asia Pacific Education Review*, Vol. 11, No. 2, 2010, pp. 121 – 129.

L. L. Carstensen, et al., "Emotional Experience Improves with Age: Evidence Based on over 10 years of Experience Sampling", *Psychology and Aging*, Vol. 26, No1, 2011, pp. 21 – 33.

Ma, X., et al., "An Empirical Study on the Effect of Group Awareness in CSCL Environments", *Interactive Learning Environments*, 2020, pp. 1 – 16.

Macgowan, M. J., "A Measure of Engagement for Social Group Work", *Journal of Social Service Research*, 1997, pp. 17 – 37.

Manwaring, K. C., et al., "Investigating Student Engagement in Blended Learning Settings Using Experience Sampling and Structural Equation Modeling", *Internet & Higher Education*, Vol. 35, 2017.

Mihai, D., et al., "Cohesion Network Analysis of CSCL Participation", *Behavior Research Methods*, Vol. 50, No. 2, 2018, pp. 604 – 619.

Nykki, P., et al., "Monitoring Makes a Difference: Quality and Temporal Variation in Teacher Education Students' Collaborative Learning", *Scandinavian Journal of Educational Research*, 2015, pp. 1 – 16.

Ouyang, F. & Chang, Y., "The Relationships between Social Participatory Roles and Cognitive Engagement Levels in Online Discussions", *British Journal of Educational Technology*, 2019.

Pang, B., "Thumbs up? Sentiment Classification Using Machine Learning Techniques", paper delivered to the 2002 Conference on Empirical Methods in Natural Language Processing (EMNLP 2002), sponsored by SIGDAT and the Association for Computational Linguistics, University of Pennsylvania, Philadelphia, PA, USA, July 6 – 7, 2002.

Paul R. Pintrich and Dale H. Schunk, "Motivation in Education: Theory, Research, and Applications", *IEEE Journal of Quantum Electronics*, Vol. 15, No. 9, 2008.

Piezon, S. L. "Social Loafing and Free Riding in Online Learning Groups", *Dissertations & Theses – Gradworks*, 2011, winter.

Popov, V., et al., "Multicultural Student Group Work in Higher Education: An Explorative Case Study on Challenges as Perceived by Students", *International Journal of Intercultural Relations*, Vol. 36, No. 2, 2012, pp. 302 – 317.

P. M. Blikstein, "Multimodal Learning Analytics and Education Data Mining: Using Computational Technologies to Measure Complex Learning Tasks", *Journal of Learning Analytics*, Vol. 32, No. 11, 2016, pp. 220 – 238.

Rabiner, L. R., "A Tutorial on Hidden Markov Models and Selected Applications in Speech Recognition", paper delivered to the Institute of Electrical and Electronic Engineers (IEEE), sponsored by IEEE, February, 1989.

Ronen FeldmanJames Sanger, *The Text Mining Handbook: Advanced Approaches in Analyzing Unstructured Data*, Cambridge University Press, Vol. 10, No. 1, 2007, p. 148.

Roschelle, J., "Learning by Collaborating : Convergent Conceptual Change", in Koschmann, T., *CSCL : Theory and Practice of an Emerging Paradigm*, Mahwah, NY: Lawrence Erlbaum Associates, 1996, pp. 209 – 248.

Rvel, S., et al., "How do Types of Interaction and Phases of Self – regulated Learning Set a Stage for Collaborative Engagement?", *Learning & Instruction*, 2016, pp. 39 – 51.

R. Srinivasan, et al., "Decoding Attentional Orientation from EEG Spectra", *Journal of Dermatologic Surgery and Oncology*, Vol. 16, No. 12, 2009, pp. 1147 – 1151.

Sackett, G. P., *Observing Behavior*: Ⅰ. *Theory and Applications in*

Mental Retardation, Baltimore, University Park Press, 1978.

Sanna Järvelä, et al., "How do Types of Interaction and Phases of Self-regulated Learning Set a Stage for Collaborative Engagement?", *Learning & Instruction*, Vol. 43, 2016, pp. 39 – 51.

Schmidt, J. A., et al., "A Person – in – context Approach to Student Engagement in Science: Examining Learning Activities and Choice", *Journal of Research in Science Teaching*, Vol. 55, No. 1, 2018, pp. 19 – 43.

Schnaubert, L. & Bodemer, D. "Providing Different Types of Group Awareness Information to Guide Collaborative Learning", *International Journal of Computer – Supported Collaborative Learning*, Vol. 14, No. 1, 2019, pp. 7 – 51.

Schwarz, N., *Why Researchers should Think "Real – time": A Cognitive Rationale*, New York, NY, US: The Guilford Press. 2012, pp. 22 – 42.

Scott, J., "Social Network Analysis", SAGE, 2012.

Shaffer, D., et al., "A Tutorial on Epistemic Network Analysis: Analyzing the Structure of Connections in Cognitive, Social, and Interaction Data", *Journal of Learning Analytics*, No. 3, 2016, pp. 9 – 45.

Shumow, L., et al., "Adolescents' Experience doing Homework: Associations among Context, Quality of Experience, and Outcomes", *School Community Journal*, Vol. 18, 2008, pp. 9 – 27.

Sinatra, G. M., et al., "The Challenges of Defining and Measuring Student Engagement in Science", *Educational Psychologist*, Vol. 50, No. 1, February, 2015.

Slavin, R. E., "Cooperative Learning", *Review of Educational Research*, Vol. 50, No. 2, 1980, pp. 177 – 183.

Sluijsmans, D. M. A., et al., "Designing Flexible and Fair Peer – Assessment Formats to Award Individual Contributions in Group – based Learning", Biannual Meeting of the European Association for Research on Learning and Instruction (EARLI), Budapest, Hungary, 2007, pp. 131 – 154.

Song, Z. L., et al., "Unraveling the Daily Stress Crossover between

Unemployed Individuals and their Employed Spouses", *Journal of Applied Psychology*, Vol. 91, No. 1, pp. 151 – 168.

Stahl, G. , *A Model of Collaborative Knowledge – building*, Cambridge: MIT Press, 2000, pp. 70 – 77.

Stahl, G. , Hakkarainen, K. , "Theories of CSCL", in U. Cress, C. Rosé, A. Wise & J. Oshima (eds.), *International Handbook of Computer – supported Collaborative Learning* (2021), New York, NY: Springer. Web: http://GerryStahl.net/pub/cscltheories.pdf.

Suparna Sinha, et al. , "Collaborative Group Engagement in a Computer – supported Inquiry Learning Environment", *International Journal of Computer – Supported Collaborative Learning*, No. 3, 2015, pp. 273 – 307.

Swiecki, Z. , Shaffer, D. W. , "iSENS: An Integrated Approach to Combining Epistemic and Social Network Analyses", In Proceedings of the Tenth International Conference on Learning Analytics & Knowledge (LAK'20), Association for Computing Machinery, New York, USA, 2020, pp. 305 – 313.

Tran, V. D. , "The Effects of Cooperative Learning on the Academic Achievement and Knowledge Retention", *International Journal of Higher Education*, 2014, pp. 131 – 140.

Tsompanoudi, D. , et al. , "Distributed Pair Programming Using Collaboration Scripts: An Educational System and Initial Results", *Informatics in Education*, Vol. 14, No. 2, 2015, pp. 291 – 314.

Tsovaltzi, D. , et al. , "Group Awareness Support and Argumentation Scripts for Individual Preparation of Arguments in Facebook", *Computers & Education*, No. 76, 2014, pp. 108 – 118.

Vacharkulksemsuk, T. & Fredrickson, B. L. , "Strangers in Sync: Achieving Embodied Rapport through Shared Movements", *Journal of Experimental Social Psychology*, Vol. 48, No. 1, 2012, pp. 399 – 402.

Wan, D. , Johnson, P. M. , "Experiences with CLARE: A Computer – supported Collaborative Learning Environment", *International Journal of Human – Computer Studies*, Vol. 41, No. 6, 1994, pp. 851 – 879.

Weinberger, A. & Fischer, F., "A Framework to Analyze Argumentative Knowledge Construction in Computer – supported Collaborative Learning", *Computers & Education*, Vol. 46, No. 1, 2006, pp. 71 – 95.

Wenger & Etienne, "Communities of Practice and Social Learning Systems", *Organization*, 2000, pp. 225 – 246.

Williams, K. D., Karau, S. J., "Social Loafing and Social Compensation: The Effects of Expectations of Coworker Performance", *Journal of Personality & Social Psychology*, Vol. 61, No. 4, 1991, p. 570.

Wilmar, B. S., et al., "Burnout and Engagement in University Students: A Cross – National Study", *Journal of Cross – Cultural Psychology*, September, 2002.

Wislon, T. D., "On User Studies and Information Needs", *Journal of Documentation*, November 2006.

Wooldridge, A. R., et al., "Quantifying the Qualitative with Epistemic Network Analysis: A Human Factors Case Study of Taskallocation Communication in a Primary Care Team", *IISE Transactions on Healthcare Systems Engineering*, Vol. 8, No. 1, 2018, pp. 72 – 82.

W. B. Schaufeli, et al., "Burnout and Engagement in University Students: A Crossnational Study", *Journal of Cross – Cultural Psychology*, Vol. 33, No. 5, September, 2002.

Xie, K., et al., "Affordances of Using Mobile Technology to Support Experience – sampling Method in Examining College Students' Engagement", *Computers & Education*, Vol. 128, 2019, pp. 183 – 198.

Yang, T., et al., "The Influences of a Twotier Test Strategy on Student Learning: A Lag Sequential Analysis Approach", *Computers & Education*, Vol. 82, No. mar., 2015, pp. 366 – 377.

Yin, C., et al., "Learning Behavioral Pattern Analysis Based on Students' Logs in Reading Digital Books", Proc. of the 25th International Conference on Computers in Education, 2017, pp. 549 – 557.

Yücel, Ü A., Usluel, Y. K., "Knowledge Building and the Quantity, Content and Quality of the Interaction and Participation of Students in an

Online Collaborative Learning Environment", *Computers & Education*, Vol. 97, June, 2016, pp. 31 – 48.

Zimmerman, B. J., "Investigating Self – Regulation and Motivation: Historical Background, Methodological Developments, and Future Prospects", *American Educational Research Journal*, Vol. 45, No. 1, 2008, pp. 166 – 183.